Phänomene des Übersinnlichen

Phänomene des Übersinnlichen

FELIX R. PATURI

PHÄNOMENE DES ÜBERSINNLICHEN

EINBLICK IN ANDERE WIRKLICHKEITEN

ORBIS VERLAG

Wovon die Rede ist –
Die andere Wirklichkeit

Das Shakespeare-Wort »Es gibt mehr Dinge im Himmel und auf Erden, als Eure Schulweisheit sich träumt« verliert seine Gültigkeit. Das ist nicht etwa deshalb so, weil sich diese unerklärlichen Dinge als Humbug erwiesen hätten, sondern weil die Schulweisheit begonnen hat, von ihnen zu träumen. Mehr noch: Das Übersinnliche muß nicht länger an die Pforten der Universitäten klopfen, es hat dort unter der Bezeichnung Parapsychologie bereits Einzug gehalten. Außerdem haben sich Forschungsinstitute auf diesem Gebiet etabliert, die heute Weltrang besitzen, z. B. das Esalen Institute für Transpersonale Psychologie in Kalifornien, die Menninger Foundation, die Foundation for Shamanic Studies oder die British Society for Psychical Research.

Aber nicht nur Parapsychologen beschäftigen sich heute mit dem Okkulten. Auch andere Wissenschaftler arbeiten ernsthaft auf diesem Gebiet: Mediziner und Neurologen, Psychiater, Ethnologen, sogar Physiker und Mathematiker. Der bekannte Atomphysiker Fritjof Capra wies in umfangreichen Arbeiten Übereinstimmungen zwischen mystischen Erfahrungen und neuesten wissenschaftlichen Erkenntnissen nach und ging ihnen auf den Grund. Die von ihm festgestellten Parallelen zwischen moderner Physik und alten asiatischen Weisheitslehren sind erstaunlich und halfen ein neues Weltbild zu begründen. Capra ist aber nicht der einzige prominente Physiker, der sich darüber Gedanken macht. Klar gefaßt hat es der namhafte Quantenphysiker Pascual Jordan in einem Beitrag für die »Schriftenreihe der Liga Europa«: »Es muß heute mit aller Eindringlichkeit die Tatsache hervorgehoben werden, daß das, was heute noch zum festen Schema der Tagesmode allgemeinen Denkens gehört, nämlich die Vorstellung, daß die Entzauberung der Welt durch die Naturwissenschaften ein *unvermeidliches* Ergebnis naturwissenschaftlicher Forschung sei, auf zeitgebundenem Irrtum beruht ... Es bedeutet, daß die materialistische Naturphilosophie als Hauptbestandteil dessen, was ... in der Öffentlichkeit heute noch von fast allen als unabänderliche Wahrheit angesehene Welt-Vorstellung gilt, nicht mehr, wie ihre Anhänger gern in Anspruch nehmen, im Einklang mit naturwissenschaftlicher Erkenntnis ist. Sie ist vielmehr im Widerspruch zu *heutiger* wissenschaftlicher Erkenntnis.«

Noch Ende der fünfziger Jahre beklagte sich der österreichische Nobelpreisträger für Physik Erwin Schrödinger: »Am schmerzlichsten ist das völlige Schweigen unseres ganzen naturwissenschaftlichen Forschens auf unsere Fragen nach Sinn und Zweck des ganzen Geschehens. Je genauer wir hinsehen, umso zweckloser und sinnloser kommt es uns vor. Das Spektakel, das sich da abspielt, erhält einen Sinn offenbar nur in Bezug auf den Geist, der ihm zuschaut. Was uns die Naturwissenschaft über diesen Bezug zu melden weiß, ist ausgemacht ungereimt. Als sei der Geist nur durch eben dieses Spektakel entstanden, dem er nun zuschaut, und als werde er mit ihm wieder vergehen, wenn die Sonne schließlich erkaltet sein und die Erde sich in eine Wüste von Eis und Schnee verwandelt haben wird.« Schrödinger beließ es aber nicht bei dieser Aussage. Er wies darauf hin, daß das Transzendente, daß der persönliche Gott in einem naturwissenschaftlichen Weltbild gar nicht vorkommen kann, weil es nur zugänglich geworden ist um den Preis, daß man alles Persönliche daraus entfernt hat.

Nun, das war 1959. Inzwischen haben Gott und die Möglichkeiten außer- beziehungsweise übersinnlicher Erkenntnisse, haben das Jenseits, haben Begriffe wie Seele, Engel, Hilfsgeister, kosmische Kräfte und was dergleichen mehr ist, gleichsam durch die Hintertüre – nämlich durch Betrachtungen der unsichtbaren Welt der Elementarteilchen und ihres durchaus mystischen Verhaltens – einen Eingang in das Weltbild moderner Naturwissenschaftler gefunden. Noch in den sechziger oder siebziger Jahren formulierte der prominente schwedische Ethnologe und Religionswissenschaftler Åke Hultkrantz: »An Ritualen mit Medizinmännern teilnehmend, mußte ich in meinem Notizbuch Beobachtungen von einer Art festhalten, die ich in keiner Fachzeitschrift hätte veröffentlichen können, ohne meine wissenschaftliche Reputation aufs Spiel zu setzen.« Zu dieser Zeit dachten die Pioniere der Atomphysik bereits ganz anders. Und heute gilt Hultkrantz mit seiner Aussage als weitsichtiger Pionier eines neuen völkerkundlichen Weltbildes, das nicht länger aus einer überheblichen Position heraus registriert, archiviert und als primitiv verurteilt, sondern um tiefes inneres Verständnis bemüht ist.

Das streng mechanistische naturwissenschaftliche Weltbild, das mehr und mehr ins Wanken kommt, wird allerdings heute vielfach zu Unrecht an den Pranger gestellt. Auf naturwissenschaftlichem Gebiet wurde Großes geleistet, und es kommt nicht von ungefähr, daß die Völker, die dem naturwissenschaftlichen Weltbild anhingen, heute in materiellem Wohlstand leben. Doch eben nur in materiellem Wohlstand, denn das Materielle ist schließlich das eigentliche und einzige Feld der »exakten« Naturwissenschaften. Das Geistige ist ihnen fremd. Der geistig-seelische Notstand in der westlichen Welt, der unter anderem zu höchsten Selbstmordraten führt, kann daher nicht verwundern. Haben die Naturwissenschaften auf ihrem Sektor volle Existenzberechtigung, so dürfen sie indes nicht für sich in Anspruch nehmen, daß es keine andere Realitätsebenen gäbe. Die Naturwissenschaft sammelt Erkenntnisse nur dadurch, daß sie zerstückelt und idealisiert und die so gewonnenen Partikel genauestens vermißt. Diese Methode wird als Weg der Erkenntnis bereits dann absurd, wenn es etwa darum geht, ein Meisterwerk Rembrandts in seinem künstlerischen Wert zu begreifen. Mit der Meßlupe läßt es sich nicht verstehen. Um wieviel mehr muß diese Methode versagen, wenn sie die Welten der Seele ausloten soll. Wenn der Naturwissenschaftler behauptet, er könne in Raum und Zeit weder Gott noch irgend etwas anderes Übersinnliches finden, dann hat er aus seiner Sicht gewiß recht, aber er darf daraus nicht schließen, daß es beides nicht geben kann.

Die physikalische Erkenntnis, daß die Schöpfung über Raum und Zeit hinausreicht, ist noch jung. Mit den klassischen wissenschaftlichen Mitteln läßt sich bisher schwer ein Zugang zu anderen Realitätsebenen finden. Das ist aber auch gar nicht erforderlich, denn an spirituellen Zugängen fehlt es dem Menschen nicht. Spiritualismus kann auf eine weitaus längere Tradition zurückblicken als die ein paar Jahrhunderte alten Naturwissenschaften, und er wird von praktisch allen Völkern der Welt getragen, nicht nur von einigen westlich orientierten analytischen Denkern. Unmittelbar verständlich werden die Grenzen wissenschaftlicher Erkenntnissammlung und wissenschaftlicher Aussagen in einem glänzenden Essay des britischen Physikers Sir Arthur Eddington: »Als Physiker wissen wir, daß Farbe nur eine Frage der Wellenlänge von Ätherschwingungen ist, und trotzdem hat diese Erkenntnis das Gefühl nicht zu verdrängen vermocht, daß Augen, die Licht von ungefähr 480 Millionstel Millimetern Wellenlänge widerspiegeln, Gegenstand der Poesie sein können, aber solche, die Wellenlängen um 530 Millionstel Millimeter widerspiegeln, unbesungen bleiben müssen. Wir haben uns noch nicht die Praxis der Laputaner angeeignet, die ›wenn sie z. B. die Schönheit einer Frau oder eines Tieres preisen wollen, sie mit Hilfe von Rhomben, Kreisen, Parallelogrammen, Ellipsen und anderen geometrischen Ausdrücken beschreiben.‹ Der Materialist, dessen Überzeugung es ist, daß alle Erscheinungen sich aus Elektronen, Quanten und ähnlichen Dingen, deren Verhalten mathematisch beschrieben werden kann, zusammensetzen, müßte somit auch glauben, daß seine Frau durch eine sehr komplizierte Differentialgleichung dargestellt sei. Aber er wird wahrscheinlich taktvoll genug sein, diese Ansicht nicht auf sein häusliches Leben übertragen zu wollen. Wenn wir schon empfinden, daß diese Art, eine gewöhnliche persönliche Verwandtschaftsbeziehung wissenschaftlich zu zergliedern, dem Wesen dieser Beziehung nicht gemäß ist, um wieviel mehr ist dann diese Zergliederung unangebracht bei der persönlichsten aller Beziehungen – der zwischen der menschlichen Seele und dem göttlichen Geist.«

Um die Beziehungen zwischen der menschlichen Seele und dem Geistigen, um die direkte Kommunikation zwischen beiden jenseits der Ebene der Sinne, geht es im vorliegenden Buch. Die Seele besitzt dafür viele Möglichkeiten, die von der naturwissenschaftlich orientierten westlichen Welt als »paranormal« bezeichnet werden. Alle anderen Kulturen freilich betrachten sie seit eh und je als durchaus »normal«, denn sie sind Realität. Wem solches Denken in typisch westlicher Überheblichkeit komisch oder gar infantil vorkommt, der sollte sich eine Äußerung des Züricher Chirurgen, Neurologen und Psychoanalytikers Paul Parin vor Augen führen: »Verschiedene magische Erscheinungen, der Hexenglaube, die Magierinnen, die Ausbreitung messianischer Bewegungen und einige weniger wichtige wie Medizinmänner und der Glaube an Waldgeister, gehören zum alltäglichen Leben der Agni. Wenn uns das exotisch, anachronistisch oder primitiv vorkommt, sollten wir überlegen, ob es normal ist, auf einen Psychoanalytiker, einen Steuerberater und auf die Auguren von Wallstreet angewiesen zu sein.«

Nicht die Schamanen und Medizinmänner haben schließlich unsere Welt vergiftet und bedrohen unser gesamtes Leben, sondern westlich orientierte Wissenschaftler und Techniker und ihre Anhänger. Es wird Zeit, daß beide Kulturkreise voneinander lernen, denn beide haben unbestreitbar Großes geleistet. Für uns bedeutet das die vorurteilslose Beschäftigung mit dem, was wir bisher abwertend als paranormal bezeichnet haben. Der britische Physiker Sir James Jeans hält nicht die »Relativitätstheorie mit ihrer Zusammenschweißung von Raum und Zeit oder die Quantentheorie mit ihrer jetzigen anscheinenden Verneinung des Kausalitätsgesetzes oder die Spaltung des Atoms mit der daraus folgenden Entdeckung, daß die Dinge nicht das sind, was sie scheinen« für die hervorstechendsten Leistungen der Physiker unseres Jahrhunderts, sondern »die allgemeine Erkenntnis, daß wir noch nicht in Berührung mit der letzten Wirklichkeit sind«. Das ist die Aussage eines Wissenschaftlers. Aber gab und gibt es nicht zahllose Menschen, Schamanen, Gnostiker, Medizinmänner, Magier, Yogis, Swamis, Meister der Meditation, Mystiker, Menschen mit Nahtodeserlebnissen, Medien und viele andere, die dieser letzten Wirklichkeit wesentlich nähergekommen sind? Über sie und ihre Erfahrungen berichtet dieses Buch.

Inhalt

Traumwelten 8

Die Schamanentrommel 72

Trance und Meditation 24

Verbündete 84

Thanatologie 38

Mystische Heilung 96

Durch Himmel und Hölle 54

Die Kraft des Geistes 108

Orte der Kraft 124

Heilige Pflanzen 142

Totenbücher 158

Telepathie 170

Telekinese 184

Medien und Besessene 192

Spuk 204

Literatur 213
Bildquellen 214

Mehr als ein Weg zum Ich

Was können wir aus Träumen lernen? Gibt es Wahrträume? Eröffnen Träume Zugänge zu anderen, im Wachzustand unerreichbaren Realitätsebenen? Steht das Unbewußte des Menschen im sogenannten luziden Traum mit transpersonalen Wissensquellen in Verbindung? Für manche Stammesvölker sind Träume auch heute noch die Grundlage ihres gesamten Lebens. Jahrtausende alte Traumerfahrungen und Traumtechniken sind aus nahezu allen alten Kulturen überliefert. Heute sieht der Nestor der modernen Traumforschung, Nathaniel Kleitman, in den durchschnittlichen Träumen erwachsener US-Amerikaner den »Ausdruck einer niedrigstehenden Denkungsart«.

1/2 In einer Hängematte schlafend träumt diese junge Frau in die Zukunft, in eine Zukunft, die sie sich in ihren Wachträumen erhofft? »... Mein Gott, sende mir günstige Kunde.«

3 Therapiezentrum Asklepios in Pergamon. Heilung durch Traum gehörte zu den Therapien.

Touristen, die heute Griechenlands alte Hauptstadt Nauplia besuchen, unternehmen meist auch einen Abstecher in die nur etwas mehr als 30 Kilometer entfernte Stadt Epidauros, nicht zuletzt wegen ihres berühmten Theaters. Es liegt im Südwesten der Stadt an der Küste des Saronischen Golfes. Der Baumeister Polyklet hat es im vierten Jahrhundert vor Christus entworfen, und schon Pausanias rühmte es mit den Worten: »Welcher Architekt könnte hinsichtlich Ebenmaß und Schönheit mit Polyklet wirklich in Wettbewerb treten?« In der Anlage – heute das besterhaltene Theater des alten Griechenlands – konnten einst 15 000 Besucher Sänger- und Dichter-Wettstreiten folgen. Noch heute fasziniert die Akustik, denn auch auf den hintersten Plätzen ist ein im Bühnenrund geflüstertes Wort noch gut zu verstehen. Unweit des Theaters liegt ein – heute nicht mehr gut erhaltenes – Stadion, in dem Reiterspiele und athletische Wettkämpfe ausgetragen wurden.

Aber weder die Stätte der Kunst noch die des Sports zogen einst die großen Besucherscharen nach Epidauros. Sie dienten nur ihrer Unterhaltung. In erster Linie war Epidauros ein Ort der Heilung. Das gewaltige Theater unterstreicht allenfalls die einstige Popularität des Kurortes. Epidauros besaß eine große Anziehungskraft. Die Besucher kamen von weit her, auf staubigen Straßen, in mühsamen, langwierigen und nicht immer ungefährlichen Reisen. Zum Ruhm verhalf der Stätte kein Geringerer als Asklepios, der Gott der Heilkunst, den die Römer Äskulap nannten. Ihm war an Ort und Stelle ein Tempel geweiht. Unweit davon

4 Asklepios, der heilkundige Gott, den die Römer Äskulap nannten. Um 380 v. Chr.

5 Das »Heilige Schiff« des griechischen Heilgottes Asklepios an der Spitze der Tiberinsel in Rom.

6 »In diesem Zeichen wirst Du siegen«, Traum des Kaisers Konstantin vor der Schlacht.

7 Oft sind Träume so klar und eindeutig, daß der Träumende die Aussage unmittelbar erkennt. Andere Träume überfallen uns wie Gewitter mit Sturm, Regen, Blitz und Donner. Die Deutung erfordert dann Erfahrung und Einfühlungsvermögen.

befand sich ein mysteriöser Rundbau, die Tholos, von der heute nur noch das Fundament erhalten ist. Um ihre Bedeutung ranken sich Spekulationen. Der Grundriß weist labyrinthartige Kreise und Windungen des Gemäuers auf. Es gilt als sicher, daß Priester-Ärzte in diesem Gebäude große hellbraune Schlangen hielten, die heiligen Tiere des Asklepios. Auch wird berichtet, daß Patienten, die in Epidauros Heilung suchten, in den von Schlangen bevölkerten Gängen und Räumen geschlafen haben. Anderen Überlieferungen zufolge wandelten sie durch diese Anlage, um sich hier der Selbstverstrickung in das ewige Kreisen der eigenen Gedanken bewußt zu werden.

Das eigentliche Heilzentrum von Epidauros aber war eine 70 Meter lange, zweigeschossige Schlaf- und Traumhalle, Abaton genannt. Hunderte von Patienten konnten hier gleichzeitig schlafen, im Traum Asklepios begegnen und von ihm geheilt werden. Trotz seiner Größe war der Bau dem Ansturm nicht gewachsen. Die Priester-Ärzte entschieden sorgfältig in jedem einzelnen Fall, wer Zugang zum Abaton erhielt und wer nicht. Ein entscheidendes Kriterium soll darin bestanden haben, daß dem Bewerber der Gott schon zuvor im Traum erschienen sei und ihn dabei zur Heilung in den Abaton eingeladen hatte. Auch ein Opfer gehörte zu den Einlaßbedingungen. Wurde die Erlaubnis erteilt, dann mußte der Bewerber noch eine Reihe bestimmter Vorschriften erfüllen. Er mußte Fastengebote einhalten

Krankengeschichte in Stein gemeißelt

und sich einer rituellen Reinigung unterziehen, und er erhielt von den Priestern eine gründliche Einweisung in den ihm bevorstehenden Heilungsablauf. Dann erst wurde er in den Abaton zu seinem Schlafplatz geführt. Im Traum hatten die Genesungsuchenden heilsame Visionen. Vielen erschien Asklepios selbst.

Fand ein Kranker Hilfe in seinem Leid, dann zeigte er seine Dankbarkeit je nach seinen Vermögensverhältnissen mit einer Votivgabe, die im Park des Asklepios-Heiligtums aufgestellt wurde. Manche Gesundeten ließen ihre Krankengeschichte sogar in Stein meißeln. In Epidauros blieben 43 solche Berichte bis heute erhalten. Doch auch andernorts fanden sich derartige Stelen. Insgesamt sind rund 70 bekannt.

Da ist zum Beispiel die Geschichte einer Messenerin, die sich seit langem ein Kind wünschte, aber unfruchtbar blieb. Als sie im Abaton schlief, erschien ihr Asklepios mit einer Schlange, die er in ihr Bett gleiten ließ. Die Frau empfand keinerlei Furcht vor dem Reptil, im Gegenteil, sie träumte

von einer körperlichen Vereinigung mit der Schlange. Im Spätherbst desselben Jahres gebar sie Zwillinge.

Nun ließe sich der erfüllte Kinderwunsch wohl auch anders erklären als durch eine Traumheilung. Vielleicht war ja gar nicht die Messenerin selbst für das bisherige Ausbleiben des Nachwuchses verantwortlich, sondern ihr Gemahl. Vielleicht war auch in Epidauros mehr als nur die Traumschlange im Spiel. Schließlich kannten die alten Griechen so etwas wie eine heilige Prostitution in manchen Tempeln.

Aufregender ist dagegen die Krankengeschichte des Thessaliers Pandaros. Er war durch große braunschwarze Pigmentflecken auf seiner Stirn entstellt, und das belastete ihn psychisch. Ihm erschien ebenfalls Asklepios im Traum. Der Gott-Arzt wickelte Pandaros eine Binde um die Stirne und forderte ihn auf, sie nach dem Erwachen wieder abzunehmen und als Votivgabe im benachbarten Tempel zu hinterlassen. Am nächsten Tag hatte der Patient tatsächlich einen Kopfverband. Als er ihn löste, waren die Pigmentflecken verschwunden.

Eine andere Stele berichtet von Hermodikos aus Lampsakos. Seine Verwandten trugen ihn auf einer Bahre, denn Hermodikos war gelähmt. Im Traum verlangte Asklepios

Parallelen zu moderner Psychoanalyse

von ihm, er solle aufstehen, den Abaton verlassen und den schwersten Stein, den er finden konnte, zum Tempel schleppen. Genau das tat Hermodikos denn auch. Müßig zu erwähnen, daß er wieder laufen konnte. Der Stein liegt noch heute vor der Schlafhalle.

Die Priester-Ärzte ließen die Heilschläfer mit ihren Träumen nicht allein. Natürlich fand nicht jeder sofort Genesung. Aber alle Patienten, denen nicht auf Anhieb während der Nacht geholfen wurde, mußten — oder durften — sich sofort nach dem Erwachen eingehend mit einem Priester über ihre Traumvisionen aussprechen. Sie erhielten dabei aufschlußreiche Kommentare, die es durchaus mit den Aussagen moderner Psychoanalyse aufnehmen können. Auch auf diese Weise erfuhr mancher Kranke wertvolle Hilfe.

Im Laufe der Zeit entwickelte die priesterliche Beraterfunktion ganz offenbar Eigendynamik. Die Zahl der sofortigen Wunderheilungen während des Träumens litt darunter allerdings. Sie ging deutlich zurück. Hatte noch in der Frühzeit der Abaton-Benutzung ein von Läusen geplagter Pilger geträumt, Asklepios selbst habe ihn entkleidet und mit einem Besen gereinigt, und am folgenden Morgen war er frei von seinen kleinen Plagegeistern, so träumten spätere Tempelschläfer mehr und mehr von Heilmethoden und

Kuranweisungen. Ein Patient mit Rippenfellentzündung beispielsweise erhielt von Asklepios den Rat, Asche vom Altar mit Wein zu vermischen und sie auf den schmerzenden Brustbereich aufzutragen. Die Kur hatte Erfolg. In der Spätzeit der Abaton-Benutzung wandelten sich die Träume weiter: Sie glichen jetzt eher einer medizinischen Beratung. Spontanheilungen kamen kaum noch vor. Dafür häuften sich die Anweisungen für besondere Kuren oder besondere ärztliche Maßnahmen zu einem späteren Zeitpunkt. Bezeichnenderweise ging dieser Wandel des Traumgeschehens mit der immer stärkeren Einflußnahme der Priester-Ärzte auf die Patienten einerseits und mit einem generell abnehmenden Glauben an Wunder andererseits einher. Die institutionalisierte Psychotherapie verdrängte die spontane göttliche Hilfe.

Epidauros war zwar die bedeutendste, aber nicht die einzige Asklepios geweihte Traumheilungs-Tempelanlage im alten Griechenland. Archäologen vermuten, daß zwischen dem Ende des sechsten vorchristlichen und dem Ende des fünften nachchristlichen Jahrhunderts 300 bis 420 derartige Heilstätten in Betrieb waren. Wie so manches andere griechische Kulturelement haben die Römer dieses Traumheilverfahren als Äskulapkult übernommen, und zwar genau im Jahre 293 vor Christus auf dringendes Anraten der berühmten Seherin Sibylle.

Auch Krösus befragt das Orakel

Neben dem Heilschlaf kannten die alten Griechen noch einen anderen Traumkult. Er war wahrscheinlich sogar etwas älter. Er stand im Dienste der Weissagung, des Orakels, und hatte sein Zentrum in Oropos. Dort, etwa 50 Kilometer nördlich von Athen, stand das Amphiaraion, dessen Ruinen bis auf den heutigen Tag überdauerten. In der Antike strahlte der Ort Gediegenheit und Reichtum aus. Und unter der Orakel-Klientel figurierten vornehme Namen: der eigens aus Ägypten angereiste Pharao Ptolemäus IV. nebst Gemahlin Arsinoë, der römische Feldherr Sulla mit Gattin Metella, Staatsmänner, berühmte Künstler, vermögende Kaufleute. Schon der legendäre, als reichster Mann der Antike apostrophierte König Krösus gehörte zu den Orakelsuchern des Amphiaraions.

Geweiht war die Tempelanlage Amphiaraios, einem zum Gott avancierten böotischen Helden und Seher, der zu seinen frühen Vorfahren angeblich Apollon zählen durfte. Zum Gott erhoben ihn, den Sohn von Oikles und Hypermestra, seine Zeitgenossen, nachdem er in verblüffender Weise seinen eigenen Tod vorausgesagt hatte; eine Prophezeiung, die sich dann auch erfüllte: Beim Zug der Sieben gegen Theben fuhr ein Blitz vom Himmel herab, so mächtig, daß er einen weiten Spalt in die Erde riß. Amphiaraios stürzte mitsamt seinem Streitwagen hinein.

Das Amphiaraion entstand Anfang des sechsten Jahrhunderts vor Christus. Wie die Asklepios-Anlage von Epidauros verfügte es neben dem eigentlichen Schlafgebäude über verschiedene Tempel, über ein Theater, ein Wettkampf-Stadion und eine gut ausgebaute Hotellerie. Die Schlafhalle selbst hatte riesige Dimensionen: Sie war 110 Meter lang und so solide gebaut, daß sie sich anhand ihrer Überreste noch heute genau rekonstruieren ließe. Dagegen ist der benachbarte Tempel inzwischen fast völlig verfallen.

Im Gegensatz zu den psychotherapeutisch sorgfältig arbeitenden Priester-Ärzten von Epidauros zogen die Traum-Priester von Oropos drastischere Register der Traum-Technik. Schließlich ging es hier nicht um Heilung, sondern um Orakel. Und das hatte beim hohen Rang der Besucher oft genug brisante politische Bedeutung. Nicht wenige Hinweise lassen vermuten, daß die Helfer des Amphiaraos ganz gezielt versuchten, bei manchen Kunden bestimmte Traumbilder zu induzieren. Ganz generell war das gesamte Procedere äußerst geschickt auf Erfolg programmiert, was durchaus für die große Erfahrung der Prie-

Vorbereitung auf Traumerlebnisse

ster in bezug auf das Traumgeschehen spricht. Mehr noch als in Epidauros legte man Wert auf die Vorbereitung des Träumers. Rituelles sorgte für Respekt und geistige Unterordnung. So erhielt jeder Klient nach Entrichten einer Eintrittsgebühr einen Benutzerausweis für das Heiligtum. Das war eine Art Münze aus Blei oder Bronze mit den geprägten Köpfen des Amphiaraios und der Reinlichkeitsgöttin Hygieia. Vorgeschrieben waren sodann ein Widder- oder Hammelopfer auf dem Hauptaltar und eine mehrtägige Vorbereitungszeit auf den Orakelschlaf. Zu ihr gehörte das strenge Einhalten eines Diätplanes, der unter anderem Schweinefleisch, bestimmte Fische und alle blähenden Speisen – Zwiebeln, Knoblauch, Bohnen – untersagte. Als Getränk war nur Wasser zugelassen. Die körperliche Einstimmung auf die bevorstehenden Traumerlebnisse ging so weit, daß die Priester den Orakelklienten traumfördernde, also halluzinogene Mittel eingaben. Und ganz offenbar wußten sie genau darum, welche Pflanzendrogen was für eine Art von Träumen auslösen. Die Steuerung des Traumgeschehens erfolgte aber auch durch einführende Vorträge mit deutlich posthypnotischem Charakter. Daß die alten

8 Dieses Gemälde »Die Versuchung des heiligen Antonius« von Hieronymus Bosch ist bevölkert von skurrilen, spukhaften Gestalten und Dämonen. Den Zeitgenossen im 15. Jahrhundert waren solche Symbole und Allegorien ohne weiteres verständlich, Traumgestalten einer anderen Zeit.

9 »Welcher Architekt könnte hinsichtlich Ebenmaß und Schönheit mit Polyklet wirklich in Wettbewerb treten?« So rühmte im 2. Jahrhundert nach Chr. der griechische Schriftsteller Pausanias das Theater in Epidauros. Heute strömen Touristen in die Stadt an der Küste des Saronischen Golfs. Seinerzeit war Epi-

Griechen solide Erfahrungen mit Trance-Techniken besaßen, ist nicht zuletzt vom Delphischen Orakel bekannt.

Nach der sorgfältigen physischen und psychischen Vorbereitung wurde der Orakelträumer in die Schlafhalle geleitet. Die gespenstische Atmosphäre in diesem Raum trägt ihren Teil zur Induktion von Orakelträumen, sogenannten Inkubationsträumen, bei. Es herrscht Totenstille. Einzelne Fackeln verbreiten ein nur gedämpftes Licht. Hunderte von steinernen Tischen stehen hier in Reih und Glied. Ihre Sockel sind teilweise heute noch erhalten. Und auf diesen Tischen liegen die Schläfer, wie Leichen vollständig mit weißen Tüchern zugedeckt. Schwere Schwaden von Räucherwerk ziehen durch die Halle. Zwischen den steinernen Bahren schreiten weiß gekleidete Priester umher. Der tägliche Umgang mit den Schläfern hat ihren Blick dafür geschult, wer gerade träumen könnte. Oft bewegen sich diese Klienten auffälliger unter ihren Laken. Sofort greift der Priester ein. Er zieht das Tuch soweit zurück, daß der Kopf des Träumers frei wird. Dann weckt er ihn behutsam auf. »Was hast du gesehen?«, fragt er und notiert die Traumerfahrung sofort auf einer Tafel. Später wird er sie dann mit dem Träumer außerhalb der Halle diskutieren. Oft sind die

---

»Was hast du gesehen?« fragte er

Traumbilder so klar, daß sie keines Kommentars bedürfen. Der Orakelträumer erkennt die Antwort auf seine Frage selbst. Vielfach aber sind die Bilder verworren, allegorisch, symbolhaft. Dann hilft der traumpsychologisch versierte Priester bei ihrer Interpretation. Manchmal übernimmt er auch eine vollständige Traumdeutung. Doch das ist – wie wir heute wissen – eine eher dubiose Methode: Nur allzu leicht kann er dem Orakelsucher eine ganz bestimmte Interpretation suggerieren.

Der Inhalt politisch relevanter Träume hochgestellter und einflußreicher Klienten wurde vom traumdeutenden Amphiaraos-Priester sicher mehr als einmal tendenziös ausgelegt. Aber generell darf den Tempelmännern wohl keine böse Absicht unterstellt werden. Die Verwendung halluzinogener Drogen war zwar unter griechischen Traumforschern – zu denen u. a. der berühmte Arzt Hippokrates gehörte – äußerst umstritten, wurde aber vielerorts und zu allen Zeiten auf der Welt durchaus als legitim angesehen. Und die Frage, wer denn geeigneter zur Interpretation eines Traumes ist, der Träumer selbst oder der Traumdeuter, wird noch von zahlreichen Psychotherapeuten des 20. Jahrhunderts zu ihren eigenen Gunsten beantwortet. Vielleicht geschieht das unbewußt, wie bei Sigmund Freud.

Was ist dran an den Heilträumen und an den Orakelträumen, die übrigens nicht zuerst im alten Griechenland aufkamen, sondern über die es schon Aufzeichnungen aus der Zeit um etwa 3000 vor Christus gibt? Die ersten Hochkulturen in Mesopotamien, Nordindien/Pakistan, China und Ägypten kannten alle bereits besondere Techniken zum Herbeiführen von Träumen und zu deren Deutung. Unter den Tontafeln der königlichen Bibliothek des Assyrer-Herrschers Assurbanipal, der von 668 bis 626 vor Christus in Ninive regierte, fand sich die Niederschrift des folgenden Gebetes: »Mein gnädiger Gott, steh' mir bei... Mein freundlicher Gott wird mich erhören; Gott Mamu der Träume, mein Gott, sende mir günstige Kunde.«

Was bedeutet uns diese Kunde im Traum? Die alten Quellen sind uns zu fern, und wir mögen an ihren Aussagen zweifeln. Aber es fehlt nicht an integren Traumzeugen aus der Neuzeit. Der geniale Mathematiker Karl Friedrich Gauß fand ein fundamentales Gesetz der Zahlentheorie im Traum. Er schrieb dazu, es gelang »aber nicht in meinem mühsamen Suchen, sondern bloß durch die Gnade Gottes, möchte ich sagen. Wie der Blitz einschlägt, hat sich das

... Wie der Blitz einschlägt ...

Rätsel selbst gelöst; ich selber wäre nicht im Stande, den leitenden Faden zwischen dem, womit ich die letzten Versuche gemacht hatte, und dem, wodurch es gelang, nachzuweisen.«

Der französische Mathematiker Henri Poincaré berichtet ähnliches. Er erzählt, wie er in einer zunächst schlaflosen Nacht schließlich in einer Art luzidem Traum mathematische Kombinationen in seinem Inneren herumwirbelnd aufeinanderprallen sah, bis sie »eine stabile Verbindung eingingen. Es kommt einem in solchen Fällen vor, als ob man bei seiner eigenen unbewußten Arbeit anwesend wäre. Die unbewußte Arbeit macht sich dem erregten Bewußtsein teilweise bemerkbar, ohne jedoch ihren Charakter zu verlieren. Bei solchen Gelegenheiten ahnt man den Unterschied in der Arbeitsweise der beiden Subjekte (des Ich und des Unbewußten).«

Die US-amerikanische Physikerin Maria Mayer, die zusammen mit D. Jensen 1963 mit dem Nobelpreis ausgezeichnet wurde, fand die Zahlenverhältnisse der Elementarteilchen im Atomkern in einer Traumvision, die später durch die Bemerkung eines ihrer Kollegen wachgerufen wurde. Mayers Vision besagt zutreffend, daß der Atomkern aus konzentrischen Schalen aufgebaut ist. Die innerste enthält zwei Protonen oder zwei Neutronen, die nächste acht usw.

Die Physikerin selbst spricht von einer Reihe »magischer Zahlen«: 2, 8, 20, 28, 50, 82, 126.

Auch der berühmte deutsche Chemiker Kekulé hatte, wie er zugab, solche Traumoffenbarungen. Ihm erschien die von ihm entdeckte Struktur des Benzolmoleküls als Ring in Gestalt einer sich selbst in den Schwanz beißenden Schlange. Der französische Philosoph Descartes sah in einer ähnlichen Traumenthüllung blitzartig die »Ordnung aller Wissenschaften«. Und der englische Autor Robert Louis Stevenson suchte schon seit Jahren nach einem Romanstoff, der es ihm gestattete, der »starken Empfindung der zweiseitigen Natur des Menschen« Ausdruck zu verleihen, als er völlig unerwartet im Traum die komplette Handlung von »Dr. Jekyll and Mr. Hyde« sah.

Was sagt die moderne Wissenschaft zum Traum? Am leichtesten tut sich die Medizin, genauer gesagt die Gehirnforschung. 1953 untersuchte der US-Student Eugene Ase-

Vier oder fünf REM-Phasen pro Nacht

rinsky am Chicagoer Universitätsinstitut des Schlafforschers Professor Dr. Nathaniel Kleitman die Schlafgewohnheiten und Schlafmuster neugeborener Kinder. Dabei fiel ihm auf, daß die Babys in mehr oder weniger regelmäßigen Abständen ruckartig ihre Augen bewegen. Aserinsky und Kleitman prägten für diese Erscheinung den Begriff REM-Periode. REM ist eine Abkürzung für »rapid eye movement«, also »schnelle Augenbewegung«.

Die beiden Wissenschaftler wollten nun herausfinden, ob solche Schlafphasen auch bei Erwachsenen vorkommen und machten Versuche mit einer Reihe Freiwilliger. Dazu zeichnete man mit einem Elektroenzephalographen die elektromagnetischen Hirnwellen der schlafenden Testpersonen auf. Andere elektronische Meßinstrumente registrierten zugleich die Muskelbewegungen und die Bewegungen der Augen. Zwar hatte man schon zuvor Enzephalogramme von Schläfern aufgenommen, bisher aber nur während sehr kurzer Schlafphasen. Aserinsky und Kleitman registrierten die sie interessierenden Daten nächtelang. Auch bei Erwachsenen stellten sie REM-Phasen fest, und zwar ausnahmslos bei allen Testpersonen. Beim durchschnittlichen Erwachsenen kommt es während des normalen Schlafs in einer Nacht zu vier oder fünf solcher Perioden. Die erste ist mit rund zehn Minuten relativ kurz. Später werden die REM-Perioden dann immer länger, und gegen Morgen halten sie dreißig bis vierzig Minuten an. Immer treten sie unmittelbar aus besonders tiefem Schlaf heraus auf. Um zu erfahren, was diese Perioden bedeuten, weckten die beiden

Chicagoer Schlafforscher die Testpersonen während einzelner REM-Phasen auf. Dabei zeigte sich, daß sie sie stets mitten aus intensiven Träumen herausrissen. Das war bei Weckversuchen zu anderen Zeiten des Schlafs niemals der Fall. Die schnellen Augenbewegungen zeigen also äußerlich an, daß ein Schläfer träumt. Erstmals ließ sich beweisen, daß alle Menschen träumen. Nur gibt es Unterschiede im Grad der Erinnerung nach dem normalen Aufwachen. Manche Menschen erinnern sich deutlich an viele ihrer Träume, andere an gar keine. Die altgriechischen Orakelpriester wußten das ganz offenbar, denn sie weckten die Träumer allem Anschein nach gezielt während der REM-Phasen. Dann nämlich erinnern sich auch solche Schläfer an Traumbilder, die normalerweise nicht dazu fähig sind.

Die Erkenntnisse von Aserinsky und Kleitman stießen in der Fachwelt rasch auf große Resonanz. Nur zwei Jahrzehnte später arbeiteten allein in den USA Forscher an fast 30 verschiedenen Traumlabors. Ähnliche Institute entstanden in vielen Ländern der Erde. Die Wissenschaftler fanden heraus, daß nicht nur die Augenbewegungen charakteristisch für die REM-Perioden sind. Auch andere Körperfunktionen ändern sich während des Träumens: Der Puls und die

Traumlabors
in vielen Ländern

Atmung werden schneller und unregelmäßiger, der Blutdruck schwankt, die großen Muskeln entspannen sich, und die kleinen Muskeln des Gesichts und der Hände neigen zu plötzlichen Zuckungen. Männer kommen während der REM-Periode manchmal zur Erektion. Viele dieser für die REM-Phase charakteristischen Körperverhaltensweisen lassen sich auch bei Säugetieren und manchen (allen?) Vögeln beobachten. In den letzten Jahren gelangten die Traumforscher mehr und mehr zu der Überzeugung, daß während dieser Perioden auch die Tiere träumen. Ein äußerst interessantes Verhalten entdeckten die Wissenschaftler in allerjüngster Vergangenheit beim australischen Schnabeltier. Diese entwicklungsgeschichtlich sehr alte Art entstand zu einer Zeit, als sich die Säugetiere von den Reptilien ableiteten. Sie gehört eindeutig zu den Säugern, bringt aber keine lebenden Jungen zur Welt, sondern legt Eier wie etwa die Krokodile. Außerdem besitzt sie einen Schnabel und zeigt damit zugleich Vogelmerkmale. Beim Schnabeltier ließen sich als einzigem Säugetier keine REM-Phasen feststellen. Dafür haben aber Tierverhaltensforscher Grund zu der Annahme, daß die Schnabeltiere ständig träumen, auch wenn sie wach sind. Ihr Gehirn ist so aufgebaut, daß es Wacherlebnisse und Tagträume gleichzeitig verarbeiten kann.

10/11 Die Darstellung von Träumen ist den Menschen, so auch den Künstlern im 15. und 16. Jahrhundert, selbstverständlich. Die Motive schöpften sie damals aus der Bibel, aus Legenden und Überlieferungen. Hier: »Jakobs Traum von der Himmelsleiter«, dargestellt von Raffael (10) und Merian d. Ä. (11).

12 Neben dem Heilschlaf
kannten die Griechen noch
einen anderen Traumkult,
die Weissagung. Diese

Möglichkeit des Blicks in
die Zukunft ist wohl noch
älter als der Heilschlaf.
Eines der Zentren war

Delphi. Zu den Orakel-
suchenden gehörte auch
der legendäre antike König
Krösus.

Die modernen Traumlabors liefern zwar eine Fülle von Material über die neurologischen und sonstigen physischen Prozesse, die sich während des Träumens im Körper abspielen, aber sie sagen kaum etwas über die psychischen Komponenten aus. Gewiß, Traumforscher haben herausgefunden, daß erfahrene Träumer bis zu einem bestimmten Grad das Traumgeschehen steuern können, aber wie das geschieht und was Träume überhaupt sind, dazu geben die Labors allenfalls indirekte Hinweise, aber keine Antworten. Hier fühlen sich die verschiedenen Psychowissenschaftler gefordert, und das nicht erst seit der Entdeckung der REM-Perioden, sondern − in der Neuzeit − im wesentlichen seit den Arbeiten von Sigmund Freud. Sein unbestreitbares Verdienst ist es, auf die Existenz und Funktion des Unbewußten hingewiesen zu haben. Er stieß für die Seelenforschung ein Tor auf. Was er selbst allerdings hinter diesem Tor suchte und wie er diese Suche anstellte, war einer objektiven Traumforschung in vielen Punkten eher hinderlich, als daß es sie befruchtet hätte. Der Traum wirkt, das erkannte Freud durchaus richtig, als Gegengewicht zum bewußten Alltagsleben. Träumen hilft der Seele, reale Probleme zu bewältigen, gleich ob sie als solche vom Wachbewußtsein erkannt

Träume helfen bei Alltagsproblemen

oder verdrängt werden. Zu kritisieren an Freuds Traumforschung ist, daß er in das Traumgeschehen zu viel hineininterpretierte, was ihm persönlich als Entschuldigung für eine Reihe psychischer Probleme diente und diese eher rechtfertigte als löste. Er selbst konnte denn auch seine eigenen psychischen Konflikte nicht durch die von ihm praktizierte Traumdeutung und die zum großen Teil aus dieser resultierenden Psychoanalyse ausräumen.

Freuds Schüler, langjähriger Freund und später erbitterter Widersacher, C. G. Jung, schreibt in seinem Werk »Zugang zum Unbewußten«: »Als ich mit Freud zusammenarbeitete, hatte ich selber einen Traum . . . Wäre Freud bei der Analyse dieses Traumes meiner Methode der spezifischen Assoziation und Kontextuntersuchung gefolgt, so hätte er eine weitreichende Geschichte erfahren. Aber ich fürchte, er hätte sie bloß als den Versuch gewertet, vor einem Problem zu fliehen, das in Wirklichkeit sein eigenes war. Tatsächlich war der Traum eine kurze Zusammenfassung meines Lebens, insbesondere meiner geistigen Entwicklung.« Einige Absätze später berichtet Jung: »Ich muß mich entschuldigen für diesen ziemlich weitschweifigen Bericht über eine Klemme, in die ich geriet, als ich Freud meinen Traum erzählte. Doch es ist ein gutes Beispiel für die unangenehme

Lage, in die man im Laufe einer Traumanalyse kommen kann. Sehr viel hängt von den persönlichen Unterschieden zwischen Analytiker und Analysand ab. − Während ich versuchte, auf Freuds Fragen passende Antworten zu finden, verwirrte mich ganz plötzlich die Erkenntnis, welche große Rolle der subjektive Faktor in der psychologischen Verständigung spielt. Dieses Gefühl war so überwältigend, daß ich nur daran dachte, möglichst schnell aus dieser unmöglichen Situation herauszukommen; ich wählte deshalb den leichten Ausweg über die Lüge. Das war weder elegant noch moralisch vertretbar, aber ich wäre sonst in einen verhängnisvollen Streit mit Freud geraten, was ich vermeiden wollte. − Meine intuitive Erkenntnis bestand in der plötzlichen und unerwarteten Einsicht, daß meine Träume *mich* meinen, *mein* Leben und *meine* Welt, meine ganze Realität gegen eine theoretische Struktur, die von einem fremden Verstand aus dessen eigenen Gründen und für dessen eigene Zwecke errichtet war. Es war nicht Freuds

Auch der Analytiker macht Fehler

Traum, sondern mein eigener; und auf einmal verstand ich auch, was mein Traum bedeutet.«

Jung hat damit etwas ungemein Wichtiges erkannt: Träume lassen sich von einem Analytiker − bewußt oder unbewußt − fehlinterpretieren, und wenn dabei der Träumer dem Traumdeuter vertraut, dann ist dessen Beratung eher schädlich als nützlich. Ausgehend von dieser Erkenntnis entwickelte Jung ein neues, subtiles Instrumentarium der Traumanalyse. »Sie ist«, so schreibt er, »weniger eine erlernbare Technik als vielmehr ein dialektischer Austausch zwischen zwei Personen. Behandelt man sie als mechanische Technik, dann geht die individuelle psychische Persönlichkeit des Träumers verloren, und das therapeutische Problem wird auf die Frage reduziert: Wer von beiden − der Analytiker oder der Träumer − wird den anderen beherrschen? Aus eben diesem Grunde habe ich hypnotische Behandlungen aufgegeben. Ich wollte meinen Willen nicht anderen Menschen aufzwingen, sondern die Heilungsprozesse aus der eigenen Persönlichkeit des Patienten wachsen lassen, ohne die Würde und Freiheit des betreffenden Menschen einzuschränken.«

Jung spricht von einem »dialektischen Austausch« zwischen Träumer und Analytiker. In ihm erblickte er einen wichtigen Schlüssel zur Traum-Therapie. Aber er fand damit im Grunde nichts Neues. In den Regenwäldern im südöstlichen Mexiko lebt der kleine Indianerstamm der Lakandonen. Er zählt heute kaum mehr als 150 Seelen. Männer,

Frauen und Kinder dieses Volkes verbringen jeden Morgen lange Zeit damit, sich gegenseitig ihre Träume zu erzählen. Sie sprechen darüber, sie »tauschen sich dialektisch aus«, wie Jung sagen würde.

Diese sogenannten Naturvölker haben dabei ein psychologisches Instrumentarium entwickelt, auf das jeder westliche Psychotherapeut stolz sein könnte. Ein äußerst komplexes System beschreibt die unterschiedlichsten Traumsymbole und deren Bedeutung; ein System, das Mensch und Unbewußtes ebenso einschließt wie Geburt und Tod, Gesundheit und Krankheit, Wohlstand und Armut, Natur und natürliche Ressourcen, aber auch zahllose Details wie etwa Tabak, Knollenfrüchte, rote und grüne Papageien, Zahnausfall, Kürbiskerne, Quarzsteine, Gürteltiere oder die Krallen eines Jaguars. Da dieses System von Symbolen Allgemeingut ist, läßt es sich unter den Lakandonen auch universell anwenden. Das ist wichtig, denn ein Traumsymbol, dessen Bedeutung der individuelle Träumer nicht kennt, kann gar keine Symbolfunktion besitzen, ein Faktum, das selbst Jung nicht in seiner vollen Auswirkung erkannte.

Weitaus differenzierter als jeder westliche Psychologe oder Psychotherapeut können die Lakandonen ihre jeweilige Gemütsverfassung beschreiben. Ihnen stehen mehr als 30 Wörter zur Kennzeichnung ihres momentanen Bewußt-

... bis sich die Angst aufgelöst hat

seinszustandes zur Verfügung; und diese Vokabeln geben nicht etwa eine ungefähre Beschreibung von Gefühlen, es sind äußerst präzise, eindeutige Bestimmungen. Der Hamburger Völkerkundler Christian Rätsch hat sich eingehend mit diesen Begriffen der Lakandonen befaßt. In seinem Werk »Bilder aus der unsichtbaren Welt« schreibt er: »Ein grundlegendes Merkmal der Kommunikationsstruktur der Lakandonen ist das häufige Verbalisieren des eigenen Bewußtseinszustandes in alltäglichen Unterhaltungen ... Schon das Gespräch über das eigene Befinden dient dem Wandel zum Positiven. Gefühle der Angst und Aggression werden als *ängstliches, herausgerissenes* oder *linkes* Bewußtsein beschrieben ... Ein Lakandone, dessen Bewußtsein *herausgerissen* ist, entweder durch ein erschreckendes Erlebnis oder eine bedrohliche Gefahr, schildert die erlebte und noch nachwirkende Situation seinem Gesprächspartner, einem Freund, einem Verwandten oder dem Gemahl. Er erzählt alle Einzelheiten und wiederholt sie so oft, bis er und sein Gesprächspartner darüber herzlich lachen können. Bis sich die Angst aufgelöst hat und das Bewußtsein wieder *gut* ist.«

Rätsch gibt in seinem Buch weitere Beispiele dieser angewandten Psychotherapie im Alltag. Genau in derselben Weise gehen die Lakandonen mit ihren Traumerlebnissen um. Sie sind nicht der einzige Stamm von »Primitiven«, die das perfekt beherrschen, was die westlichen Psychotherapeuten zur Zeit mühevoll und über vielfältige Irrwege zu erarbeiten versuchen.

Jung selbst bewunderte die Naskapi-Indianer, Eingeborene der Labrador-Halbinsel: »Diese Waldjäger leben so einsam in kleinen Familiengruppen, daß sie keine Stammesbräuche und religiösen Anschauungen oder Riten entwickeln konnten. Daher verlassen sich die Naskapi-Jäger nur auf ihre inneren unbewußten Eingebungen und Träume. Sie lehren, daß die Seele des Menschen nichts anderes sei als ein innerer Gefährte, den sie als ›mein Freund‹ oder als ›Mista peo‹ – ›Großer Mann‹ – bezeichnen. Er wohnt im Herzen des einzelnen und ist unsterblich. Diejenigen Naskapi, welche auf ihre Träume eingehen und ihren verborgenen Sinn zu deuten versuchen und dessen Wert ausprobieren, können in eine tiefere Verbindung mit dem ›Großen

Träume als Orientierungshilfe

Mann‹ treten. Er begünstigt solche Leute und schickt ihnen mehr und bessere Träume. Neben dieser Hauptverpflichtung des Individuums, den Anweisungen seiner Träume zu folgen, besteht eine weitere Pflicht: die Träume auch durch Kunstdarstellungen zu verewigen. Lüge und Betrug verscheuchen den ›Großen Mann‹ im Inneren, während Großzügigkeit, Nächstenliebe und Tierliebe ihn anziehen. Die Träume geben somit den Naskapi eine vollständige Orientierung, auch in Beziehung zur äußeren Natur, das heißt zu Jagdmöglichkeiten, Wetter und anderen Umständen, von denen sie abhängen.«

Noch wesentlich wichtiger als bei den Lakandonen und Naskapi ist die Bedeutung der Träume für die Senoi, einen Eingeborenenstamm in Malaysia. Die Senoi leben wie die Lakandonen Mexikos im Dschungel und umfassen heute noch rund 12 000 Seelen. Sie wohnen in Familienverbänden in großen Langhäusern und sind Halbnomaden, die alle fünf bis sechs Jahre weiterziehen. Sie ernähren sich von Früchten und Wurzeln: Yams, Maniok, Bananen, Kürbissen. Gegen die in ihrem Lebensraum verbreitete Malaria sind sie immun. Über ihre kulturellen Ambitionen sagt wohl kaum etwas mehr aus als die Feststellung, daß sie zahlreiche Musikinstrumente beherrschen, daß ihre Sprache aber nur die Zahlwörter »eins«, »zwei«, »drei« und »viele« kennt. Man könnte die Senoi als »primitiv« bezeichnen; aber ist ein Volk

wirklich »primitiv«, dessen Angehörige nachweislich keine Neurosen und Psychosen kennen, bei dem es keinen Selbstmord gibt, für das die Begriffe Kriminalität und Krieg Fremdwörter sind? Jede Art von Gewalt lehnen die Senoi ab, und das, obwohl ihre Nachbarn kriegerische Stämme sind. »Aber diese anderen Stämme fürchten sich«, berichtet die US-amerikanische Traumforscherin Patricia Garfield, die den Stamm besuchte. »Sie fürchten sich vor dem, was sie als die magische Macht der Senoi ansehen, und lassen sie in Ruhe.« Die Senoi verschwenden kaum Zeit auf den Erwerb von Besitz oder gar Macht. Den Ackerbau betreiben sie gemeinschaftlich, und die Nahrungsbeschaffung beansprucht den einzelnen nicht mehr als zwei bis drei Stunden pro Tag. Die gesamte Restzeit des Tages nutzen die Senoi dafür, Träume zu realisieren. Das beginnt des Morgens mit ausführlichem gegenseitigen Erzählen der Träume im Familienkreis. Kinder werden dabei regelrecht in der Kunst des Träumens unterwiesen. Sie werden angeleitet, wie sie das nächste Mal ihre Traumqualität verbessern können.

Dem im Umgang mit seinen Träumen unerfahrenen Europäer mag das merkwürdig erscheinen, aber aktive Traum-

Den Frieden im eigenen Ich herstellen

arbeit ist durchaus möglich. Der US-amerikanische Anthropologe und Psychoanalytiker Kilton Steward, der sich bei den Senoi aufhielt, um von ihnen zu lernen, betont, daß der Senoi bewußt »für den Frieden auf der Erde arbeitet, indem er zuerst den Frieden im Inneren der Erde herstellt, die sein Körper ist«. Systematisch erarbeiten sich die Senoi mit Hilfe von Ratschlägen erfahrener älterer Träumer von Kindheit an die Fähigkeit zur Traumkontrolle. Steward berichtet, daß sie im Traum zuerst bewußt mit Gegenständen umgehen lernen, dann mit Tieren, später mit ebenbürtigen Gefährten und schließlich mit einflußreichen Personen und göttergleichen Traumgestalten. Wichtig sind ihnen Träume, in denen sie Widersacher überwinden und von diesen anschließend ein Geschenk erhalten. Das wichtigste Element ihrer Entwicklung zum Träumer ist aber, im Traum von Mal zu Mal größere Beglückung zu erleben. Ein Junge gilt in dieser Gesellschaft erst dann als Erwachsener, wenn er gelernt hat, aktiv mit seinen Traumgestalten zusammenzuarbeiten.

Ein derartiger Traum-Lernprozeß ist in anderen Gesellschaften als jener der Senoi natürlich ebenfalls möglich, aber er bleibt die Ausnahme. Einer der REM-Entdecker, Nathaniel Kleitman, nennt die durchschnittlichen Träume erwachsener US-Amerikaner den »Ausdruck einer niedrigstehenden Denkensart« und vergleicht sie mit dem Denken

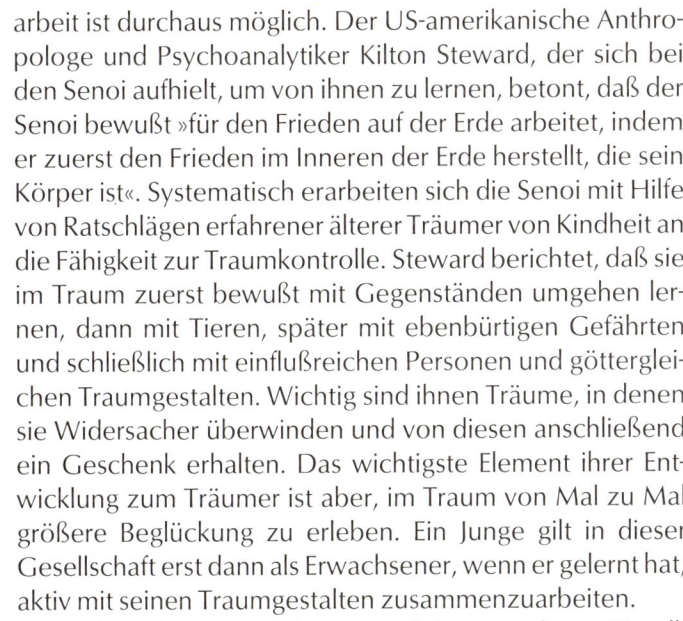

13/14 In nahezu allen Kulturen sind jahrtausendealte Traumerfahrungen überliefert. Zu allen Zeiten wurden sie auch dargestellt, so z. B. im 13. Jahrhundert von Giotto, »Der heilige Antonius befreit die Stadt Arezzo von Dämonen«, oder in unserem Jahrhundert von Odilon Redon, »Traumschatten«.

von Senilen, Kleinkindern, Betrunkenen oder Menschen mit einem kranken Zentralnervensystem. »Interessant ist«, bemerkt er, »daß es überhaupt keinen Unterschied zwischen Kindern und Erwachsenen gibt hinsichtlich ihrer Versuche, mit beängstigenden Situationen (in Träumen) fertig zu werden.« Bei den Senoi kennen nur die Kinder Alpträume. Die Erwachsenen haben gelernt, sie zu vermeiden.

Wohl einmalig auf der Welt ist der Umgang der Senoi mit ihren Träumen im Wachzustand. Den weitaus größten Teil des Tages verbringen sie damit, allein oder gemeinsam Traumprojekte in die Wirklichkeit umzusetzen. Sie singen im Traum neu gelernte Lieder, sie zeichnen ihre Traumbilder oder setzen sie in irgendeiner anderen kunsthandwerklichen Form um. Sie bauen Häuser, deren Plan sie erträumt haben, oder bestellen ihre Felder dort, wo es ein Traumgefährte ihnen bezeichnet hat. Würde ein Senoi einen anderen in einem seiner Träume bloßstellen, dann würde er am nächsten Tag zu ihm gehen und ihm Gelegenheit geben, sich zu rechtfertigen. Die Senoi-Träumer sind einzigartig auf der Welt, und es ist schwer zu sagen, wie sie ihre Einstellung gegenüber dem Träumen und ihre Techniken der Traumbeherrschung im Laufe der Geschichte ihres Volkes entwickelt haben. Was sie aber mit Träumern in aller Welt verbindet, sind eine große Anzahl von Traumgesichten, die universelle Gültigkeit haben, weil sie sich in den Träumen aller Völker wiederfinden: Träume vom Fliegen etwa oder Träume, in denen der Schläfer seinen eigenen Tod erlebt, Träume von hilfreichen Tieren, von Verstorbenen.

15/16 Dieses friedlich schlafende Kind weiß noch nichts von den Grausamkeiten der Welt. Trotzdem wird es von Alpträumen heimgesucht. Liebevolle Anwendung kann helfen.

17 Das »Neueste Traumbuch«, kolorierte Lithographie aus dem 19. Jahrhundert.

C. G. Jung nannte solche Traumbilder archetypisch und die entsprechenden Traumfiguren Archetypen. Er war überzeugt, daß sie nicht aus dem individuellen Unbewußten des Träumers aufsteigen, sondern aus einem kollektiven Unbewußten, das die gesamte Menschheit teilt. »Meine Ansichten über die ›archaischen Urreste‹, die ich ›Archetypen‹ oder ›Urbilder‹ nenne, sind immer wieder von Leuten kritisiert worden, die keine genügende Kenntnis der Traumpsychologie und der Mythologie haben. Der Ausdruck ›Archetyp‹ wird oft als bestimmtes mythologisches Bild oder Motiv mißverstanden. Aber solche Bilder sind nur bewußte Darstellungen; es wäre absurd, anzunehmen, solche variablen Bilder könnten vererbt werden. Der Archetyp ist vielmehr eine angeborene Tendenz, solche bewußten Motivbilder zu formen . . . diese ›inneren‹ Erscheinungen sind es, die ich als Archetyp bezeichne. Ihren Ursprung kennt man nicht;

Weltweit wiederkehrende Traumgestalten

sie tauchen jederzeit auf, überall in der Welt.« Eines hat Jung klar erkannt: die Existenz von transpersonalen Traumbildern, von immer wiederkehrenden charakteristischen Traumgestalten mit weltweiter Gültigkeit. Erklärt hat er dieses Phänomen aber nur scheinbar. Einer beobachteten Tatsache einen Namen – Archetyp – zu geben, heißt nicht, sie zu erklären. Jung selbst sagt ja: »Ihren Ursprung kennt man nicht.«

Das Verfahren der wissenschaftlichen Namensgebung ist übrigens weit verbreitet. So hat zum Beispiel auch Sir Isaac Newton die Schwerkraft im Gegensatz zur allgemeinen Auffassung nicht in ihrem Wesen erklärt, bloß weil er für sie den Begriff »Gravitation« geprägt hat und ihre Auswirkungen beschrieb. Auch daß Jung seine Archetypen als archaische Überbleibsel einer langen Menschheitsgeschichte auffaßt, erklärt sie nicht, denn es ist reine, durch nichts zu beweisende Spekulation. Eine Spekulation, die übrigens für Jung nahelag, hatten die Biologen doch kurz zuvor das Wesen der Ontogenese erkannt, der Entwicklung des menschlichen Fötus vom Ei über alle Stadien der erdgeschichtlichen Säugetierrevolution bis zum fertigen Homo sapiens. Bot sich da eine Parallele auf psychischem Gebiet nicht nachgerade an?

Vielleicht trifft Jungs Auffassung zu, vielleicht auch nicht. Was er bei der Formulierung des Begriffs Archetypus jedenfalls nicht berücksichtigte, sind Erfahrungen, über die auch die meisten modernen Traumforscher heute noch schweigen, die aber generell bekannt sind und sich teilweise sogar in Traumlabors beobachten ließen. Eines dieser merkwürdi-

gen Phänomene ist ein regelrechtes Traum-Rendezvous, bei dem zwei oder mehr Träumer gleichzeitig den gleichen Traum haben, in dem sie sich treffen und gemeinsam etwas unternehmen. Jeder erlebt das Traumgeschehen dabei aus seiner eigenen Perspektive. Ein anderes Phänomen sind Wahrträume, in denen der Träumer Ereignisse sieht, die sich zur gleichen oder auch zu einer anderen Zeit (in Vergangenheit oder Zukunft) in der alltäglichen Realität abspielen. Die altgriechischen Orakelträume fallen zum Teil in diese Kategorie. Besonders beeindruckend sind schließlich luzide Träume, in denen der Träumer weiß, daß er träumt, zugleich aber auch über sein *vollkommenes* Wachbewußtsein verfügt und mit diesem in das Traumgeschehen eingreifen kann. Die Eingriffe verlaufen aber nicht etwa nur so, daß er sein eigenes »Traumprogramm« wie ein Regisseur bestimmt. Das ist nur sehr beschränkt möglich. Das Eingreifen kann darauf gerichtet sein, Erfahrungen zu sammeln, die in der Alltagsrealität gar nicht zugänglich sind. So gibt es zahlreiche Beispiele dafür, daß luzide Träumer in der Lage sind, während sie im Bett liegen, zugleich voll bewußt mit

Im Traum die Realität sehen

ihrem Traumkörper aufzustehen, in einen anderen, ihnen sonst unzugänglichen Raum oder etwa eine andere Stadt zu gehen (oder zu fliegen) und sich dort umzusehen. Sie beobachten dabei keine Phantasiebilder, sondern die Realität, was sich später leicht überprüfen läßt. Solche luziden Träume sind nahe verwandt mit schamanischen Geistreisen oder den Wachvisionen von Yoga-Meistern. Von beiden wird noch die Rede sein.

Jungs Archetypen-Hypothese versagt angesichts solchen Traumgeschehens. Erstaunlicherweise bietet die Physik heute erste Ansatzpunkte für Erklärungen. In Zusammenarbeit mit dem Einstein-Schüler David Bohm hat der in Kanada an der Queens University tätige Physikprofessor und Quantenmechaniker F. David Peat eine mathematisch fundierte Theorie erarbeitet, nach der es ähnlich elektrischen Feldern, magnetischen Feldern oder Gravitationsfeldern so etwas wie ein gesamtkosmisches Informationsfeld gibt. Hat der Träumer im Bereich seines Unbewußten auf dieses Feld Zugriff? Und kann er durch langjährige bewußte Traumarbeit lernen, auf dieses Feld gezielt zuzugreifen? Vieles spricht dafür. Wenn das so wäre, dann müßten die Psychologen, Psychotherapeuten und Traumanalytiker umlernen, denn das würde bedeuten, daß Träume weit mehr sind als lediglich Projektionen aus den im Wachzustand vom Bewußtsein unerreichbaren Regionen des Ichs.

Nichtalltägliche Wirklichkeit

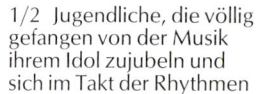

In Trance verlieren Raum und Zeit ihre Gültigkeit. Der Mensch erlebt in diesem Zustand den Alltag mit einem veränderten Bewußtsein und kann in tiefer Trance sogar in andere Erlebniswelten hinüberwechseln. Trance läßt sich, bewußt oder unbewußt, auf vielerlei Weise herbeiführen: durch Meditation, Hypnose, Autosuggestion, rhythmischen Tanz, tiefe Gefühle, aber auch durch Ermüdung am Steuer nach langer Autofahrt. Welche Bedeutung haben Trance-Erlebnisse? Sind es bloße Halluzinationen oder vermittelt Trance echte außersinnliche Erkenntnisse, ermöglicht sie Erinnerungen an die eigene Geburt, bringt sie Heilung von Krankheiten, schafft sie sogar Kontakte zu Wesenheiten in anderen Sphären?

1/2 Jugendliche, die völlig gefangen von der Musik ihrem Idol zujubeln und sich im Takt der Rhythmen wiegen, kennen wir von Rockfestivals und aus Discos. Trance in unserem Alltag.

3/6 In Hindu-Tempeln schaffen zahlreiche grellfarbige Götterfiguren eine Atmosphäre, die völlig

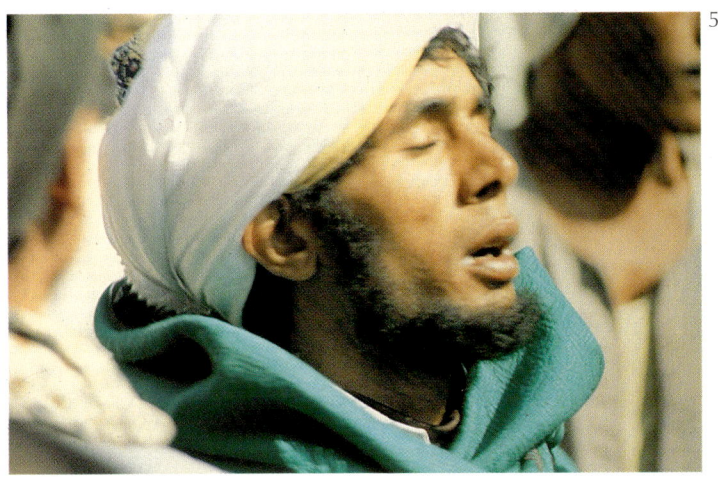

U m es vorweg zu sagen: Was Trance wirklich ist, wissen wir nicht. Der Trancezustand läßt sich zwar beschreiben, aber nicht erklären. Auch die Beschreibung ist nicht ganz einfach, weil es verschiedene Grade der Trance-Tiefe gibt, und weil die Trance-Erlebnisse sehr unterschiedlich sein können. Das Spektrum reicht von Gefühlen leichter, meist als äußerst angenehm empfundener Lethargie bis zu ausgeprägter Ekstase oder tiefster somnambuler Versenkung. Erleben läßt sich in Trance beinahe alles, von einem Gefühl der Entspannung bis zur Halluzination und zu meßbaren physischen Körperveränderungen. Auch die Wege, die in die Trance leiten, können recht unterschiedlich sein. Meditation führt ebenso in Trance wie Fremd- oder Selbsthypnose, bestimmte rhythmische Tänze oder auch nur das Hören geeigneter rhythmischer Musik oder etwa die Einnahme trancefördernder Drogen.

Es gibt wohl kaum einen Menschen, der nicht selbst schon viele hundert Male in Trance gewesen ist. Dabei handelt es sich allerdings fast immer um leichte Trancezustände, die gar nicht als solche erkannt werden. Eine typische Trancesituation kann sich bei langen Autofahrten einstellen, besonders wenn einige begünstigende Faktoren zusammenkommen: Der Fahrer verfügt über eine sehr gute Fahrpraxis. Er ist müde oder gedanklich so mit einem anderen Thema beschäftigt, daß er kaum auf das Fahren selbst achtet. Die Fahrstrecke bietet keine Abwechslung, weil der Fahrer sie gut kennt, weil sie durch eine vollkommen monotone Landschaft führt oder weil es Nacht ist. Der Verkehr ist

vom Alltag losgelöst ist. Wir empfinden die Situation als göttlich. Das ist ein Weg zum Trancezustand.

4/5 Tranceerlebnisse können sehr unterschiedlich sein. Sie reichen von angenehm empfundener

Lethargie, Entspannung bis zu ausgeprägter Ekstase. Viele Völker wissen damit seit altersher umzugehen.

flüssig oder äußerst gering. Eine Idealsituation liefert zum Beispiel eine kaum befahrene, kurvenarme Autobahn zur Zeit der Abend- oder Morgendämmerung, wenn alle Kontraste verschwimmen und das Scheinwerferlicht noch keinen klar umrissenen Kegel ausleuchtet. Unter solchen Bedingungen erlebt der Fahrer Trancephänomene. Am häufigsten ist die völlige Veränderung des Zeitgefühls. Plötzlich ist der Fahrer am Ziel und fragt sich, wie das denn so schnell gehen konnte. Überlegt er genauer, dann stellt er fest, daß er sich an die Details der ihm bekannten Strecke kaum noch oder gar nicht erinnern kann: Bin ich wirklich an der und der Kreuzung vorbeigekommen? Bin ich wirklich durch jenes Waldstück gefahren? Ich habe es gar nicht gemerkt. Aber es muß wohl so sein. Mir vergingen die zwei Stunden Fahrt wie im Fluge.

Das Verlieren des Zeit- und Raumgefühls ist immer ein Anzeichen für Trance. Dabei muß die Zeit nicht unbedingt kürzer erscheinen, sie kann sich auch scheinbar endlos dehnen. Wer einmal einen mittelschweren Verkehrsunfall erlebt hat, wird das bestätigen können. Was sich in Sekundenbruchteilen abspielt, kommt einem dabei wie eine Ewigkeit vor. Jedes Detail läßt sich in Ruhe exakt beobachten. Auch das ist ein Trance-Effekt.

Manchmal wird sich ein Autofahrer seines Trancezustands schlagartig bewußt, wenn ihn ein Selbstschutzme-

»Sekundenschlaf« auf der Autobahn

chanismus davor bewahrt, tiefer in Trance zu fallen. Er hat dann das Gefühl, plötzlich aufzuwachen. Dieses Phänomen wird nicht ganz zutreffend von Verkehrsexperten als »Sekundenschlaf« bezeichnet. In Wirklichkeit hat der Fahrer überhaupt nicht geschlafen, er ist in tiefere Tranceregionen abgesunken und hat für kurze Zeit sein Wachbewußtsein verloren. Das ist nicht dasselbe wie schlafen.

Eine sehr tiefe Form der Autofahrertrance ist unter Fachleuten als »Autobahnhypnose« bekannt. Sie tritt meistens in der Dämmerung oder nachts auf. Auf dunklem Asphalt zeichnen sich im Scheinwerferlicht kraß die einzelnen Strichelemente des unterbrochenen Mittelstreifens ab. Rhythmisch und monoton springen die reflektierten Lichtimpulse dem Fahrer ins Auge. Der Effekt verstärkt sich noch, wenn ein müder Fahrer zur Erleichterung seiner Arbeit einfach dem Mittelstreifen folgt, ihn förmlich zwischen die Räder nimmt, statt rechts von ihm zu fahren. Schon nach wenigen Minuten stellt sich bei den allermeisten Fahrern eine hypnotische Trance ein. Manchmal induziert sie den »Sekundenschlaf«. In seltenen Fällen führt sie zu einem

7/9 Ruhe und Gelassenheit strahlen die indischen Buddhafiguren aus. Der Meditierende verliert beim Betrachten das Gefühl für Zeit und Raum, eine erste Stufe der Trance.

8 Blick auf ein Tempelbecken in Benares: Gläubiger nach der rituellen Reinigung.

hypnotischen Zustand. Der Fahrer beginnt zu halluzinieren. Er sieht plötzlich ganz deutlich Tiere vor sich auf der Fahrbahn, die in Wirklichkeit gar nicht da sind: Pferde, Kühe, sogar Elefanten, einzeln oder in ganzen Herden. Diese Erlebnisse können äußerst realistisch sein. Die Verkehrssicherheitsexperten haben Dutzende von Berichten gesammelt, in denen der Fahrer bereit gewesen wäre, sein Tranceerlebnis als Realität zu beschwören. »Da brach auf einmal ein Elefant rechts aus dem Gebüsch hervor und lief vor mir auf die Straße. Ich dachte noch, der muß wohl aus einem Circus ausgebrochen sein.« Solche Trugbilder haben schon Verkehrsunfälle verursacht, wenn der erschrockene Fahrer auf sie mit Vollbremsung reagierte. Es müssen nicht einmal glaubwürdige Halluzinationen wie die Bilder vorbeilaufender Tiere sein. Auch auf real völlig unmögliche Situationen reagiert der Autofahrer so, als ereigneten sie sich tatsächlich. Gelegentlich gibt es Berichte davon, daß plötzlich ein großes Haus quer über die Fahrbahn schwebte.

Hypnoseexperten wissen seit einigen Jahren, daß Menschen in Trance nicht schlafen, wie man früher annahm, sondern hellwach sind. Die Beweise dafür reichen vom

Das Unbewußte kommt zu Wort

Enzephalogramm, der Registrierung von Gehirnwellen, das in Trance niemals die für den Schlafenden charakteristischen Frequenzen zeigt, bis zur Auswertung verschiedener Körperreflexe, die sowohl im Wachzustand wie in der Trance auftreten, aber nicht während des Schlafs.

Wenn selbst tiefe Trance kein Schlafzustand ist, was ist sie dann? Wir wissen es nicht. Es gibt zahlreiche Erklärungsversuche, aber keiner befriedigt wirklich. Die meisten operieren mit den Begriffen des Wachbewußtseins und des Unbewußten. In der Trance lockert zweifellos das Wachbewußtsein seine sonstige totale Kontrolle über das Unbewußte. Das Unbewußte »kommt zu Wort«. Aber in welcher Form? Indem es uns bewußt wird, dringt es schließlich in das Wachbewußtsein ein. Wie vage diese pauschalierenden Formulierungen sind, ist schon daraus zu erkennen, daß beinahe jede »Tranceschule« eigene Vorstellungen von den verschiedenen Bewußtseinsebenen hat, die zum Teil erheblich voneinander abweichen. Die klassischen Psychoanalytiker und mit ihnen die meisten Hypnoseexperten gehen von der Zweiteilung in Wachbewußtsein und Unbewußtes aus. Ältere Vertreter dieser Richtung benutzten statt Unbewußtes meist den Ausdruck Unterbewußtsein, doch dieser Begriff suggeriert so etwas wie eine Hierarchie zwischen »Bewußtsein« und »Unterbewußtsein«.

10 Gläubige, die ihre Stirn an die dunkelrote Wand eines Kali-Tempels in Benares legt.

Anhänger von östlichen Meditationstechniken differenzieren weiter. Sie sprechen von einem Alltagsbewußtsein und von einem Erinnerungsunterbewußtsein, die beide zusammen das Wachbewußtsein ausmachen, wobei das Erinnerungsunterbewußtsein lückenhaft arbeitet und nicht immer präsent ist. Diesen beiden Bewußtseinsbereichen stellen sie einerseits das unbegrenzte Unterbewußtsein gegenüber, andererseits das Überbewußtsein oder Seelenbewußtsein. Das Unterbewußtsein ist zwar nach ihrer Auffassung grenzenlos, aber es baut sich aus einer Vielzahl voneinander getrennter Inhalte auf, die nicht als Ganzes zu überblicken sind. Das bleibt dem Überbewußtsein vorbehalten. Wieder andere Tranceschulen, etwa die der Zen-Buddhisten, betrachten den Menschen als Teil einer kosmischen Gesamtheit, die sich im Alltagsbewußtsein nur über einen äußerst geringen Ausschnitt dieses kosmischen Ichs Rechenschaft ablegt, genaugenommen über jenen Ausschnitt, der durch Raum und Zeit begrenzt ist. Sie stellen also dem Alltagsbewußtsein das kosmische Bewußtsein gegenüber. Wieder andere Trancekonzepte haben Esoteriker, die davon überzeugt sind, in Trance, also jenseits des Alltagsbewußtseins, spirituelle Kontakte mit anderen Wesen aufnehmen zu können: Lebenden, Verstorbenen und reinen Geistwesen. Hellseher erleben in Trance Visio-

Visionen von gestern und morgen

nen von Vergangenheit, Gegenwart und Zukunft, die sich konkret an irgendeinem beliebigen Ort abspielen. Sie reflektieren nur selten über theoretische Fragen verschiedener Bewußtseinsebenen. Relativ einfach machen es sich auch die Schamanen der Naturvölker. Sie unterscheiden zwischen alltäglichem und nichtalltäglichem beziehungsweise schamanischem Bewußtsein, wobei letzteres je nach Kulturkreis wiederum in mehrere verschiedene Ebenen unterteilt sein kann.

Trance-Erlebnisse werden von den Menschen in sehr unterschiedlicher Intensität wahrgenommen. Der typische Anhänger eines »aufgeklärten Weltbildes« macht im allgemeinen überhaupt keine tiefgreifenden Tranceerfahrungen. Der mit Hypnose arbeitende Mediziner lernt die suggestiven Beeinflussungsmöglichkeiten des Unbewußten durch das Wachbewußtsein kennen. Sie bleiben für ihn meist auf physisch kontrollierbare Effekte beschränkt. Der Psychoanalytiker und Psychotherapeut bedient sich der Hypnose zusätzlich, um in Trance dem Erinnerungsbewußtsein auf die Sprünge zu helfen und um dem Unbewußten Befehle zur psychischen Steuerung zu geben. Wer meditiert, findet

in Trance je nach Zielsetzung neue Zugänge zum Ich-Verständnis, aber auch etwa zu kosmischer Weisheit, zur Zeit- und Raumlosigkeit oder gar zu Gott. Dem Trancemedium ist es vorbehalten, Kontakte zum Jenseits zu knüpfen, wie etwa der englischen Pianistin Rosemary Brown, die jahrelang von den Seelen verstorbener Komponisten (z. B. Chopin, Bach, Schubert) Notendiktate aus dem Jenseits erhielt, und das in einer solchen Fülle, musikalischen Qualität und stilistischen Reinheit, daß Musikwissenschaftler diesem Phänomen ratlos gegenüberstehen. So schnell kann eine nur mittelmäßig begabte Klavierspielerin unmöglich selbst ein derartiges musikalisches Werk erschaffen haben, ist ihre kollektive Meinung. Die wohl weitestreichenden Trancetechniken und Tranceerfahrungen finden sich bei langjährig praktizierenden Yogis, bei Zen-Meistern und bei Schamanen. Davon soll in anderen Kapiteln berichtet werden.

Daß sich Trance, etwa beim Autofahren, aber auch beim Tanzen, Musikhören, im Ausdauersport (zum Beispiel Marathonlauf), bei der Liebesvereinigung oder beim tiefen Gebet von selbst einstellt, ist eher die Regel als die Aus-

Das Alltagsbewußtsein verdrängen

nahme. Wie aber läßt sich Trance gezielt erreichen? Die Zahl der Techniken ist groß, aber die meisten davon bauen auf einer Reihe klar überschaubarer Grundregeln auf, die auch bei der Autofahrertrance, beim Sport und Tanzen eine Rolle spielen. Immer geht es darum, das Alltagsbewußtsein in den Hintergrund zu drängen. Völlig ausgeschaltet wird es in der Trance nicht. Meist bleibt es sogar vollkommen präsent, läßt aber zugleich auch die Inhalte anderer Bewußtseinsebenen wahrnehmbar werden. Um das gezielt zu erreichen, muß das Alltagsbewußtsein von seiner normalen Aktivität – nämlich permanent Gedanken zu produzieren – abgelenkt werden. Das gelingt auf verschiedene Weise. Man kann es zum Beispiel mit einer überwältigenden Fülle von Eindrücken konfrontieren, die alle mit alltäglicher Realität nichts gemein haben, mit denen das Alltagsbewußtsein also nicht logisch umgehen kann. Das geschieht zum Beispiel bei manchen religiösen Ritualen. Die Handlung ist abstrakt, allenfalls symbolhaft, meist aber reichlich irreal. Die Szenerie hat nichts mit dem Alltag zu tun. Das Ohr wird durch religiöse Gesänge in Anspruch genommen, die oft recht monoton klingen. Viele Religionsgemeinschaften kennen auch das pausenlose Rezitieren monotoner Texte. Von weltlichen Gerüchen lenkt der sakrale Duft des Weihrauchs oder anderen Räucherwerks ab. In indischen Tempeln schafft eine ungeheure Fülle oft grellfarbiger Götterfiguren –

11

12

13

stammen sie aus dem Dämonenreich? – eine Atmosphäre, die von der Alltagsrealität völlig losgelöst ist. Das alles entwurzelt das Alltagsbewußtsein, es nimmt ihm den Halt. Der Mensch empfindet die Situation als göttlich, ein Beweis dafür, daß er einen Trancezustand erreicht hat.

Statt das Alltagsbewußtsein völlig zu zerstreuen, läßt sich auch das Gegenteil praktizieren. Man kann das Alltagsbewußtsein auf einen Punkt konzentrieren, wie in der Meditation oder bei verschiedenen Hypnosetechniken. Funktionell folgen Hypnose, Selbsthypnose und Meditation zumindest in ihren Anfangsstadien dem gleichen Schema. Sie werden allenfalls unterschiedlich interpretiert. Von der Beziehung, die sich zwischen Hypnotiseur und Hypnotisand aufbauen kann, einmal abgesehen, ist jede Hypnose im Grunde eine Selbsthypnose. Nur suggeriert sich der Hypnotisand nicht seine eigenen Befehle, sondern die vom Hypnotiseur gehörten. Und Meditation ist ebenfalls nichts anderes als eine Form der Selbsthypnose, vielfach stimmen dabei auch die Ziele überein: psychische und physische Selbstheilung und Selbsterkenntnis. Oft stellen sich Meditierende mit jahrelanger Praxis weitergehende, spirituelle Ziele. Auch Selbsthypnose-Praktizierenden ist dies möglich.

Weil die in Hypnose oder Meditation auftretenden Phänomene ebenso faszinierend wie hilfreich für den Menschen sind, ist es kein Wunder, daß entsprechende Techniken schon älter sind als der streng logisch arbeitende menschliche Geist. Gewiß reichen Hypnose- und Selbsthypnosepraktiken weit in die Vorgeschichte zurück. Der

11 Asket, der durch Verzicht der verehrten Gottheit näher kommen will.

12/13 In Asien suchen die Menschen seit altersher Kraft und Ausgeglichenheit im stillen Gebet, in der Einsamkeit: in Thailand vor den Skulpturen Erleuchteter, in Japan im Zengarten.

erste bekannte überlieferte Bericht ist etwa dreitausend Jahre alt und findet sich im sogenannten Ebers-Papyrus aus Ägypten. Die Anfänge der modernen Hypnose gehen indes erst auf den österreichischen Arzt Franz Anton Mesmer zurück, der allerdings noch nicht den Ausdruck Hypnose gebrauchte, sondern von tierischem oder animalischem Magnetismus sprach. Die Wortwahl Mesmers mag uns heute unpassend erscheinen, aber er gebrauchte sie Ende des 18. Jahrhunderts, zu einer Zeit also, in der der Begriff des Magnetismus in der Physik noch nicht Allgemeingut war und so etwas wie eine Lehre der Elektrotechnik noch gar nicht existierte. Bald sprach man im Zusammenhang mit Mesmers »magnetischen« Praktiken auch von »Mesmerismus«. Der Arzt war davon überzeugt, daß ein wohltuendes, heilungbringendes »magnetisches Fluidum« von einem Menschen auf den anderen übertragen werden kann. Die Brücke dazu war der »Rapport« zwischen dem Therapeuten und dem Patienten.

Die Heilerfolge Mesmers in Wien waren sensationell. Das weckte den Unmut der Schulmediziner. Von ihnen diffamiert, zog er nach Paris, wo er schon bald spektakuläre

Psychische Kräfte mobilisieren

Behandlungsresultate erzielte. Zu seiner Zeit gab es noch keine Psychotherapie. So zählten zu seinen Patienten Neurotiker, Menschen mit psychosomatischen Krankheiten oder Charakterstörungen. Mesmer wurde in Paris berühmt. Und wieder neidete ihm das die medizinische Fachwelt. Die französische Akademie der Wissenschaften weigerte sich, Mesmers Heilmethoden und Heilerfolge zu überprüfen. Das übernahm dann merkwürdigerweise eine Kommission unter Vorsitz von Benjamin Franklin, Erfinder des Blitzableiters und Gesandter der Vereinigten Staaten in Frankreich. Sie kam zu dem Ergebnis, Mesmer sei ein Scharlatan, und alle Heilerfolge beruhten einzig und allein auf der Einbildung seiner Patienten. Mesmer kam in Verruf, mußte nach Österreich zurückkehren und starb in Vergessenheit. Seine Erfolge wurden als Einbildung bezeichnet, Einbildung, die den Kranken zur Genesung verhalf. Aber was ist Autosuggestion, was sind Suggestion und Hypnose im Grunde anderes als Wege zur Mobilisierung der »Einbildung«, einer Einbildung, die so stark ist, daß sie den Körper psychisch und physisch beeinflussen und heilen kann?

Nach Mesmers Diskreditierung wurde es still um den »animalischen Magnetismus«. Erst in den vierziger Jahren des 19. Jahrhunderts erlebte der Mesmerismus ein erstes Comeback. Es ging von England aus. Dort operierte einer

der bedeutendsten Chirurgen seiner Zeit, John Elliotson, Patienten in Hypnose. Ohne jegliches Betäubungsmittel blieben sie auch während schwieriger Eingriffe schmerzfrei. Auch Elliotson wurde von seinen Berufskollegen heftig angefeindet, weigerte sich aber standhaft, seine Hypnose-Anästhesie aufzugeben.

Ein anderer britischer Chirurg, James Esdaile, der um 1840 in einem indischen Gefängniskrankenhaus arbeitete, wandte Elliotsons Hypnosetechnik dort an. Ein Augenzeuge berichtete, daß der Arzt einem Patienten nur unter Hypnose-Anästhesie ein von Krebs befallenes Auge entfernte, während der Kranke mit dem anderen Auge die Operation verfolgte, ohne ein einziges Mal zu zucken. Trotz eindrucksvoller Erfolge griffen die Schulmediziner auch Esdaile massiv an. Er mußte seine Klinik in Indien schließen und nach England zurückkehren, wo ihn die British Medical Association wegen Scharlatanerie vor Gericht stellte. Freilich war

Heilung durch Hypnose

ihm kein fachlicher Mißerfolg nachzuweisen. So brachte ein Arzt gegen Esdaile die Anschuldigung vor, er sei ein Gotteslästerer: Gott wolle, daß der Mensch Schmerzen erdulde, und Esdaile verhindere das durch Hypnose.

Um dieselbe Zeit wandte auch der britische Arzt James Braid die Patientenhypnose an. Im Gegensatz zu Mesmer, der den hypnotischen Zustand durch streichende, »magnetische« Handbewegungen über den Körper seiner Klienten einleitete, induzierte Braid die Trance erfolgreich allein durch verbale Suggestion und kam daraufhin zu dem Schluß, nicht »animalischer Magnetismus«, sondern allein Suggestionen bewirke den unerklärlichen Bewußtseinszustand. Braid war es auch, der den Begriff »Hypnose« oder »Hypnotismus« prägte. Er leitete ihn vom griechischen Wort »hypnos« ab, das Schlaf bedeutet.

Die beeindruckenden Erfolge der britischen Ärzte konnten der Hypnose ebensowenig zu genereller Anerkennung verhelfen wie zuvor Mesmers Arbeit. Wieder geriet sie fast in Vergessenheit, bis sie um 1880 einer der führenden französischen Ärzte, H. Bernheim, erneut ins Interesse der Öffentlichkeit rückte. Gemeinsam mit dem Landarzt Liébeault gründete er die Hypnoseschule von Nancy, die bald Ärzte aus ganz Europa und den USA zu ihren Schülern zählen konnte. Einer von ihnen war Sigmund Freud. Und das war bedauerlich. Während die Schule von Nancy hervorragende Hypnoseärzte hervorbrachte, erwies sich Freud als schlechter Hypnotiseur. Um die Jahrhundertwende kehrte er sich resigniert von der Hypnosetherapie ab.

14 Im 13. Jahrhundert kam der Zen-Buddhismus nach Japan, wo er sich zur geistigen Grundlage des Rittertums entwickelte. Das angestrebte Ziel Satori, die Erleuchtung, wird über verschiedene Stufen der Meditation erreicht. Die strenge Geometrie und Ruhe der Steingärten laden dazu ein.

Zugleich brachte er sie erneut in Mißkredit und griff seine einstigen Kollegen neidvoll an, darunter den ausgezeichneten Hypnosetechniker S. Breuer. Freuds Skepsis gegenüber der Hypnose wirkt unter Psychoanalytikern noch heute nach.

Zahlreiche begeisterte Anhänger fand die Hypnotherapie nach dem Ersten und später nach dem Zweiten Weltkrieg, als sie sich hervorragend bei der Behandlung von kriegsbedingten Nervenschocks bewährte. Seitdem erfuhr sie langsam auch in medizinischen Fachkreisen die ihr gebührende Anerkennung. 1955 erklärte die British Medical Association offiziell die Hypnose zu einem nützlichen Hilfsmittel der ärztlichen Behandlung. Drei Jahre später folgte ein Komitee der American Medical Association diesem Vorbild. Heute wenden in den USA rund 20 000 Ärzte Hypnose in ihren Praxen an. Weit verbreitet ist ihr Einsatz vor allem unter den Zahnärzten, die ihre Patienten in Trance schmerzfrei behandeln. Beachtlich sind nach wie vor die Erfolge der Chirurgie.

Operation unter Hypnose

Es gibt heute wohl keine Art von chirurgischen Eingriffen, die nicht schon unter Hypnose als einzigem Mittel der Anästhesie durchgeführt worden wären. Selbst die schwersten Operationen, etwa am Herzen oder Gliederamputationen, gelangen auf diese Weise.

Was vermag die Hypnose alles zu leisten? Wo sind ihre Grenzen? Die Fragen lassen sich schwer beantworten, denn immer wieder gelingt Unfaßliches. Leicht zu erreichen ist unter Hypnose das Phänomen der Katalepsie, einer totalen Veränderung des Muskeltonus. Einzelne Muskelgruppen können durch hypnotische Suggestion völlig versteift oder zum totalen Erschlaffen gebracht werden. Ein beliebtes Experiment von Jahrmarktshypnotiseuren ist es, den gesamten Körper ihrer freiwilligen Hypnotisanden in Starre zu versetzen und sie wie ein Brett auf zwei Stühle zu legen: den Hinterkopf auf einen, die Fersen auf den anderen. Die Katalepsie ist so stark, daß sich eine oder mehrere Personen auf diese menschliche »Brücke« setzen oder stellen können. Ein Knochenbruch durch Überbelastung läßt sich nicht ausschließen, deshalb ist der Versuch abzulehnen.

Ein anderes phantastisches Hypnosephänomen ist die sogenannte Hypermnesie, ein Zustand stark gesteigerter Gedächtnisleistung. Oft tritt er in Verbindung mit einer durch den Hypnotiseur suggerierten Altersregression auf, bei der sich der Hypnotisierte in eine frühere Zeit seines Lebens zurückversetzt fühlt. Er erinnert sich nicht nur an jedes Detail aus diesem Lebensabschnitt, er durchlebt die

15 Junge Mönche in Thailand lassen sich in die Meditation einführen, um so Erkenntnisse über den Weg der Erlösung zu erlangen, um mit dem Universum eins zu werden. Fast 90 % der thailändischen Bevölkerung gehören dem Buddhismus an, der im 13. Jahrhundert nach Thailand kam. Dort hatten die

Monarchen der Khmer das hinduistische Konzept des Gottkönigtums übernommen. Der Herrscher verstand sich als Inkarnation Vischnus. Als sich die Könige von Sukhothai dem Theravada-Buddhismus zuwandten, verschmolz das hinduistische Erbe mit der buddhistischen Tradition.

16 Der tief verwurzelte buddhistische Glaube der thailändischen Bevölkerung macht es für junge Männer selbstverständlich, nachdem sie ihren Militärdienst geleistet haben und bevor sie in den Beruf eintreten, einige Zeit als Mönch in einem Kloster zu verbringen.

Situation regelrecht noch einmal. Alle Sinne sind daran beteiligt: Er sieht, hört, riecht alles genau wie früher. Er empfindet körperlichen und seelischen Schmerz oder auch Angst oder große Freude wie in der Situation selbst. Revivifikation nennen die Fachleute dieses Wiedererleben. Die Altersregression kann viel weiter zurückführen, als das normale Gedächtnis jemals reichen würde. Suggestiv besonders gut beeinflußbare Menschen können in Hypnose bis zu ihrer eigenen Geburt zurückgeführt werden; und es gibt Hypnotherapeuten, die überzeugt sind, selbst pränatale Erinnerungen ließen sich in Hypnose wachrufen.

Die US-amerikanische Hypnoseexpertin und -lehrerin Leslie M. LeCron erwähnt, daß eine ihr bekannte Psychotherapeutin unter regelmäßigen Asthmaanfällen litt und eine panische Angst vor Krankenhäusern, Messern und behaarten Männerarmen hatte. In Selbsthypnose versetzte sie sich in verschiedene Altersstufen zurück, bis sie herausfand, daß sie als sechzehnmonatiges Baby bei einer Operation von einem Narkosearzt brutal behandelt worden war. Deutlich sah sie in Hypnose die behaarten Unterarme des Arztes und ein Messer, das er in seiner Hand hielt. Die Mutter der

Persönlichkeitsfindung in Hypnose

Betroffenen erinnerte sich daraufhin, daß zwei Krankenschwestern seinerzeit aus Protest gegen die unverantwortliche Härte des Arztes gekündigt hatten. Kurz nach dem chirurgischen Eingriff hatte die kleine Patientin ihren ersten Asthmaanfall. Das Ergebnis ihrer Selbsthypnose-Erkenntnis waren das völlige Verschwinden ihrer Atemnotanfälle und die Überwindung all ihrer Ängste.

Ein anderes unerklärliches, aber tausendfach belegtes Hypnosephänomen ist die Einwirkung auf die physischen Vorgänge im Körper. In Hypnose – auch Selbsthypnose – gelingt es, das Bewußtsein zu veranlassen, den Organismus gezielt auch dort zu steuern, wo das Alltagsbewußtsein keinen Zugriff hat. So kann man beispielsweise den Blutdruck und die Pulsfrequenz dramatisch beeinflussen. In einem Fernsehexperiment versetzte sich ein italienischer Taucher selbst in Tieftrance, reduzierte in diesem Zustand seinen Puls auf nur zwei Herzschläge pro Minute und tauchte dann an einem Seil ohne Sauerstoffgerät in über 100 Meter Meerestiefe. Der Vorgang wurde mit der Kamera verfolgt, und während des gesamten Tauchgangs übertrug ein Mikrophon-Sender die Herzschläge des Mannes.

In der USA wird vielfach jungen Frauen durch Hypnose oder Selbsthypnose geholfen, die über einen zu schwach entwickelten Busen klagen. Bei zahlreichen Patientinnen

ließ sich nach einer nur etwa dreimonatigen suggestiven Behandlung ein um 2,5 bis über 6 Zentimeter größerer Brustumfang messen. Vollkommen unerklärlich erscheint auch die Möglichkeit, in Hypnose den subjektiven Zeitmaßstab drastisch zu verschieben. Der amerikanische Hypnosearzt Dr. Cooper suggerierte einer Versuchsperson, er würde ein Metronom zehn Minuten lang ticken lassen, jeweils einmal pro Minute. Während dieser Zeit sollte der Hypnotisierte eine bestimmte Aufgabe lösen, für die zehn Minuten eine durchaus angemessene Spanne waren. In Wirklichkeit tickte das Metronom einmal pro Sekunde. Und der Versuchsperson gelang das Unglaubliche: Sie löste das Problem innerhalb von zehn Sekunden.

Leslie M. LeCron berichtet von einem Hypnose-Instrukteur, der zugleich als Arzt und Konzertpianist tätig ist: »Gewöhnlich steht er um fünf Uhr morgens auf und übt zwei Stunden am Klavier. Bringt er diese Zeit nicht auf, versetzt er

Problemlösung mit Selbstanalyse

sich in Selbsthypnose. Er beherrscht die Technik ausgezeichnet. In geraffter Zeit übt er dann das Klavierspiel im Geist. Mit diesen wenigen Augenblicken der geistigen Übung behauptet er, die gleich guten Ergebnisse zu erzielen, wie sich diese nach zwei Stunden physischer Übung einstellen.«

In mittlerer bis sehr tiefer hypnotischer Trance kann es zu Halluzinationen, also optischen, oder auch akustischen Sinnestäuschungen kommen. Auch Geruchs-, Geschmacks- oder Tastwahrnehmungen können auftreten. Hier erreicht Hypnose ein Feld, das uns in diesem Buch noch in anderem Zusammenhang beschäftigen wird, dem der sogenannten »schamanischen Reisen«. Angehörige von Naturvölkern behaupten, derartige Phänomene seien gar keine Halluzinationen, sondern tatsächliche Wahrnehmungen von Vorgängen in nichtalltäglichen, aber dennoch realen Welten. Die moderne wissenschaftliche Forschung hat zahlreiche Hinweise dafür, daß diese Aussagen nicht aus der Luft gegriffen sind. Ganz ähnliches berichten Meditations-Experten. Das kann nicht weiter verwundern, denn alle Formen der Meditation sind im Grunde nichts anderes als Selbsthypnose. Die Meditation hat viele Gesichter. Angepaßt an abendländische Denkweise erscheint sie zum Beispiel in Form des von dem Arzt und Psychotherapeuten J. H. Schultz entwickelten autogenen Trainings, das durch Autosuggestion und in Trance psychische und physische Probleme lösen hilft und – durch anschließende Selbstanalyse – zu einer besseren Persönlichkeitsentfaltung führt.

Viele Meditierende in aller Welt knüpfen an klassische indische Techniken an, wie sie unter anderem in der Yoga-Philosophie ihren Ausdruck finden. Sie versuchen nicht nur, der westlichen Medizin bekannte physiologische Vorgänge im Organismus positiv zu beeinflussen, sondern auch sogenannte Energiezentren (Chakras), die nach überlieferten Lehren an acht bestimmten Punkten unmittelbar außerhalb des materiellen Körpers im Bereich des diesen umhüllenden »Äther-Körpers« liegen und von den fortgeschrittenen Meditierenden gesehen werden können. Eingebettet in die bläuliche Hülle des Äther-Körpers werden sie als blütenförmige Gebilde wahrgenommen. Wie immer man dazu auch stehen mag, die Ergebnisse der Chakra-Meditation sind phänomenal. Anhänger dieser Meditationsmethode unterteilen ihre Tranceerfahrungen und -fähigkeiten in sieben Stufen. In der ersten Stufe erfährt der Meditierende eine tiefe Liebe zur gesamten Schöpfung; er wird demütig und geduldig, und sein Streben wendet sich von materiellen Wünschen geistigen Zielen zu. In der zweiten Stufe wird dem Meditierenden bewußt, was Leben bedeutet. Zugleich nimmt er Kontakt zu seinem Unbewußten auf, die Vertreter dieser Meditationsrichtung sprechen von Seelenbewußtsein. Seine innere Haltung spiegelt große Ehrfurcht vor allem Lebenden. In der dritten Stufe wird sich der Übende seiner eigentlichen Aufgaben im Leben bewußt. Er sucht die Wahrheiten nicht mehr in seiner Umgebung, sondern in seinem Inneren, gewinnt Autorität und ein großes Verantwortungsgefühl. In der vierten Stufe überwindet der Meditierende

17 Wer durch Trance zur Hellsichtigkeit kommt, versteht – wie Franz von Assisi – die Sprache der Tiere.

18 Trancezustand kann auch durch Konzentration auf die magische Glaskugel erreicht werden.

19 Der erste überlieferte Bericht über Hypnose, das Ebers-Papyrus, ist etwa 3000 Jahre alt.

sein Ego, und die Äußerlichkeiten der Welt verlieren für ihn an Bedeutung. Ruhe, Gelassenheit, Harmonie und die Liebe bestimmen fortan sein Leben. Die fünfte Stufe wird als Erleuchtung empfunden. Sie bringt spontanes umfassendes Wissen und Zugang zu geistiger Führung durch kosmische oder göttliche Instanzen. Die sechste Stufe ist eine Verschmelzung des Meditierenden mit der gesamten Schöpfung. Er begreift und fühlt sich als identisch mit ihr. Und weil er mit ihr identisch ist, verfügt er über Hellsichtigkeit. Er versteht die Sprache der Tiere und Pflanzen wie weiland der heilige Franz von Assisi, er kann heilen, und er beherrscht die Elemente. Er kann Stürme bannen oder Regen erzeugen. Die siebte und höchste Stufe schließlich bringt große Seligkeit, je nach religiöser Vorstellung völlige Vereinigung mit dem Höchsten Wesen oder dem Universum. Der Mensch kehrt zurück zu seinem Ursprung.

Wissenschaftlich überprüfte Selbsthypnoseexperimente bestätigen diesen Meditationsweg bis etwa zur vierten Stufe. Darüber hinaus hat sich noch kein »klassischer« Psychoanalytiker mit diesen Aussagen beschäftigt. Aber es gibt

Erleuchtung durch Meditation

heute – vorwiegend in den USA und in der Sowjetunion – Forschungsstätten, die sich ernsthaft mit weiterreichenden Hypnose- und Meditationsphänomenen befassen. Dazu gehört das kalifornische Esalen Institute. Die bisherigen Ergebnisse sprechen dafür, daß in der Tat auch paraphysische Fähigkeiten durch Meditation zu erwerben sind. Der Weg dahin nimmt meist viele Jahre in Anspruch.

Eine ganz besondere Methode der Meditation befolgen die Zen-Buddhisten. Die Zen-Lehre geht auf den indischen Patriarchen Bodhidharma (japanisch Daruma) zurück, der um 520 nach Christus in China lehrte. Im 13. Jahrhundert brachten die Patriarchen Eisai und Dogen den Zen-Buddhismus nach Japan, wo er sich in der Kamakura-Zeit (1192–1333) und der Muromachi-Zeit (1378–1573) zur geistigen Grundlage des Rittertums entwickelte. Seither spielt er generell im japanischen Geistesleben eine bedeutende Rolle.

Auch die Zen-Meditation kennt einzelne Stufen der geistig-seelischen Entwicklung. Auf jeder Stufe strebt sie von Anfang an nach Satori, nach Erleuchtung. Erreicht wird dieses Ziel jeweils durch die Meditation über sogenannte Koans. Das sind auf der Verstandesebene unlösbare, vom Zen-Meister gestellte Fragen, die oft den Charakter ausgesprochener Paradoxa besitzen. So wollte Meister Gettan von einem Mönch wissen: »Keichu machte einen Karren,

dessen Räder hundert Speichen hatten. Nimm die vorderen und hinteren Räder weg und auch die Achse: Was ist es dann?« – Ein berühmtes Koans ist die Frage: »Hat ein Hund Buddha-Natur?«, ein anderes: »Wenn zwei Hände aufeinanderschlagen, gibt es ein klatschendes Geräusch. Was ist der Ton einer einzigen klatschenden Hand?« Die »richtige« Antwort kann viele Jahre auf sich warten lassen, sie kann aber auch spontan kommen, und der fragende Meister erkennt an ihr, ob seinem Schüler Satori zuteil wurde. So antwortete der Mönch Ummon auf die Frage nach dem Ton der einen klatschenden Hand: »Sieh! Die Welt ist groß und weit. Warum legst du dein Priestergewand an, wenn die Glocke ertönt?« Sein Lehrer erkannte daraufhin, daß Ummon erleuchtet war.

Vielleicht beschreibt ein Wort Ummons, der ein großer Zen-Meister wurde, das Wesen des Zens jenseits aller Paradoxa am treffendsten: »Wenn du gehst, gehe; wenn du sitzt, sitze; schwanke vor allem nicht.« Gilt doch Buddha selbst als Urheber der Zen-Lehre, als er eines Morgens im Geierpark 12 000 Menschen gegenübersaß, die seine Lehre erwarteten. Er aber schwieg. Er schwieg eine unerträglich lange Zeit. Endlich hielt er stumm eine Blume in die Höhe. Ein einziger seiner »Zuhörer« lächelte. Er hatte begriffen, daß keine Worte die lebende Blume ersetzen können. Buddha sagte: »Hier ist der wahre Weg, den ich euch vermittle.« Meditation dieser Art kennt keine heuristischen Ziele. Sie führt zu unmittelbarer Erkenntnis, und mit ihr lösen sich alle Probleme schlagartig.

Auch das ist Zen: In seinem Buch »Christian Zen« (»Christlicher Zen«) erzählt der amerikanische Jesuitenpater William Johnston, wie ihm bei der Meditation in einem japanischen Zen-Kloster beim Sitzen im Schneidersitz die Beine furchtbar schmerzten. Der anwesende Zen-Meister gab ihm gute Ratschläge und fragte ihn bei dieser Gelegenheit, nach welcher Praxis Johnston meditiere. Der Jesuit antwortete, daß er »still, ohne Worte, Gedanken, Bilder oder Ideen in der Gegenwart Gottes« sitze. Der Meister fragte, ob Gott überall sei, und als Johnston das bejahte, fragte der Meister weiter, ob er »ganz in Gott eingehüllt« sei. Wieder antwortete Johnston mit ja. »Und das erleben Sie?«, fragte der Meister. »Ja.« »Sehr gut, sehr gut«, freute sich der Meister, »machen Sie nur weiter so. Mit der Zeit werden Sie feststellen, daß Gott verschwindet und nur noch Johnston übrigbleibt.« Der Jesuit war entsetzt, denn der Zen-Meister leugnete offensichtlich das, was ihm das Heiligste war. Er widersprach: »Gott wird nicht verschwinden. Aber vielleicht Johnston, und dann ist nur Gott übrig.« Der Meister: »Ja, ja. Das ist dasselbe. So meine ich es.«

Menschen ohne tiefe Meditationserfahrung werden sich schwer vorstellen können, daß das Meditieren über solche Aussagen – wohl verstanden: nicht das Nachdenken darüber! – zu spontaner Erleuchtung führen kann. Es kann.

Nahtodesforschung als Wissenschaft

Die moderne Nahtodesforschung ist erst wenige Jahrzehnte alt. Aber was sie in dieser kurzen Zeit zutage gefördert hat, ist dazu angetan, unser Bild vom Tode und von einem Fortleben der Seele im Jenseits von Grund auf zu verändern. Zahlreiche Wissenschaftler standen den ersten außergewöhnlichen Ergebnissen dieses jungen Forschungszweiges zunächst sehr skeptisch gegenüber, bis sie selbst zu recherchieren begannen und das Unfaßbare nicht länger ignorieren konnten: Das Jenseits läßt sich schon in diesem Leben erfahren, wenn man die Schwelle zum Tode vorübergehend überschreitet. Den Naturvölkern ist diese Erkenntnis seit langem vertraut.

1/3/4/6 In allen Kulturen beschäftigen sich die Menschen mit dem, was uns nach dem Tod erwartet: In Ägypten wurden die Schutzgeister angerufen, damit sie der Seele ein gutes Geleit gäben. Die Wikinger bestatteten ihre toten Fürsten auf Schiffen, die sie brennend aufs Meer hinaus schickten. Bei den

Der junge George Ritchie war ein Opfer des Zweiten Weltkriegs. Er überlebte seinen Einsatz in Europa, mußte aber mit einer schweren Lungenentzündung zurück in seine Heimat nach Texas geflogen werden. Dort schwebte er tagelang zwischen Leben und Tod, bis eines Tages seine Pfleger davon überzeugt waren, sein Ende sei gekommen. Ritchie selbst wird sich später an diesen Moment erinnern. Erstaunt fand er sich plötzlich außerhalb seines eigenen Körpers wieder. Er begegnete »einem herrlichen männlichen Lichtwesen«, von dem ein Gefühl »totaler Liebe« ausging. Das Wesen führte ihn in eine Reihe phantastischer Welten, zuerst in eine ganz gewöhnliche amerikanische Stadt, die sich nur insofern von ihrer Alltagsrealität unterschied, als Ritchie dort einige »Geister ohne Körper« wahrnehmen konnte. Die zweite Welt, die das Lichtwesen ihm zeigte, machte auf Ritchie den Eindruck einer gigantischen Forschungsinstitution. Die dritte Welt sah George Ritchie nur für einen kurzen Augenblick: eine »Stadt aus Kristall und Licht«. Am liebsten wäre er für immer dort geblieben. Mit einem Schlag wurde ihm klar, daß sein gesamtes bisheriges Leben sinnlos und ohne Liebe gewesen war. Ritchie starb nicht im texanischen Lazarett. Aber sein Erlebnis an der Schwelle des Todes wirkte so nachhaltig, daß er sein ganzes Leben umkrempelte. Noch drei Jahrzehnte später war es ihm so präsent, daß es ihn keinerlei Überwindung kostete, seinen wissenschaftlichen Kollegen — er war inzwischen Professor der Psychiatrie an der medizinischen Fakultät der Universität von Charlottesville — allen Ernstes zu

Naturvölkern sollen symbolische Dämonen oder Totenmasken den Weg ins Jenseits ebnen.

2/5   Allen Berichten über Nahtodeserlebnisse gemeinsam ist ein helles, alles überstrahlendes Licht, das ein Gefühl der Liebe und Geborgenheit vermittelt.

erklären, er sei damals von Angesicht zu Angesicht Christus begegnet. Für keinen anderen hielt er das ihm erschienene Lichtwesen.

Ritchie hatte sich daran gewöhnt, mit dieser Erzählung zumindest Verwirrung auszulösen. Auch dem Philosophie-Studenten Raymond Moody berichtete der Professor diese Vision aus dem Jahre 1943. Sie beeindruckte den jungen Mann auf eine merkwürdige Weise, aber im Laufe der Jahre erinnerte er sich kaum noch daran. Wieder wachgerufen wird sie erst Jahre später, zu einer Zeit, da er selbst schon als Professor an der Universität von North Carolina Philosophie lehrt. Er kommt auf Sokrates und Platon zu sprechen und auf Platons Werke »Phaidon« und »Der Staat«, als ihn seine Studenten fragen, ob diese alten griechischen Philosophen an ein Leben nach dem Tode geglaubt hätten. Besonders ein junger Mann bohrt weiter. Moody spricht ihn eines Tages privat an und will wissen, woher sein besonderes Interesse für Metaphysik und Mystik rührt. Zunächst druckst der Student herum, dann berichtet er frei und offen über

Leben nach dem Tod?

eine Begebenheit in seiner Familie. Zwei Jahre zuvor hatte seine Großmutter mehrere Nächte lang in Agonie gelegen. Schließlich schien ihre letzte Stunde gekommen, doch entgegen allen Erwartungen kam die alte Dame wieder zu sich. Sie berichtete von einem sie erschütternden Erlebnis, das ihren Enkel stark beeindruckte. Als der junge Mann es seinem Professor erzählt, ist auch dieser berührt: Die Geschichte gleicht weitgehend jener, die einst Professor Ritchie erzählt hatte!

Moody wird neugierig. In der nächsten Philosophievorlesung setzt er das Gespräch mit seinem Studenten öffentlich fort. Da meldet sich ein anderer junger Hörer zu Wort. Seine Schwester hatte im Koma gelegen und war ebenfalls mit einer Vision zurückgekommen. Sie glaubte, sich durch eine dunkle Leere, eine Art Tunnel zu bewegen, an dessen Ende sie von einem intensiv strahlenden, aber nicht blendenden Licht erwartet wurde. Die Schwester des Studenten hatte das Gefühl, mit dem Licht zu verschmelzen, »im Paradies zu sein«.

Drei derart übereinstimmende Berichte erschienen Moody mehr als nur Zufall. Er begann, das Gehörte weiterzuerzählen, vor Studenten und Kollegen, in Klubs und Vereinen. In wenigen Monaten ist seine Fallsammlung auf über 15 angewachsen. Die Ähnlichkeit der einzelnen Berichte ist erstaunlich. Eines aber fällt Moody besonders auf: Alle Betroffenen behaupten felsenfest, ihr Erlebnis sei weder ein

7

7 »Aufstieg in das himmlische Paradies« nennt Hieronymus Bosch eine Tafel mit Jenseitsdarstellungen. Auch hier dominiert der Tunnel, an dessen Ende ein Licht erstrahlt, intensiver als alles, was der Mensch sich vorstellen kann. Dort wartet eine helle Gestalt des Friedens.

Traum noch eine Halluzination gewesen. Alles war äußerst real. Wie Ritchie, der von der Lichtgestalt zunächst durch eine amerikanische Stadt geführt wurde, berichten auch andere Personen, vor allem solche, die vorübergehend klinisch tot waren, daß sie sich zunächst in der näheren Umgebung aufgehalten hätten. Sie schwebten über ihrem Körper und sahen sich von oben, oder sie konnten sogar beobachten, was sich im Nebenzimmer abspielte.

Als Moody im nächsten Jahr — man schrieb 1970 — wieder die alten griechischen Philosophen behandelte, änderte er den Inhalt seiner Vorlesung. Gezielt ging er auf jene Seite Platons ein, die üblicherweise in Philosophielektionen wenig berücksichtigt wird: seine mystischen Traditionen. Im zehnten Buch vom »Staat« erzählt Platon die Geschichte des »Er«. »Er« ist ein Soldat, der von seinen Kriegskameraden für tot gehalten wird und auf dem Schlachtfeld liegenbleibt. Später trägt man ihn zusammen mit anderen Leichen auf einen Scheiterhaufen. In dem Moment, als man das Feuer entfacht, steht Er auf. Er war ins »Land der Toten« gereist und

In die Welt zurückkehren

zurückgekommen. Seine Seele hatte sich gemeinsam mit anderen gefallenen Soldaten in einem Hochtal auf einem Paß wiedergefunden. Frei seien sie durch die Luft geflogen. Göttliche Wesen seien ihnen begegnet und hätten jeder Seele ihr vergangenes Leben noch einmal gezeigt. Diese Prozedur glich einem Urteil. Nur Er fühlte sich nicht beurteilt. Die göttlichen Wesen sagten ihm, er solle in die Welt zurückkehren und den Menschen erzählen, was er erlebt habe.

Die alten Griechen wußten also um die merkwürdigen Erlebnisse im Angesicht des Todes. Sie waren überzeugt davon, daß die Betroffenen den Tod selbst erlebt hatten. Und diese Erlebnisse waren so beeindruckend, so schön, daß sich mystische Schulen bildeten, die versuchten, sie gezielt hervorzurufen. Wir wissen heute nicht viel über diese alten Geheimlehren. Aber die Altertumsforscher glauben, daß im Rahmen der orphischen Rituale junge Menschen derart erschreckt wurden, daß sie den Tod figürlich auf sich zukommen sahen. Man wollte ihnen zu Todeserlebnissen verhelfen. War das naiver Wahnsinn? Moody und seine Studenten beeindruckten besonders die ausgeprägten Parallelen in der Er-Erzählung Platons mit den zahlreichen Berichten aus ihrer eigenen Gegenwart.

Sie wußten nicht, daß keineswegs nur die alten Griechen gezielt Todeserleben provozierten. In »Across Arctic America« schildert der Ethnologe und intime Kenner der Eski-

9

8/9 Nach dem Erleben des eigenen Todes ändern die Betroffenen oft ihr Leben. Sie werden reifer, leben bewußter, werden ruhiger, aber auch sensibler. Sie freuen sich über die Kleinigkeiten des Alltags, eine grüne Wiese, blühende Bäume im Frühling oder die Spiegelung der Sonne im Wasser.

mos, Knud Rasmussen, schamanische Ausbildung und Einweihung in den arktischen Stämmen. »Kinalik war eine noch recht junge Frau, sehr intelligent, warmherzig, sauber und gut aussehend, und sie sprach offen und ohne Scheu. Igjugarjuk war ihr Schwager und war selbst ihr Lehrer in Sachen der Magie gewesen. Ihre eigene Einweihung war hart gewesen: Man hatte sie an ein paar in den Schnee gesteckten Zeltstangen aufgehängt und sie fünf Tage lang dort hängen lassen. Es war mitten im Winter, die Kälte war schneidend, die Schneestürme waren häufig, aber sie fühlte die Kälte nicht, denn der Geist beschützte sie. Als die fünf Tage um waren, nahm man sie herunter und trug sie ins Haus, und Igjugarjuk wurde aufgefordert, sie zu erschießen, damit sie durch die Schau des Todes innige Vertrautheit mit dem Übernatürlichen erlangen möge. Das Gewehr mußte mit richtigem Pulver geladen werden, aber anstelle einer Bleikugel mußte ein Stein genommen werden, damit ihr das Band zur Erde bewahrt bliebe. Igjugarjuk feuerte im Beisein der versammelten Dorfbewohner den Schuß ab, und Kinalik stürzte bewußtlos zu Boden. Am folgenden Morgen, gerade als Igjugarjuk sich daran machen wollte, sie wieder ins Leben zu rufen, erwachte sie aus der Ohnmacht. . . .

Ein anderer Dorfbewohner, ein Mann namens Aggjartoq, war ebenfalls mit Igjugarjuk als Lehrer in die Mysterien des Okkulten eingeweiht worden. In seinem Fall hatte man eine dritte (Rasmussen schilderte noch einen weiteren Fall) Prü-

Die Mysterien des Okkulten

fungsart angewandt, nämlich die des Ertrinkens. Er wurde an einen langen Pfahl gebunden und zu einem See hinausgetragen, ein Loch wurde ins Eis gehackt und der Pfahl mit seiner lebenden Last durch das Loch nach unten gestoßen, dergestalt daß Aggjartoq tatsächlich mit dem Kopf unter Wasser auf dem Grund des Sees stand . . .«

Bei anderen schamanischen Einweihungen im Nahtodesbereich müssen die Initianden fünf Tage ohne zu essen und zu trinken in der Einsamkeit verbringen, erhalten dann etwas lauwarmes Wasser zu trinken, müssen weitere 15 Tage Hunger und Durst ertragen, erhalten wieder etwas Wasser und auch ein Stückchen Fisch und sehen sich dann nochmals einer zehntägigen Fastenperiode ausgesetzt. Igjugarjuk selbst wurde auf diese Weise zum Schamanen. Er berichtete, er sei dabei »manchmal ein wenig gestorben«.

Doch zurück zu Professor Moody. Die Erfahrungsberichte über Erlebnisse in Todesnähe ließen ihn nicht mehr los. Sein Fachgebiet Philosophie wurde ihm zu trocken. Er brauchte Praxis. So gab er den einträglichen Beruf eines

10 Die Erhabenheit einer Landschaft erkennen besonders Philosophen, Dichter und Maler. Caspar David Friedrich sieht die Stille, läßt den Eindruck großer Gefühle entstehen, die unserer Vorstellung von Ewigkeit nahekommen. Die Natur wird hier Offenbarung einer religiösen Botschaft.

Universitätsdozenten kurzerhand auf und mischte sich wieder unter die Studenten. An der Universität von Atlanta schrieb er sich, achtundzwanzigjährig, an der Fakultät für Medizin ein. Fachgebiet: Psychiatrie. Schon als Student hielt er einen Vortrag vor einer Gruppe von Ärzten über die Geschichte von den »Reisen außerhalb des Körpers« und vom »Licht der Liebe«. Er sprach bewußt humorvoll und launig-anekdotenhaft über das Thema, weil er nicht wußte, wie es bei den Medizinern ankommen würde. Mehrere Ärzte kannten ähnliche Berichte von ihren Patienten, hatten bisher aber nicht gewagt, mit Dritten darüber zu sprechen. Die Ärzte luden den Referenten ein, selbst mit ihren betroffenen Patienten zu sprechen. Moody folgte der Aufforderung begeistert. Daneben hielt er immer mehr Referate über das merkwürdige Thema und sammelte Erfahrungsberichte. Ein Verleger namens Iggel aus Atlanta trat mit der Bitte an Moody heran, die Ergebnisse seiner Recherchen als Buch zu publizieren. Moody wollte zunächst ablehnen. Ihm war sein neues Forschungsgebiet zu ernst, um damit Schlagzeilen zu machen oder Geld zu verdienen. Doch schließlich willigte er ein. Er intensivierte seine Recherchen, begann Menschen mit Nahtoderfahrungen – near death experiences, wie er sie jetzt erstmals nennt – gezielt in Krankenhäusern zu

15 Merkmale für
»Life after Life«

besuchen. Er fand Dutzende. Moodys Buch »Life after Life« (der deutsche Titel heißt »Leben nach dem Tode«) erschien, als der Autor im vierten Jahr Medizin studierte.

Moody analysiert in seinem Werk nicht nur die einzelnen Fälle, er arbeitet vor allem die Gemeinsamkeiten heraus und findet 15 Hauptmerkmale.

1. Alle »Überlebenden« berichten übereinstimmend, die Erlebnisse ließen sich mit menschlichen Worten nicht schildern. Die bedingungslose Liebe, der sie begegneten, sei mit Worten nicht zu beschreiben.

2. Der im Koma Liegende oder klinisch Tote hört, daß er für tot erklärt wird und ist darüber sehr erstaunt. (Klinisch tot bedeutet, daß nicht nur Herz und Atmung ausgesetzt haben, sondern daß auch die Gehirntätigkeit eingestellt ist.)

3. Ein Gefühl von Frieden und Ruhe erfüllt den Betroffenen, sobald er sich mit seinem Tod abgefunden hat.

4. Der klinisch Tote nimmt im Inneren ein Geräusch wahr, das von manchen als Gong, von anderen als eine Art Klapper beschrieben wird. Es kann als angenehm, zuweilen aber auch als erschreckend empfunden werden.

5. Der Betroffene erlebt, wie er seinen Körper verläßt, und kann seinen leblosen Leib von einem mehr oder weni-

ger entfernten Ort aus beobachten. Er sieht auch alle diejenigen, die sich um ihn bemühen; manche Berichte erzählen, wie der klinisch Tote vergeblich versucht, mit Ärzten, Krankenschwestern und anderen Anwesenden Kontakt aufzunehmen. Die meisten Menschen erleben in dieser Phase, daß sowohl ihr Sehvermögen wie ihre meist als Fliegen empfundene Art der Fortbewegung einem Zoom-Mechanismus entsprechen. Sie brauchen sich nur auf einen Gegenstand oder eine Person zu konzentrieren, dann fokussiert sich ihr Gesichtssinn wie ein Teleobjektiv darauf, oder sie gelangen blitzschnell selbst in dessen Nähe. Die Betroffenen haben das Gefühl, sich mit beliebig hoher Geschwindigkeit fortbewegen zu können. Sie sind auch in der Lage, alle Geräusche wahrzunehmen.

6. Nach einiger Zeit im Nahbereich ihres klinisch toten Körpers fühlen die Betroffenen, wie sie sich in rasendem Tempo durch einen dunklen Tunnel bewegen: eine Höhle, einen Brunnen, einen Schacht oder eine Art Wellrohr, manchmal auch durch einen windhosenähnlichen Wirbel.

In rasendem Tempo
durch den Tunnel

7. Schon in diesem Tunnel erscheinen andere Wesen: unbekannte, wohl aber auch früher verstorbene Angehörige oder Freunde, zuweilen Tiere. Sie erweisen sich als Führer für den Sterbenden.

8. Am Ende des Tunnels strahlt ein sehr helles, kristallklares oder goldenes Licht, das aber nicht blendet. Es ist intensiver als alles, was sich der menschliche Geist vorstellen kann, und es vermittelt ein unbeschreiblich starkes Gefühl allumfassender Liebe.

9. Schon der erste Kontakt mit dem Licht läßt den Betroffenen sein gesamtes irdisches Dasein noch einmal durchleben, lückenlos bis in die kleinste Kleinigkeit. Dieses Wiedererleben wird von einer inneren Stimme kommentiert, ernsthaft zwar, aber zugleich durchaus auch humorvoll.

10. Plötzlich erscheint vor dem Sterbenden eine Art Barriere, die er nicht überwinden kann. Es ist ihm unmöglich, weiter in das Licht einzudringen. Die Sperre kann gegenständlich sein und etwa als Schranke, Hecke, Fluß oder Nebel erscheinen. Sie kann aber auch nur rein gefühlsmäßig existieren: Es geht hier nicht weiter. Diese Sperre zwingt zur Rückkehr zum irdischen Körper.

11. Die Rückkehr ins Leben wird von den meisten Betroffenen zunächst als unangenehmer Zwang, als Rückkehr in die Schwere und Begrenztheit empfunden. Einzelheiten der Rückkehr in den eigenen Körper werden selten wahrgenommen.

12. Wieder bei Bewußtsein, hat der ins Leben Zurückgerufene einen zentralen, dringenden Wunsch. Er möchte sofort von seiner Reise erzählen. Und hier beginnen in der Regel ernsthafte Probleme. Niemand will es hören. Und wer aus Höflichkeit dennoch zuhört, hält den Bericht für Halluzinationen im Koma. Ärzte und Verwandte wollen zuweilen trösten: Jetzt ist dieser Unsinn ja vorbei, und bald werden Sie sich nicht mehr daran erinnern. Diese Reaktion belastet den Betroffenen sehr, sie wird als äußerst deprimierend empfunden. Er hat das Gefühl, mit seinen neuen Erfahrungen allein auf der Welt zu sein.

13. Das Erlebnis hat Spätwirkungen. Die Betroffenen ändern ihr Leben. Sie werden reifer, leben bewußter, werden ruhiger und konservativer, zugleich aber auch sensibler. Die Interessen verschieben sich. Manche Menschen beginnen philosophische oder religiöse Schriften zu lesen, alle freuen sich über Kleinigkeiten, das Grün der Wiese, den Flug der Vögel. Einige der Betroffenen werden hellsichtig. Sie erkennen die Gedanken ihrer Mitmenschen und haben Vorahnungen.

14. Es gibt keine Angst vor dem Tod mehr. Das gilt, so betont Moody, für 100 Prozent aller Fälle. Alle Betroffenen sind fest davon überzeugt, eine »Generalprobe« erlebt zu haben.

15. Wann immer ein zurückgekehrter klinisch Toter Dinge aus dem Nahbereich beschreibt, etwa bestimmte Handlungen von Ärzten oder Krankenschwestern, aber auch Begebenheiten außerhalb seines Krankenzimmers,

11 Der Schiffer, der die Toten über den großen Fluß zur Seligkeit bringt.

12/13 Vor ins Leben zurückkehrenden Sterbenden taucht eine unüberwindliche Barriere auf; es ist unmöglich, weiter ins Licht einzudringen. Es geht nicht weiter, die Sperre zwingt zur Umkehr.

Unfallortes, seiner nächsten Umgebung, dann erweisen sich die Berichte als den Tatsachen entsprechend.

Moodys Buch erschien im November 1975. Es wurde schnell zum Bestseller. Die Reaktion in der Öffentlichkeit war äußerst lebhaft. Aber Moody quälte ein Gedanke: »Könnten die zahlreichen Berichte der als so wundervoll empfundenen Sterbeerlebnisse nicht eine Selbstmordwelle auslösen?« Zwar hatte er ausdrücklich betont, daß alle Menschen mit Nahtodeserfahrung Selbstmord mit aller Entschiedenheit ablehnen, daß sie davon überzeugt sind, ihr Leben habe einen Sinn, aber könnten depressive Menschen nicht doch auf eine Chance für eine bessere Zukunft nach dem Tode hoffen? Moodys Furcht erwies sich als unbegründet. Selbstmorde löste sein Buch nicht aus. Später, in den achtziger Jahren, fand die inzwischen gegründete International Association for Near-Death-Studies (IANDS) dann übrigens heraus, daß die Nahtodeserlebnisse wiederbelebter klinisch toter Selbstmordkandidaten bei weitem nicht so positive Elemente aufweisen.

Die Wissenschaftler distanzierten sich entweder von Moodys Buch, oder sie schwiegen ganz einfach dazu. So mancher Arzt hatte wohl von seinen Patienten Nahtodesberichte gehört, aber die meisten hielten sie für Phantasie oder für krankhaft. Bekannt waren diese Phänomene durchaus, man setzte sie im allgemeinen mit den Halluzinationen bei Schockzuständen und in großer Angst gleich, betrachtete

14–19 Wie intensiv sich die Menschen mit einem Leben nach dem Tod beschäftigen, zeigen Bestattungsrituale und Friedhöfe. Besonders ausgeprägt ist das Verhältnis zu den Verstorbenen bei den romanischen, südländischen Völkern. Die Gräber sind bunt und üppig mit Blumen geschmückt.

sie als »postakzidentelles Delirium«. Die Fachwelt sprach nicht von Außerkörpererfahrungen (»out of body experiences«), sondern nannte das »Depersonalisierung« oder auch »sensorische Deprivation« und hielt es für eine Flucht des durch Todesangst in Panik geratenen Gehirns in eine Art Schizophrenie. Die einschlägigen Erfahrungen hatten Psychiater mit Geistesgestörten gesammelt, mit hochgradigen Neurotikern, Paranoikern und ähnlichen. Die Experten hatten sogar Wege gefunden, derartige Geistesverwirrung in leichteren Fällen psychotherapeutisch, in schwereren Fällen chemisch »in den Griff« zu bekommen. Bisher hatte man allerdings nur geistig Behinderte behandelt. Das änderte sich in den USA Ende der sechziger Jahre. Als man erkannte, daß Personen nach schweren Unfällen nicht selten »phantasierten«, schickte man sie routinemäßig nach der medizinischen Versorgung zum Psychotherapeuten zur Behandlung möglicher Schockauswirkungen. Unter diesen Patienten gab es natürlich auch solche mit Nahtoderfahrungen. Es machte die Psychiater und Psychologen stutzig, daß sie gar nicht behandelt werden wollten. Sie hatten gegenüber ihren Visionen keine Angst empfunden wie die »klassischen« Depersonalisierungspatienten, sie waren glücklich über ihre Erlebnisse und wollten sie um keinen Preis missen.

Ein bekannter Experte für das Phänomen der Depersonalisierung infolge von Angst, Schock und geistiger Unzurechnungsfähigkeit war der US-amerikanische Psychiater Russel Noyes, der Anfang der siebziger Jahre an der Universität von Iowa City lehrte. Er gehörte zu den Hauptkritikern von

Madonnen, Marmorengel, Fotografien, Kreuze finden sich auf allen Grabstätten. Der selbstgepflückte Feldblumenstrauß, das aufwendige Gesteck oder die Zeit überdauernde Wachsblumen schmücken die Gräber und halten das Erinnern wach.

Moodys Buch über Nahtodeserlebnisse. Wie konnte dieser psychiatrische Laie – Moody war schließlich Philosoph und Medizinstudent – sich erdreisten, derartigen Humbug in die Welt zu setzen? Er, Noyes, kannte das unsägliche Leid der Depersonalisierungspatienten schließlich aus der täglichen Erfahrung seiner Praxis. Wie konnte im Angesicht des Todes heitere Gelassenheit und Freude auftreten, und wie sollte dieses Erleben so stark sein, daß es die gesamte Persönlichkeit der Betroffenen dauerhaft zum Vorteil veränderte?

Noyes blieb so lange ein krasser Moody-Gegner, bis ihm selbst ein erstes Beinahe-Todesopfer zur Behandlung in die Praxis geschickt wurde. Das Verhalten dieses verunglückten Motorradfahrers glich keineswegs dem seiner üblichen Patienten. Es entsprach der in Moodys Buch beschriebenen »Checkliste«. Noyes war irritiert. Er mußte sich jetzt mit Moody auseinandersetzen. Mit wissenschaftlicher Akribie versuchte er, den Autor zu widerlegen. Vielleicht hatte der Motorradfahrer ja das ärgerliche Buch gelesen, und dieses hatte die Art seiner Halluzinationen beeinflußt. Der Psychiater erarbeitete eine Methode zur wissenschaftlichen Fallanalyse. Noyes hielt sie für weitaus objektiver als Moodys

---

3 Faktoren –
26 Variationen

Art und Weise des Vorgehens. Zusammen mit seinen Studenten sammelte und untersuchte der Professor 205 Berichte klinisch Toter und wertete sie statistisch aus. Dabei formulierte er in typischer Wissenschaftlermanier 26 Variable, die er drei Hauptfaktoren zuordnete:

Erster Faktor: Die »eigentliche Depersonalisierung«. Sie umfaßt elf Variable, darunter diese: Das Subjekt hat »keine Emotionen mehr« (69% der Fälle), es empfindet »das Bewußtsein als vom Körper getrennt« (63%) oder »spürt eine Mauer zwischen sich und der Welt« (61%). Auch »veränderte Zeitwahrnehmung tritt auf« (35%).

Zweiter Faktor: Ein »überwacher Zustand«. Merkwürdigerweise scheint dieser Zustand im Gegensatz zum ersten Faktor zu stehen, begleitet diesen aber regelmäßig. Der Faktor umfaßt sechs Variable, darunter diese: »Das Denken des Subjektes funktioniert ungewöhnlich schnell« (69%). »Geräusche, Farben, Formen, alle sensorischen Wahrnehmungen erscheinen plötzlich schärfer und deutlicher« (62%). »Der (fiktive) Körper verfügt über Reflexe von unvorstellbarer Schnelligkeit« (41%).

Dritter Faktor: Der nüchterne Wissenschaftler Noyes kann nicht umhin, ihn als »mystischen Faktor« zu bezeichnen. Er umfaßt neun Variable, darunter diese: Die Subjekte haben »den Eindruck, einen vertrauten, seit langem verges-

senen Zustand wiederzufinden« (74%). »Ihr ganzes Leben zieht an ihnen vorbei« (69%). »Sie sind voller Freude« (68%). Sie sind davon überzeugt, »eine Offenbarung gehabt zu haben« (62%).

Professor Noyes blieb nicht der einzige Wissenschaftler, der anhand eigener Untersuchungen vom Skeptiker zum überzeugten Nahtodesforscher wurde. Mindestens ebenso entschieden wie er wehrte sich der berühmte US-Kardiologe Michael Sabom gegen die »unsinnigen Sensationsberichte Moodys«. Als er 1976 mit Moodys Buch konfrontiert wurde, galt er weltweit als Experte für den Einsatz von Technik in der Medizin. Angesprochen wurde er auf die Nahtodesphänomene von Sarah Kreutzinger, einer Sozialarbeiterin, die in der Kirchengemeinde über das Buch referieren und dabei ein Podiumsgespräch mit dem Mediziner Sabom führen wollte. Aber dieser lehnte zunächst ab. Er war zwar schon bei zahlreichen Herzreanimationen »in extremis« zugegen gewesen, aber noch nie hatte ihm ein Patient von derartigen »Erlebnissen« berichtet.

Von der ganzen Kirchengemeinde gedrängt, willigte Sabom schließlich doch ein. Er wollte sich auf seinen »Auftritt« gewissenhaft vorbereiten, um Moodys Ausführungen gezielt und schlagend widerlegen zu können. Aus seiner Patientenkartei suchte er geeignete Fälle heraus und fand auf Anhieb mehr als zehn Reanimierte nach Herzstillstand.

. . . eine Sonne
von Liebe . . .

Einige von ihnen lagen noch im Krankenhaus. Er besuchte sie, sprach sie aber nicht auf das dubiose Thema an, sondern stellte allgemeine Fragen wie bei einer Routineuntersuchung. Als letztes wollte er wissen: »Welche Erinnerungen haben Sie an den Augenblick, als Ihr Herz plötzlich nicht mehr schlug?« Die beiden ersten Befragten antworteten nur, sie seien doch bewußtlos gewesen. Aber die dritte Patientin, eine Frau mittleren Alters, wurde sichtlich verlegen. Sie wollte wissen, ob Sabom Psychiater sei. Sie hatte Angst, für verrückt gehalten zu werden. Dann erzählte sie doch. Zuerst habe sie nicht gewußt, wie ihr geschah. Sie fand sich an der Decke schwebend. Es folgte ein ganz ähnlicher Bericht wie in den Fällen aus Moodys Buch. Und er endete damit, daß die Frau, noch immer sichtlich erregt, erzählte, wie sie »mit einer Sonne von Liebe verschmolzen« sei, wie sie »eins geworden ist mit dem Universum, aber ohne jemals das Bewußtsein zu verlieren . . .« Sabom kannte diese Patientin seit Monaten. Warum, wollte er wissen, hatte sie nie davon erzählt? Sie habe es für sich behalten aus Furcht, für verrückt erklärt zu werden.

20 Im Gegensatz zu den heiteren südfranzösischen Friedhöfen ist die Atmosphäre auf dieser Darstellung »Der Friedhof«, einem Gemälde von Caspar David Friedrich, eher schwermütig. Die Grabsteine sind alt und verwittert. Man spürt die Grenze zwischen diesseitigem und jenseitigem Leben.

Verunsichert in seiner tiefsten Überzeugung als Wissenschaftler, reagiert der Mediziner Sabom genauso wie der Psychiater Noyes. Er erarbeitet ein streng objektives Recherche-Konzept und macht sich, unterstützt von Sarah Kreutzinger, ans Werk. Zwischen 1977 und 1981 untersuchen die beiden zuerst in Florida, später in Georgia, 116 Wiederbelebungsfälle klinisch Toter. 38 davon klammert der Arzt später aus seinem zusammenfassenden Bericht aus (obwohl sie prinzipiell nicht von den übrigen Fällen abweichen), denn bei 28 Patienten ist er nicht von der absoluten Zuverlässigkeit der Aussagen überzeugt, und 10 weitere Patienten standen unter Anästhesie, waren also von chemischen Mitteln beeinflußt. Von den verbleibenden 78 Personen berichteten 32 (also 43 %) über eine Nahtodeserfahrung.

Sabom unterscheidet zwei große Kategorien, die er »autoskopische« (selbstbetrachtende) und »transzendente« Erfahrungen nennt. In beiden Gruppen verlassen die Betroffenen ihren Körper, im ersten Fall bleiben sie aber in irdischen Regionen, während sie im zweiten »in eine nichtirdische Gegend reisen«. Fast immer geht aber auch den transzendenten Nahtodeserfahrungen eine autoskopische

Bei der eigenen Operation zusehen

Phase voraus. Was Sabom besonders irritiert, sind die autoskopischen Erlebnisse, denn sie lassen sich nicht einfach als religiöse Phantasien abtun. Sie lassen sich kontrollieren, und alle Kontrollen bestätigen haargenau die Berichte. Da trug zum Beispiel ein klinisch toter Herzpatient nach seiner Wiederbelebung dem Arzt in allen Details die getroffenen Reanimationsmaßnahmen vor, und zwar aus einem Blickwinkel, den er selbst dann nicht hätte haben können, wenn er auf dem Behandlungsplatz bei vollem Bewußtsein gewesen wäre. Minutiös beschrieb er die Knöpfe, Skalen und Zeigerausschläge der medizintechnischen Geräte. Ein anderer Patient, ein alter Arbeiter, sah offensichtlich im Koma bei seiner eigenen Herzoperation zu (er gehört zu den wegen der Anwendung von Anästhetika in Saboms Bericht ausgeklammerten Fällen): »Das Herz sieht anders aus, als ich dachte . . . Es hat nicht die Form, die man sich vorstellt. Meines hatte eine Form wie Afrika. Die Oberfläche war rosarot und gelb. Ich habe mir gesagt, das Gelbe muß wohl Fett sein oder so . . .«

Als Dr. Sabom seine aufregenden Befunde, streng wissenschaftlich ausgewertet und beschrieben, veröffentlichen will, lehnt jede medizinische Fachzeitschrift das ab. Sein Stil und die Akribie seiner Arbeit lassen sich allerdings nicht kritisieren. Das Argument, mit dem seine Arbeit abgelehnt wird, lautet, das Thema selbst sei unwissenschaftlich. Mit dem Psychologen Blacher gerät Sabom sogar in eine heftige Auseinandersetzung, die den Rahmen wissenschaftlicher Argumentation verläßt. Blacher: Ein Arzt muß »sich vor allem davor hüten, eine religiöse Überzeugung als wissenschaftliche Gegebenheit zu akzeptieren«. Sabom antwortete in einem Brief, Blacher müsse sich davor hüten, »wissenschaftlichen Glauben als wissenschaftliche Gegebenheit zu akzeptieren«. Dabei war es erst einige Jahre her, daß er ähnlich negativ über Moodys Buch geurteilt hatte.

Daß die moderne Nahtodesforschung von den USA ausgeht, kommt nicht von ungefähr. Den Weg ebnete die jahrelange Arbeit einer Ärztin und Psychiaterin, die es in den Vereinigten Staaten überhaupt erst ermöglichte, öffentlich über Tod und Sterben zu sprechen: Elisabeth Kübler-Ross. Als sie in der zweiten Hälfte der sechziger Jahre im Rahmen der Ausbildung junger Ärzte und Krankenschwestern erstmals wagte, im Hörsaal – hinter einer einseitig verspiegelten Wand – Gespräche mit todgeweihten Patienten zu führen, glich das einem öffentlichen Skandal. Sie sah sich sofort drei Fronten erbitterter Gegner ausgesetzt. Da waren einmal die typisch US-amerikanischen Frömmler, die in dem Vorgehen der jungen Wissenschaftlerin ein Sakrileg sahen. Da waren zum andern Psycho-Wissenschaftler, die Frau Kübler-Ross beschuldigten, ihre todkranken Gesprächspartner psy-

Alles von der Seele reden

chisch schwer zu belasten. Und da waren ihre Berufskollegen, die Mediziner, die bisher routinemäßig den Tod ignoriert hatten, offenbar weil es ihnen peinlich war, daß ihre Patienten gelegentlich auch starben. Vor Kübler-Ross sprach man in vielen US-Kliniken nicht vom Tod, sondern vom »Code 99«.

Es gab aber auch zwei Parteien, die die Arbeit von Elisabeth, wie sie sie nannten, von ganzem Herzen unterstützten: die Krankenschwestern und Pfleger und . . . die Todeskandidaten selbst, die es durchaus nicht als psychische Belastung empfanden, über ihr Schicksal zu sprechen. Im Gegenteil, sie konnten sich erstmals von der Seele reden, was sie am allermeisten beschäftigte und bedrückte. Langfristig gaben die Erfolge in der Betreuung Schwerstkranker der mutigen Elisabeth recht. Ihr ist es zu verdanken, daß das Thema Tod und Sterben in den USA nicht länger tabuisiert blieb. Sie war es auch, die Moodys Buch den Weg in die Öffentlichkeit ebnete. Sie schrieb das Vorwort. Der junge Arzt, sagt sie darin, hat Mut. Was er sagt, ist wahr. Dennoch

22

21 Die ägyptischen Pyramiden stehen auch für ein Weiterleben nach dem Tod.

22 Die Etrusker haben ihren Verstorbenen Totenstädte errichtet. Dort wurden sie mit Dingen des irdischen Lebens versorgt, auf die sie auch im Jenseits nicht verzichten sollten.

wird man ihn angreifen, besonders seitens der Kirche, die es ganz und gar nicht schätzt, wenn jemand in ihre Domäne eindringt; hat sie sich doch mit der Wissenschaft darüber geeinigt, wer welchen »Teil der Realität« für sich beanspruchen darf.

Elisabeth Kübler-Ross kennt den Tod und die Nahtoderlebnisse nicht nur aus den zahllosen persönlichen Begegnungen in ihrer beruflichen Praxis. Die Sechsundsechzigjährige (geboren 1926) kann auf Hunderte von Workshops zum Thema »Leben, Tod und Übergang« in vielen Ländern der Welt mit Tausenden von Teilnehmern zurückblicken. Und seit langem schon unterhält sie mit einer Gruppe Gleichgesinnter in Escondido in Kalifornien, nahe der mexikanischen Grenze, die Shanti-Nilaya-Gemeinschaft, die sich mit demselben Themenkreis befaßt. Shanti Nilaya – das Wort erfuhr Elisabeth Kübler-Ross in einer Vision – stammt aus dem Sanskrit und bedeutet »Haus des Friedens«.

Elisabeth Kübler-Ross ist die heute wohl berühmteste Sterbeforscherin und Sterbehelferin der westlichen Welt. Sie selbst hatte niemals ein Nahtoderlebnis. Dennoch ist ihr die Erfahrung, den eigenen Körper zu verlassen, sind ihr der Tunnel und das helle Licht der Liebe nicht fremd. Im Nachwort zu ihrer 1980 erschienenen Biographie schreibt sie: »Ich habe viele wunderbare mystische Erlebnisse gehabt, vom kosmischen Bewußtsein bis zur Begegnung mit meinen geistigen Führern, obwohl ich aus einem konservativ-protestantischen, autoritären Milieu stamme, nie ein ›höheres Bewußtsein‹ angestrebt habe und dieses in frühe-

23 Die Kelten errichteten ihren Toten imposante, behauene Steinkreuze.

24 Die Totempfähle schaffen eine Verbindung zwischen irdischen und jenseitigen Welten.

25 Soldatenfriedhof in einem Herbstwald. Vermittelt er ein Gefühl des Friedens?

ren Zeiten auch nicht verstanden hätte. Ich war nie in der Lage, regelmäßig zu meditieren, da solche Übungen meinem Wesen nicht entsprechen. Ich hatte nie einen Guru und bin nie in Indien gewesen, obwohl ich viele Jahre davon geträumt habe. Ich habe ein Leben ununterbrochener Arbeit gelebt, in dem es kaum Muße gab. Und trotz alledem habe ich vermutlich alle mystischen Erfahrungen gehabt, die einem Menschen zuteil werden können. Ich habe die größten Höhepunkte erlebt, ohne jemals Drogen genommen zu haben. Ich habe das Licht gesehen, das meine Patienten erblicken, wenn sie an die Schwelle des Todes kommen, und ich war umgeben von der unglaublichen, bedingungslosen Liebe, die wir alle erleben, wenn wir uns zu dem Übergang anschicken, den wir den Tod nennen.« – Auf welch ungewöhnliche Weise Elisabeth Kübler-Ross ihre ersten bedeutenden Visionen hatte, davon wird in einem anderen Kapitel noch die Rede sein.

Vielleicht ist es bezeichnend, daß eine Europäerin der Wissenschaft und der Öffentlichkeit in den Vereinigten Staaten den Blick für den Tod öffnete und damit die Nahtodesforschung zur neuen Wissenschaft, genannt Thanatologie, werden ließ. Elisabeth Kübler-Ross ist gebürtige Schweizerin.

Längst vergessen und erst von der Thanatologie eher zufällig wieder entdeckt sind die Recherche-Arbeiten eines

Keine Schmerzen – keine Angst

anderen Schweizers: Albert Heim (1849–1937). Er war Geologe und guter Alpinist und muß wohl als erster systematischer Nahtodesforscher gelten. Ausgelöst hat sein Interesse eine eigene Erfahrung. Von ihr und von zahlreichen Fallbeispielen aus seinen anschließenden Untersuchungen berichtete er 1882 im Band XXVII des Jahrbuches des Schweizer Alpenclubs. Seine Recherchen beschränkten sich keineswegs auf verunglückte Alpinisten. Kriegsverwundete zählen ebenso dazu wie abgestürzte Maurer und Dachdecker, Arbeiter in Bergwerken oder an Bahnlinien. Heim resümiert: »Bei der großen Mehrzahl der Verunglückten – wohl bei 95 Prozent – ergaben sich, unabhängig vom Grad ihrer Bildung, durchaus die gleichen Erscheinungen, nur graduell etwas verschieden empfunden. Angesichts des Todes durch plötzlichen Unglücksfall tritt bei fast allen der gleiche geistige Zustand ein – und zwar ein ganz anderer Zustand, als angesichts einer weniger plötzlich einbrechenden Todesursache. Er läßt sich kurz wie folgt charakterisieren: Es wird kein Schmerz empfunden, ebenso wenig lähmender Schreck, wie er bei kleineren Gefahren (Brandaus-

bruch etc.) erscheinen kann. Keine Angst, keine Spur von Verzweiflung, keine Pein, vielmehr ruhiger Ernst, tiefe Resignation (im Sinne von Ergebenheit), beherrschende geistige Sicherheit und Raschheit. Die Gedankentätigkeit ist enorm, wohl auf die hundertfache Geschwindigkeit gesteigert, die Verhältnisse wie die Eventualitäten des Ausgangs werden weit hinaus objektiv klar überblickt, keinerlei Verwirrung tritt ein. Die Zeit erscheint nur verlängert. Man handelt blitzschnell und überlegt richtig. In zahlreichen Fällen folgt ein plötzlicher Rückblick in die ganz eigene Vergangenheit. Zuletzt hört der Stürzende oft schöne Musik und fällt dann in einen herrlich blauen Himmel mit rosafarbenen Wölklein hinein ...«

Bei seinem eigenen Nahtodeserlebnis beschreibt Heim auch die Erfahrung, seinen Körper zu verlassen. Während eines schweren Sturzes am Säntis sah er sich selbst frei durch die Luft fliegen. Und: »Dann sah ich, wie auf einer Bühne aus einiger Entfernung, mein ganzes vergangenes Leben in zahlreichen Bildern sich abspielen. Ich sah mich selbst als spielende Hauptperson. Alles war wie verklärt von einem himmlischen Lichte und alles war schön und ohne Schmerz, ohne Angst, ohne Pein. Auch die Erinnerungen an sehr traurige Erlebnisse waren klar, aber dennoch nicht traurig. Kein Kampf und Streit, auch der Kampf war Liebe geworden ...«

Angst vor dem Tod hatte Heim nach dieser Erfahrung zeitlebens nicht mehr. Damit glich er dem österreichischen Augustiner-Barfüßermönch, Kanzelredner und Volksschriftsteller Abraham a Sancta Clara, der im 17. Jahrhundert lebte und seine Predigten mit äußerst deftigen Witzen, drastischen Wortspielen und satirischen Sittenschilderungen würzte. In einem seiner Werke aber betonte er ganz ernsthaft: »Ein Mensch der stirbt, bevor er stirbt, stirbt nicht, wenn er stirbt.«

Entdeckung anderer Welten

Geistreisen in nichtalltägliche Realitätsebenen sind so alt wie die Menschheit.
Es gab sie zu allen Zeiten und in allen Kulturen.
Nur die westlich orientierte Zivilisation nach dem
Zeitalter der Aufklärung hat Geistreisen vorübergehend verdrängt. Heute entdecken Zehntausende
moderner Menschen unter Nutzung uralter schamanischer Techniken diese aufregenden Erfahrungen neu. »Reiseziele« sind sogenannte untere und
obere Welten, die manchmal sogar höllischen und
himmlischen Sphären gleichen. Was hat es mit derartigen schamanischen Reisen auf sich? Welche
Art von Erlebnissen lassen sich erwarten, und was
ist ihr Nutzen? Führen diese Reisen tief ins eigene
Unbewußte, wie manche Psychologen glauben,
oder in wirkliche Jenseitswelten?

1/2 Eines der eindrucks-
vollsten »Tore in die Unter-
welt« ist diese rund fünf
Meter hohe Steinfratze im
»Heiligen Wald« bei
Viterbo. Besteht Ähnlich-
keit mit dem geflügelten
Tempelwächter aus Bali?

3 Viel Fantasie spricht aus
dem Gemälde von Hiero-
nymus Bosch: »Der Garten
der Lüste«.

Irgendwann zwischen 1135 und 1154 – in England regierte gerade König Stephen – bekannte ein Ritter namens Owein seine zahlreichen und schweren Sünden dem Bischof der irischen Diözese Clogher. Auf sein Drängen hin erlaubte ihm der kirchliche Herr widerwillig, zur Buße das Fegefeuer des heiligen Patrick – St. Patrick's Purgatory – zu besuchen, das in seinem Amtsbereich lag. Dieses Fegefeuer war eine schmale Höhle, nur etwa einen Meter breit und drei Meter tief und so niedrig, daß man darin nur knien, aber nicht aufrecht stehen konnte. Sie befand sich auf einer kleinen Insel von nicht mehr als 8000 Quadratmetern Fläche inmitten eines einsamen Sees im Norden der heutigen Republik Irland. Lough Derg heißt dieser See, der in völliger Abgeschiedenheit in einer reichlich eintönigen, weiten, grünen Hügellandschaft liegt. Der Prior des unbedeutenden Inselklosters warnte den bußfertigen Ritter: Schon viele hätten die Höhle besucht, aber so mancher sei nicht lebend aus ihr zurückgekommen.

Sechzehn Tage lang bereitete sich Ritter Owein auf das Fegefeuer vor: mit Fasten, Gebeten und Bußritualen. Dann betrat er den Felsspalt. Was er dort erlebte, erzählte er wenig später einem Zisterzienser-Bruder aus dem Kloster Saltery im englischen Lincoln. Der Mönch protokollierte den Bericht in lateinischer Sprache. Zunächst gelangte der Ritter, als er durch die Höhle hindurchging, in verschiedene düstere Gebäude, dann durchstreifte er Täler und weite Ebenen. Dabei begegnete er gefährlichen Dämonen, die ihn zehn verschiedenen Martern unterzogen. Er sah Teufel,

4/5 »Selbstporträt in der Hölle«. Nackt sieht sich Edvard Munch in diesem Feuer, das Gesicht gerötet von Glut und Verbrennung, die Figur hilflos dem Inferno ausgesetzt.

6 In französischer Buchmalerei werden die »Höllenstrafen« sehr realistisch dargestellt.

die sündenbeladene Seelen mit weißglühenden Nadeln und in Kesseln voll von brodelndem geschmolzenem Metall quälten. Irgendwann aber überquerte er einen trügerischen Steg, der den Eingang zur Hölle überbrückte, und gelangte in ein Paradies voller Schönheit und Frieden. Auf demselben Weg, den er gegangen war, kehrte er später zurück. Und genau 24 Stunden nachdem er die Höhle betreten hatte, verließ er sie wieder, freudig vom Prior und seiner Gemeinde empfangen.

Die Beschreibung der visionären Erlebnisse des Ritters Owein machte rasch in Europa die Runde, und die kleine Insel in dem einsamen irischen See wurde zum berühmten Wallfahrtsort; so berühmt, daß zum Beispiel eine Weltkarte von 1492 »St. Patrick's Purgatory« als einzigen Ort in ganz Irland namentlich erwähnt. Es heißt, der Owein-Bericht habe unter anderem Dante zu seiner »Göttlichen Komödie« inspiriert.

Heute besuchen jährlich zwischen dem 1. Juni und dem 15. August rund 30 000 Pilger die kleine Insel im irischen Lough Derg. Der weitaus größte Teil sind junge Menschen zwischen 15 und 25 Jahren. Sie bereiten sich durch Fasten auf das Wallfahrtserlebnis im Fegefeuer des heiligen Patrick

Im Fegefeuer des Heiligen Patrick

vor. Allerdings enthalten sie sich nur noch drei Tage lang der Nahrungsaufnahme oder essen in dieser Zeit nichts als trockenes Brot. Die Pilger in alter Zeit fasteten während 16 Tagen. Überhaupt hat sich vieles verändert. Wo früher die Fegefeuerhöhle war, steht jetzt eine Basilika, in der eine Nachtwache dem früheren Besuch in der Felsengrotte entspricht. Ein gemeinsames Morgengebet und eine Messe schließen die durchwachte Nacht ab.

Bis ins 18. Jahrhundert freilich wurde noch ein Requiem gelesen, eine Totenmesse, bevor sich die Pilger zu der Höhle begaben. Es war die Totenmesse für die Wallfahrer selbst, so als müßten sie erst wirklich gestorben sein, um das Fegefeuer besuchen zu können. Und lange zuvor, im 14. Jahrhundert, bettete man jeden Pilger wie einen Leichnam auf, las die Totenmesse über seinem wie leblos daliegenden Körper und sang das Lied des Todes. Das glich einem Mysterienspiel. Aber war es nur ein Spiel? Oder bereitete sich der gläubige Pilger nicht eher ganz ernsthaft auf eine Reise in eine andere Welt vor, genau so, wie er es von Christi Höllenfahrt wußte? »Gekreuzigt, gestorben und begraben. Niedergefahren zur Hölle. Am dritten Tage wieder auferstanden von den Toten.« Hatten nicht Owein und nach ihm zahllose Pilger von eben dieser Höllenfahrt berichtet?

7 »Im Nebel ruhet noch die Welt,/ noch träumen Wald und Wiesen:/ bald siehst du, wenn der Schleier fällt,/ den blauen Himmel unverstellt,/ herbstkräftig die gedämpfte Welt/ in warmen Golde fließen.« (Eduard Mörike) So erlebt man den irdischen Frieden nach einem beschwerlichen Aufstieg.

Um die ganze Tragweite solcher Gedanken zu ermessen und zugleich den Rahmen des Spekulativen zu verlassen, ist es erforderlich, weit über rein christliche Quellen hinauszugehen. Nicht nur Christus und elfeinhalb Jahrhunderte nach ihm Owein und andere Lough-Derg-Pilger waren nämlich im Fegefeuer und in der Hölle zu Besuch. Im siebenten Jahrhundert machte den Überlieferungen gemäß auch der Prophet des Islam, Mohammed, geführt vom Engel Gabriel, eine Fahrt durch Fegefeuer, Hölle und Himmel, von der er selbst sagte, sie sei kein Traum gewesen, seine Seele war wirklich auf Reisen. Die 17. Sure des Korans, der durch Mohammed verkündeten islamischen Offenbarungsschrift, berichtet über diese Nachtfahrt. Weit ausführlicher noch wird sie von zeitgenössischen Autoren überliefert. Mitten im Sommer, in der 27. Nacht des 7. Monats des Jahres 621, schläft der Prophet in einem kleinen Raum in Mekka. Einsamkeit und Besorgnis erfüllen ihn. Plötzlich tritt der Erzengel Gabriel in das Gemach. Er öffnet die Brust Mohammeds und wäscht sein Herz mit Wasser aus der heiligen Quelle Zamzam, um es von allen Spuren des Irrens und Zweifelns zu reinigen. Aus einer goldenen Kanne gießt er »Hikma«, Weisheit und Glauben, in Mohammeds Körper. Nachdem der Engel die Brust des Propheten wieder geschlossen hat, nimmt er ihn bei der Hand und hilft ihm, Burak, ein pferdeähnliches mythisches Reittier, zu besteigen. Zunächst besucht das Tier mit Mohammed irdische Schauplätze: den Berg Sinai, wo Moses die Gesetzestafeln empfangen hatte, das Grab Abrahams in Hebron und die

8 Auch Mohammed machte eine Fahrt durch Hölle und Himmel. Sie sei »kein Traum gewesen«.

9/10 Im Matthäus-Evangelium heißt es: »Denn wie Jona drei Tage und drei Nächte im Bauch des Fisches war, so wird auch der Menschensohn drei Tage und drei Nächte im Innern der Erde sein.«

Geburtsstätte Jesu in Bethlehem. Letzte Station dieses irdischen Teils der Nachtreise, Isra' genannt, ist die heilige Stadt Jerusalem, wo Mohammed von mehreren Propheten empfangen wird, an ihrer Spitze Abraham, Moses und Jesus. An den Isra' schließt sich unmittelbar eine Weiterreise in den Himmel, den Miradsch, an. Über eine aus Licht bestehende Treppe, deren Fuß die Erde berührt, gelangt Mohammed an das Ufer des Paradiesstromes Kawthar, der in Wirklichkeit ein riesiges Meer ist. Auf seinem Reittier setzt der Prophet die Reise durch die erste himmlische Sphäre, die er hier erreicht hat, fort. Er sieht Auserwählte und Verdammte und begegnet einem Engel in Gestalt eines weißen Hahnes, dessen Aufgabe es ist, die Stunden der Nacht und des Tages zu zählen. Ausführlich beschreibt der weitere Bericht den fliegenden Ritt durch die anderen Himmelssphären – insgesamt sind es deren sieben – bis hin zum Paradies, durch das der Erzengel Gabriel führt. Auch Gott selbst begegnet der Prophet.

Nach der Rückkehr von dieser Reise durch die Welt der Himmel bricht Mohammed in die Hölle auf. Ihr Tor bewacht

Mohammeds Fahrt durch die Hölle

Malik, der grausige Fürst der Finsternis. In der Mitte der Hölle wächst Zakkum, ein mächtiger Baum, dessen Umfang einer Wegstrecke von 500 Jahren entspricht. Seine Nadeln gleichen Lanzen, und die Formen seiner Früchte erinnern an die Köpfe von Dämonen, Löwen, Skorpionen und anderen Untieren. Sphären der Finsternis wechseln in dieser Hölle mit weiten Flammenmeeren. Es ist eine apokalyptische Vision.

Ritter Owein, Jesus und Mohammed sind nicht die einzigen Reisenden durch Hölle und Himmel oder – besser gesagt – durch die untere und die obere Welt; denn nicht immer präsentieren sich die himmlischen und höllischen Sphären so von den Vorstellungen des Jüngsten Gerichts geprägt wie in den monotheistischen Religionen Christentum und Islam. Ähnliche Reiseberichte sind schon aus dem alten China überliefert; sie gehen zwei Jahrtausende vor Christus zurück. Ausführliche Erzählungen über Jenseitswelten im Nahtodesbereich, die die Seele des Visionärs aber unter besonderen Umständen schon zu Lebzeiten besuchen kann, liefert das Tibetische Totenbuch, das im buddhistisch-lamaistischen Glaubensbereich angesiedelt ist. Aber nicht genug damit: Die archäologische und besonders die ethnologische Forschung der letzten Jahrzehnte hat Tausende von Berichten derartiger Unterwelt- und Oberweltreisen zusammengetragen. Das beginnt bei der

griechischen Orpheus-Legende und der Beschreibung altgriechischer Totenorakelstätten, und das weitet sich aus im Schamanismus bei praktisch allen Stammesvölkern der Welt.

Die weisen Medizinmänner und Glaubensbewahrer der Eskimos, der nord-, mittel- und südamerikanischen Indianer, der Urwald- und Savannenstämme ganz Afrikas, die Schamanen der Ureinwohner Süd- und Südostasiens oder bei den mongolischen und sibirischen Nomaden, den japanischen Ainus und den australischen Aborigines, die noch heute in abgeschiedenen Regionen Islands lebenden Anhänger altgermanischer Kulte und die Schamanen der nordskandinavischen Lappen oder die »zauberkundigen« Frauen und Männer in stillen Winkeln des Balkans und Weißrußlands, sie alle kennen diese Seelenreisen in die »nichtalltägliche Wirklichkeit«, wie das viele von ihnen nennen.

Die meisten Berichte über solche Schamanenreisen wurden unabhängig voneinander von Ethnologen und Naturreligionsforschern in aller Welt aufgezeichnet, und erstaunlicherweise stimmen praktisch alle in den wichtigsten Punkten miteinander überein. Die visionäre Reise in die untere Welt beginnt fast immer an einem wirklichen »Tor«: einer Höhle, einem Felsspalt, einem natürlichen Brunnen oder

Ein Tor für visionäre Reisen

etwa an einem Ort, an dem eine Quelle aus der Erde tritt. Auch ein Fuchsbau oder ein hohler Baum genügt. Um geistig durch dieses Tor treten zu können, wird oft eine seelische Vorbereitung getroffen, eine »Reinigung« durchgeführt. Meist geht sie einher mit Fasten oder rituellen Waschungen. Auch langes Wachen ist sehr förderlich für die Reise. Besonders empfehlen so gut wie alle Schamanen den Aufenthalt in möglichst unberührter Natur, vor allem in weiter, freier Landschaft. Die Reise findet meist nachts statt. Und was besonders bezeichnend ist: Das Erlebte wird nicht als Traum, als Phantasiebild oder Illusion aufgefaßt, sondern als Realität. Todeserlebnisse während derartiger Reisen werden als tatsächliches Ereignis mit anschließender Neugeburt verstanden.

Weitestgehende Übereinstimmung herrscht auch bei den Reisebeschreibungen: Nach der Passage eines dunklen Tunnels oder düsterer Gemäuer kommt der Geistreisende in eine freie Landschaft. Im Tunnel und vor allem danach begegnet er nicht selten zahlreichen Gestalten. Manchmal sind es Menschen, meistens aber Tiere, darunter auch ausgesprochene Fabelwesen. Bei weitem nicht immer führt die

Reise in die »untere Welt« in ausgeprägte Höllenregionen. Sie sind eher die Ausnahme. Wenn es aber der Fall ist, dann ist die Passage meist gefährlich – oft ist es ein unsicherer Steg über trügerische Flüssigkeiten wie kochendes Wasser, dampfende Säuren oder brodelndes Metall. Immer ist der Rückweg derselbe wie der Hinweg, wird aber gefahrlos erlebt. Die Beschreibungen von Fahrten in die »obere Welt« – auch sie führen nur manchmal in eine Art himmlischer Gefilde – entsprechen einander ebenfalls weitgehend.

»Ich legte mich auf den Boden und schloß meine Augen. Als die Trommel zu schlagen begann, ging ich zu meinem Platz auf der Waldwiese mit der Quelle, die durch lockeren Sand heraufsprudelnd einen Quelltopf von vielleicht einem Meter Durchmesser und 60 Zentimetern Tiefe füllt, aus dem dann das Wasser als kleines Bächlein durch die Wiese abfließt. Ich sprang ins Wasser und versank sofort im sandigen Untergrund. Es war angenehm kühl. Deutlich spürte ich den Sand, wie er körnig an meinen Beinen und Armen streifte, als ich tiefer glitt. Unter der Sandschicht gelangte ich dann in einen Tunnel, der erst schräg, bald aber immer steiler hinabführte. Nach vielleicht hundert Metern brach er jäh in einen senkrechten Schacht ab. Seine Wände bestanden aus rohem Fels, waren aber zugleich merkwürdig geringelt, etwa wie ein weites Wellrohr. Ich fiel hinunter. Es war jetzt sehr dunkel. Nach einer Strecke, die mir endlos schien, landete ich sanft auf dem Boden einer Art Quergangs, durch

---

. . . ich schwebe durch ein Höhlensystem . . .

---

den ich weiterschwebte. Einmal hinderte mich eine massive Felswand am Vorankommen; aber ich entdeckte einen vielleicht handbreiten Spalt, und ich überlegte, ob das ein Durchgang war. Ich versuchte, mich hineinzuzwängen, und es gelang. Danach ging es noch ein Stück durch ein mehrfach verzweigtes Höhlensystem mit schönen Tropfsteinen weiter. Fledermäuse mit riesigen Köpfen torkelten um mich herum. Dann stand ich am Höhlenausgang. Vor mir lag eine offene Landschaft im abendlichen Dämmerlicht. Weil das Höhlenportal an einem Hang lag, konnte ich sehr weit sehen. Zu meinen Füßen dehnte sich eine grüne Ebene mit Savannenvegetation, durch die sich silbrig schimmernd ein breiter Fluß wand. Irgendwo in der Ferne mündete er in einen See. Die Landschaft war belebt von zahllosen Tieren. Die meisten waren mir vertraut: Zebras, Elefanten, Giraffen, Herden gnuähnlicher Weidetiere. Andere wirkten grotesk, zum Beispiel das Schaf mit dem Affenkopf oder eine Art stachelbewehrter Riesenfrosch, der ständig freundlich lächelte. Links neben mir saß auf einmal eine große Eule. Sie

fragte mich, ob ich sie begleiten wolle. Eigentlich sprach sie gar nicht, aber ich wußte sehr genau, was sie sagte. Als ich zustimmte, flogen wir gemeinsam hinaus über das weite Land. Es war wunderschön. So friedvoll und ruhig. Deutlich spürte ich den kühlen, frischen Luftzug an meinem Körper. Eine Zeitlang folgten wir dem Fluß, dann kamen wir zu dem See, den wir erstaunlich rasch überflogen. Dort, wo er aufhörte, entsprang ihm ein breiter Strom. Das heißt, er entsprang dem See gar nicht. Ich weiß nicht mehr genau, wo er überhaupt herkam, er schien aus der Unendlichkeit zu kommen, und er floß in die Unendlichkeit. Die Eule sagte mir, er komme aus der Zukunft, und seine Wasser fließen in die Vergangenheit. Irgendwo in der Ferne verlor sich der Strom in der Landschaft. Neben ihm führte eine Straße entlang. Auch sie wirkte zeitlos auf mich. Die Eule sagte, ich solle mir beide gut einprägen, den Fluß und die Straße. Beide, so erklärte sie mir, als hätte sie meine Gedanken erraten, seien ewig, sowohl in der Zeit wie im Raum. ›Aber wenn du dich einmal entscheiden mußt‹, fuhr die Eule fort, ›dann wähle den Fluß, nicht die Straße; denn der Fluß lebt, und die Straße ist tot. Das war es, was ich dir sagen wollte.‹ – Wir machten kehrt, flogen zurück über den See und den

---

. . . denn der Fluß lebt und die Straße ist tot . . .

---

ersten Fluß und erreichten rasch wieder den Höhleneingang. Ich verabschiedete mich von der Eule und ging zurück in die weite Grotte, die bald wieder enger wurde. Auf dem gleichen Weg durch das Tropfsteinhöhlensystem, den Felsspalt und den schrägen Gang, den langen senkrechten Schacht und den Tunnel wurde ich förmlich zurückgesaugt, spürte dann kurz wieder den feuchten, kühlen Sand an meinen Schultern und dann das Wasser des Quelltopfes. Ich war von der Reise zurück, genau in dem Moment, als die Trommel aufhörte zu schlagen.«

Dieser Reisebericht stammt weder aus einer heiligen Schrift noch aus altchinesischen oder frühgriechischen mythologischen Überlieferungen und auch nicht aus den Aufzeichnungen eines Ethnologen, der den Schamanen irgendeines Stammesvolkes interviewt hat. Er gibt die Erfahrungen eines Zeitgenossen wieder, eines Diplomingenieurs und Patentrechtlers, der in der Industrie eine leitende Stellung bekleidet.* Er beschreibt eine schamanische Reise im Herzen Europas im Jahre 1990. Dieser Mann ist keineswegs ein Exzentriker oder Adept irgendeiner esoterischen Schule. Mehr noch: Zwei Tage vor dieser ersten seiner Reisen in eine nichtalltägliche Welt wußte er nicht das Geringste davon, daß dergleichen überhaupt möglich ist. Schamanis-

* Der Berichtende ist dem Autor persönlich bekannt.

11 »Der Höllensturz«, Erzengel Michael im Kampf
mit Luzifer, ein Gemälde
der Zürcher Nelkenmeister
aus dem 16. Jahrhundert.
Die schamanischen
Begriffe von unterer und
oberer Welt sind nicht
gleichbedeutend mit dem
christlichen Denkschema
von teuflischem Inferno
und lichten Spähren.

12 Die Indianer im Süd-
westen der USA errichte-
ten in ihren Dörfern kreis-
runde Zeremonialkam-
mern, die »kivas«. In der
Nähe der Feuerstelle
waren »sipapu« genannte
Löcher eingegraben.

Ethnologen deuten sie als
Symbol, das »die mythi-
sche Öffnung in die untere
Welt darstellt, durch wel-

mus war für ihn ein Fremdwort. Hätte ihm damals jemand ähnliches berichtet wie das, was er selbst erlebte, dann hätte er an dessen Verstand gezweifelt.

Viele Elemente dieses Reiseberichtes erinnern an Nahtodeserlebnisse. Charakteristisch sind vor allem der Weg durch einen Tunnel und das Erreichen einer »jenseitigen« Welt. Bezeichnend ist auch, daß der Reisende dort erwartet wird – in diesem Fall von der Eule – und daß er eine Führung erhält. Man ist selten allein auf solchen Reisen.

Versuche US-amerikanischer und europäischer Wissenschaftler aus den vergangenen zwei Jahrzehnten haben erwiesen, daß es keiner besonderen parapsychischen Veranlagung für die Fähigkeit zu derartigen schamanischen Reisen bedarf. Bei Experimenten mit »normalen« Bewohnern westlicher Industrienationen gelangen derartige Reisen auf Anhieb, das heißt innerhalb einer nur zweitägigen Unterweisung, über 75 Prozent der Probanden. Die Erlebnisse sind mehr oder weniger ausgeprägt und werden von unterschiedlichen Sinneswahrnehmungen getragen. Einige

Sehen, hören, fühlen, wissen

Geistreisende »sehen« besser, andere »hören« oder »fühlen« in erster Linie, und manche brauchen ihre »inneren« Sinne überhaupt nicht zu bemühen. Sie »wissen« einfach, was sie erleben. Wie solche Reisen ohne große Schulung und Vorbereitung für die meisten aller Menschen möglich sind, davon wird in einem der nächsten Kapitel noch ausführlich die Rede sein.

Trotz der pauschalen Ähnlichkeiten – etwa in Gestalt des Tunnel-Erlebnisses oder eines Führers – verlaufen die einzelnen Reisen sehr unterschiedlich, wie jede Reise in der alltäglichen Realitätsebene schließlich auch. Dennoch läßt sich das Reisen selbst »veranstalten«, also institutionalisieren. Wege dazu sind praktisch allen Stammesvölkern bekannt, soweit diese nicht von westlich orientierten »Nachbarn« kulturell entwurzelt wurden, sei es durch Missionierung, gesetzliche Schamanismusverbote, Verstädterung oder gar durch weitgehende Ausrottung. Erstaunlich ist, wie weit sich diese Reiseerlebnisse und auch die Reiseziele weltweit gleichen. Sie sind bei den Eskimos ähnlich wie bei den Indianern des amerikanischen Doppelkontinents. Sie unterscheiden sich aber auch kaum von jenen der Ureinwohner Asiens, Afrikas, Ozeaniens, Australiens und Europas.

In der Welt, die man die »westliche« nennt und die heute von der Westküste der Vereinigten Staaten über Europa bis ins fernste Sibirien alle anderen Kulturen dominiert, deren Einflußbereich vom Nordkap bis zum Kap Horn reicht,

che die Ahnen die Welt erreicht haben sollen«. Andere Forscher nehmen an, daß die Mitglieder der Medizinbünde die Löcher benutzten, um in Trance in die untere Welt hinabzusteigen. Bei den Puebloindianern sah man den Eingang in die untere Welt in einem kuppelförmigen Felsen im Grand Canyon.

haben zwei große Bewegungen den Schamanismus verdrängt. Zunächst war es die Ausbreitung der christlichen Kirche; nicht die der christlichen Religion an sich, denn diese kennt sehr wohl Mysterien. Die Kirche ließ schamanische Praktiken nur zu, wenn sie, wie die Unterweltreise des Ritters Owein, in ihr Konzept paßten. Dennoch hielt sich selbst gegen Inquisition und Folter das Schamanentum in Europa zumindest im Untergrund bis in die Zeit der Aufklärung, der zweiten antischamanistischen Strömung. Die Aufklärung begann gegen Ende des 17. Jahrhunderts und proklamierte die menschliche Vernunft als einzige und letzte Instanz der Entscheidung über Wahrheit und Unwahrheit. Die neue Geistesrichtung orientierte sich am Modell naturwissenschaftlicher Erkenntnis und verbannte jegliche irrationale Denkweise, jeden Offenbarungsglauben und die gesamte Metaphysik in den Bereich des Aberglaubens.

Erst neuerdings, besonders in der zweiten Hälfte des 20. Jahrhunderts, wächst die Erkenntnis, daß das naturwissen-

Die Grenzen der Naturwissenschaften

---

schaftlich geprägte Weltbild zwar durchaus seine Existenzberechtigung hat, daß es aber bei weitem kein vollständiges Abbild der Realität liefert, sondern nur einen Teilbereich davon beschreiben kann. Erstaunlicherweise kamen Denkansätze, die zu einer Rückbesinnung vor die Zeit der Aufklärung, vor die Zeit des Absolutheitsanspruchs des menschlichen Verstandes führen, ausgerechnet aus dem Lager der naturwissenschaftlichen Avantgarde. Der Quantenphysiker Werner Heisenberg bewies, daß und warum naturwissenschaftlichen Erkenntnissen auf der letztlich alles Geschehen bestimmenden Ebene der Elementarteilchen Grenzen gesetzt sind. Albert Einstein fand diese Erkenntnis Heisenbergs derart desillusionierend, daß er ihm entsetzt entgegenhielt: »Gott würfelt nicht!« Er meinte damit, Gott überlasse nichts dem Zufall. Damit hat der Entdecker der Relativitätstheorie allerdings lediglich seine eigenen Schwierigkeiten dokumentiert, aus dem Schatten der Aufklärung herauszutreten. Denn wenn er von der Existenz eines allmächtigen Gottes ausgeht und diesem unterstellt, daß er stets für die menschliche Logik klar verständlich und exakt nachvollziehbar seinen eigenen Naturgesetzen folge, dann wäre dieser Gott, nachdem er die Schöpfung vollbrachte, überflüssig. Das aber war keineswegs Einsteins Auffassung. Zudem berichtete Einstein selbst einmal, er habe seine berühmte Relativitätstheorie nicht aufgrund logischer Folgerungen, sondern in einer Art Eingebung erfahren, also auf einem als schamanisch zu bezeichnenden Weg der Erkenntnis.

13 Felsenhöhle in der Nähe von Athen, in der ein Eingang in die Unterwelt gesehen wird.

14/15 Angeregt durch ein Versepos von Bernardo Tasso, dem Vater von Torquato, in dem der Held eine schamanische Reise durch einen Zauberwald unternimmt, hat ein italienischer Graf in der Mitte

des 16. Jahrhunderts in sei-
nem Park einen »Heiligen
Wald« errichten lassen.
Neben einer in Stein

gehauenen grimmigen
Fratze mit weit aufgeris-
senen Augen, großen
Nüstern und riesigem

geöffnetem Mund
(Seite 54) stehen dort in
Stein skulptierte Unge-
heuer.

16 Die Begriffe von Gut
und Böse, von Himmel und
Hölle, von einer diesseitigen und einer jenseitigen
Welt begleiten die Men-
schen in allen Kulturen. Ein
Künstler, der sich beson-
ders mit den religiösen
Fragen des Mittelalters
beschäftigt hat, ist Hieronymus Bosch. In seinen Bil-
dern stellt er eine visionäre

Nachdem Heisenberg das Eis der Aufklärung im naturwissenschaftlichen Denken erst einmal – und zwar unwiderlegbar und unwiderruflich – gebrochen hatte, wagten sich andere prominente Naturwissenschaftler vor. Heute entwerfen Physiker von Weltrang mathematisch fundierte Weltbilder, die dem Bereich strenger Kausalitätsgesetze von Ursache und Wirkung nur noch begrenzte Gültigkeit einräumen, die von akausalen kosmischen Sinnverknüpfungen sprechen und die sogar Zeitreisen grundsätzlich für möglich halten. Das Denken der Aufklärung empfing nicht zuletzt einen Dolchstoß von den Neurologen. Sie fanden heraus, daß der »aufgeklärte« Mensch nur rund 15 Prozent seines Gehirns im Alltag nutzt. Ist der Schamane in der Lage, andere Bereiche seines Gehirns zu aktivieren? Nicht wenige Indizien aus klinischen Experimenten sprechen dafür. Die Forschung ist im vollen Gange.

In Zivilisationen, an denen das Zeitalter der Aufklärung vorüberging, leben die alten Zugänge zu schamanischen Erfahrungen und besonders zu schamanischen Reisen fort. Wer verreisen will, der benötigt zunächst einmal eine Land-

Landkarte für schamanische Reisen

karte. Schließlich muß er seine Ziele kennen. Solche »Landkarten« gibt es auch für schamanische Reisen. Sie stimmen weltweit erstaunlich gut überein. Und soweit es Prähistorikern gelungen ist, Bräuche und Mythen unserer Vorfahren zu rekonstruieren, sind diese Reiseziele seit Jahrtausenden, vielleicht seit Jahrzehntausenden, immer die gleichen. Ihren Niederschlag finden sie in den mythischen Kosmologien, die den Aufbau der Welt beschreiben. Details weichen zwar stets voneinander ab, wie etwa die Anzahl himmlischer Sphären oder die Beschreibung von Wächtern an der Schwelle zur Unterwelt. Aber die großen Linien stimmen überein. Sie gehen von einer Vierteilung der Welt aus. Die »mittlere« Welt, das ist zunächst einmal die alltägliche Welt, in der wir leben. Diese »mittlere Welt« hat aber neben dem Alltagsbereich auch den Bereich der »nichtalltäglichen Wirklichkeit«. Das ist gleichsam eine Traumwelt, die aber durchaus als real empfunden wird und sich bei vollem Wachbewußtsein, aber in einem veränderten Bewußtseinszustand, erfahren läßt. Unter dieser zweifachen mittleren Welt liegt die »untere Welt«. Sie sei hier bewußt nicht als »Unterwelt« bezeichnet, weil dieser Begriff im christlichen Bereich nur allzuleicht generell mit »Hölle« verwechselt wird. Über der mittleren Welt liegt die »obere Welt«. Auch sie ist nicht unbedingt mit dem christlichen »Himmel« gleichzusetzen, obwohl den Vorstellungen von Himmel und

Traumwelt voller zerbrechlicher Menschen dar, die schutzlos den Dämonen ausgeliefert sind. Das Böse verkörpert er in surrealistischen Wesen mit vulgären Bewegungen. Dieser Blick in die Abgründe der menschlichen Seele spiegelt sich auch in der Mitteltafel des Triptychons »Das Weltgericht«.

Hölle ursprünglich durchaus die schamanischen unteren und oberen Welten zugrunde liegen. Die Kirche mit ihrem Denkschema von Sünde und Strafe, guter Tat und Belohnung, hat die alten mythischen Welten im Laufe der Zeit annektiert und bewußt oder unbewußt umgedeutet. Daß das so ist, geht aus der unglaublichen Fülle von »Reiseberichten« in diese Welten hervor, die die große Trennung in ein teuflisches Inferno einerseits und lichte englische Sphären andererseits nur in seltenen Ausnahmefällen kennen. Nach Aussage der Totenbücher mancher Religionen gibt es diese beiden Bereiche erst in ferneren jenseitigen Ebenen. Viel charakteristischer ist der zitierte Reisebericht aus der unteren Welt, den der Diplomingenieur und Patentrechtler gab.

Wie selbstverständlich dieses Geistreisen bei Stammesvölkern heute noch ist und wie alltäglich es vor der Aufklärung auch in Europa war, läßt sich zum Teil archäologisch belegen. Der Ausgangspunkt für Reisen in die untere Welt ist fast immer ein geeigneter Ort der alltäglichen Realitätsebene. Entsprechend reich ist die Überlieferung von heiligen Grotten, heiligen Quellen und ähnlichen Orten. Es gab und gibt aber auch eigens für Reisen in die untere Welt angelegte, in die Erde führende Öffnungen. Bei den Bellacoola-Indianern an der Nordwestküste Nordamerikas hatte

Eingang in die untere Welt

früher jede Hütte ein Loch im Erdboden, das als Eingang in die untere Welt diente. Im zweiten Band seines 1895 in Berlin erschienenen Werkes »Indianische Sagen von der Nord-Pacifischen Küste Amerikas« berichtet der berühmte Ethnologe Franz Boas: »Die Welt unter uns wird . . . genannt Asiutâ'nEm. Beschreibungen dieser (unteren Welt) werden hauptsächlich von Schamanen gegeben, die glauben, daß sie jenes Land während einer Trance besucht haben. Nach der Aussage einer alten Frau, die meinte, daß sie als kleines Mädchen während einer Trance die (untere Welt) besucht habe, ist . . . der Eingang ein Loch, das es in jedem Haus zwischen der Tür und der Feuerstelle gibt.«

Die Zuñi-Indianer im Südwesten der USA errichten in ihren Dörfern besondere kreisförmige Zeremonialkammern (kivas). In deren Böden waren früher ebenfalls Löcher eingegraben, und zwar zwischen der zentralen Feuerstelle und der Wand. Diese Löcher heißen »sipapu« und werden heute in den »kivas« nicht mehr angelegt. In seiner »Southwestern Archaeology« betont der Indianerforscher John C. McGregor, daß das kiva sipapu »ein Symbol sei, das die mythische Öffnung in die untere Welt darstellt, durch welche die Ahnen die Welt erreicht haben sollen«. Der US-amerikanische Schamanismusforscher Professor Michael Harner nimmt aber darüber hinaus an, daß die Mitglieder der Medizinbünde in Zuñi die Löcher dazu benutzten, um selbst in Trance in die untere Welt hinabzusteigen.

Die zu den Hopi gehörenden Pueblo-Indianer haben keinen sipapu in ihren kivas. Aber sie kennen auch einen derartigen Eingang in die untere Welt. Es ist ein kreisrundes Loch, ebenfalls sipapu genannt, in einer kleinen kuppelförmigen Felsformation, die westlich der Hopi-Dörfer im Grand Canyon liegt.

Ähnlich konkrete »Tore« in eine untere Welt gab es früher auch in Europa. Eines der eindrucksvollsten, heute noch erhaltenen befindet sich im »Sacro Bosco«, dem »Heiligen Wald«, unweit des italienischen Städtchens Bomarzo, etwa auf halbem Wege zwischen Viterbo und Terni. Der Graf Vicino Orsini ließ es Mitte des 16. Jahrhunderts eigens von einem Architekten bauen. Es ist im manieristischen Stil dieser Zeit errichtet und hat die Gestalt einer rund fünf Meter hohen grimmigen Fratze mit weit aufgerissenen Augen,

Ogni pensiero vola
Jeder Gedanke fliegt

großen Nüstern und einem riesigen geöffneten Maul, zu dem eine steinerne Treppe hinaufführt. Auf der Oberlippe sind die Worte »Ogni pensiero vola« eingemeißelt: »Jeder Gedanke fliegt«. Historiker vermuten, daß der Graf die Anregung für diesen Eingang zur Unterwelt im Jahre 1560 von Bernardo Tasso – dem Vater Torquatos – veröffentlichten Versepos »Amadigi« fand. In diesem Werk unternimmt der Held eine regelrechte schamanische Reise durch einen Zauberwald. Auch die Ungeheuer, denen er dort begegnet, hat Graf Orsini zum Teil im Park von Bomarzo in Stein skulptieren lassen.

Das Epos »Amadigi« knüpft an die Tradition der Passionsspiele des 13. Jahrhunderts an, in denen regelmäßig Unterweltseingänge in Form riesenhafter Bestiengesichter mit weit aufgerissenem Rachen und großen Augen eine Rolle spielen. Diese Passionsspiele waren bereits deutlich christlich eingefärbt. Sie verteufeln die alten »heidnischen« Bräuche der Unterweltreisen, indem sie diese schamanischen Welten als Hölle interpretieren. So hieß es zum Beispiel im Alsfelder Passionsspiel: »Mit den tufeln muß er yn die helle gan!«

Dennoch kommen die Fratzen mit ihren weit aufgerissenen Mäulern nicht von ungefähr. Hier hat die christlich-abendländische Tradition zwei schamanische Grunderfahrungen miteinander vermischt und in einen Topf geworfen.

Mit dem Eingang in die untere Welt hat die Fratze im Grunde nichts zu tun. Dieser Eingang ist fast immer eine natürliche Öffnung in der Landschaft, in Asien zuweilen auch ein Gemälde oder eine stilisierte Öffnung, etwa in Gestalt eines Mandalas. Immer aber ist er schön und harmonisch, niemals furchteinflößend.

Der geöffnete Rachen hat einen ganz anderen Ursprung. Er knüpft an die Initiationserlebnisse von Geistreisenden an. Häufig nämlich erleben sie auf ihren Ausflügen in andere Realitätsebenen den eigenen Tod, manchmal werden sie dabei von wilden Tieren oder mythischen, dämonenhaften Gestalten aufgefressen. Nicht anders ist etwa die biblische Erzählung von Jona zu verstehen, den ein riesiger Fisch verschlang und nach drei Tagen wieder ausspie. Jesus nahm diese Geschichte sehr ernst; er sah darin ein Bild für seinen eigenen Tod und seine Auferstehung beziehungsweise für seine eigene Jenseitsreise. Im Matthäusevangelium (12/40) sagt er: »Denn wie Jona drei Tage und drei Nächte im Bauch des Fisches war, so wird auch der Menschensohn drei Tage und Nächte im Inneren der Erde sein.« Das ist eine typisch schamanische Formulierung.

Mircea Eliade, der in seinem ethnologischen Standardwerk »Schamanismus und archaische Ekstasetechnik« Berichte über schamanische Reisen und Initiationen aus aller Welt zusammengetragen hat, zitiert Dutzende derarti-

Aufenthalt in der Einsamkeit

ger Todeserlebnisse angehender oder bereits praktizierender Schamanen. Bei den Ammasilik-Eskimos zum Beispiel werden zukünftige Schamanen bereits im jugendlichen Alter von sechs bis acht Jahren ausgewählt und auf ihre spätere Arbeit vorbereitet. Zu ihrer Ausbildung gehört ein längerer Aufenthalt in der Einsamkeit, etwa am Ufer eines Sees oder in unmittelbarer Nähe eines alten Grabes. Dort muß der Initiand so lange zwei Steine aneinander reiben, bis er eine Vision hat. Das kann viele Tage oder Wochen dauern. »Dann wird der Bär des Sees oder des Eisbergs darin hervorkommen, er wird dein ganzes Fleisch verschlingen und aus dir ein Skelett machen, und du wirst sterben. Doch du wirst dein Fleisch wiederfinden, du wirst wieder erwachen und deine Kleider werden dir zufliegen.« Im westlichen Grönland bleibt der Kandidat nach dem Gefressenwerden durch einen Geist drei Tage tot.

Colonel Collins berichtete schon 1798, daß bei den Stämmen von Port Jackson in Australien derjenige »Medizinmann« wurde, der auf einem Grab schlief: »Der Geist des Toten kam, packte ihn an der Gurgel, riß ihn auf, nahm ihm die Eingeweide heraus, ersetzte sie durch andere, und die Wunde verschloß sich von selbst.«

Der sowjetische Ethnologe G. W. Ksenofontow berichtet von einem tungusischen Schamanen, der erzählte, er sei vor seiner Initiation ein ganzes Jahr krank gewesen. »Seine schamanischen Ahnen kamen und weihten ihn ein; sie durchbohrten ihn mit Pfeilen, bis er das Bewußtsein verlor und zu Boden fiel; sie schnitten ihm das Fleisch ab, rissen ihm die Knochen aus und zählten sie; hätte einer gefehlt, so hätte er nicht Schamane werden können.«

»Eine Teleutenfrau«, so schreibt Eliade, »wurde Schamanin, nachdem sie in einer Vision unbekannte Männer ihren Körper in Stücke schneiden und in einem Kochtopf kochen sah.« Ähnliche Todeserlebnisse sind aus aller Welt und aus allen Zeiten überliefert. Schon Tantalos tötete seinen Sohn Pelops und tischte ihn den Göttern bei einem Gelage auf. Sie erweckten Pelops wieder zum Leben, indem sie ihn in einem Topf kochten. Danach fehlte nichts als eine Schulter, die Demeter aus Versehen gegessen hatte.

Doch es ist gar nicht nötig, räumlich oder zeitlich so weit zu schweifen, um Todesberichte von praktizierenden Scha-

. . . und er verschlingt mich.

manen zu finden. Bei modernen Schamanismus-Seminaren – davon wird im nächsten Kapitel die Rede sein – sind derartige Erlebnisse recht häufig. Manchmal werden den schamanischen Neulingen nur einzelne Organe ausgetauscht, etwa das Herz, die Leber oder die Augen. Manchmal werden ihnen Quarzkristalle in die Brust eingesetzt. Oft werden sie aber auch vollkommen zerstückelt und wieder zusammengesetzt, und sehr oft werden sie von Hilfsgeistern aufgefressen. Eine derartige Erfahrung spiegelt der folgende Ausschnitt aus einem Bericht wider, der 1991 von einem etwa fünfzigjährigen Deutschen unmittelbar während einer schamanischen Reise gegeben und mit einem Kassettenrecorder aufgezeichnet wurde:*

»Er (der Lehrer) öffnet seine Augen weit, und sein Gesichtsausdruck ändert sich. Er mahlt mit den Zähnen, und er fragt mich, ob ich keine Angst habe, ihm zu folgen. Ich frage mich, warum ich mich fürchten sollte. Jetzt öffnet er seinen Mund weit, sehr weit. Ich kann seine Zunge sehen. Zähne sehe ich nicht. Er sperrt den Mund noch weiter auf, und er verschlingt mich. Er verschlingt mich einfach. Ich habe das Gefühl, durch seine Kehle zu gleiten. Rund um mich sehe ich eine netzartige Struktur. Jetzt komme ich in einem sehr engen Raum an, in einer Art Magen, ich weiß es nicht. Alles ist in dunkles rotes Licht gehüllt, wie niederge-

* Dem Autor persönlich bekannt.

17 »Was sucht ihr den Lebenden bei den Toten? Er ist nicht hier; Gott hat ihn vom Tod erweckt! Erinnert euch an das, was er euch in Galiläa gesagt hat: . . . aber am dritten Tag wird er vom Tod auferstehen.« »Christi Höllenfahrt und Auferstehung«, Ikonenmalerei aus dem 18. Jahrhundert.

branntes, glühendes Feuer. Aber ich fühle mich dort recht gut. Jetzt komme ich zur Ruhe und warte, was weiter geschehen wird . . . (Pause). Es scheint, daß ich – ohne etwas zu fühlen und ohne verwundet zu werden – gerade verdaut werde. Ich schaue meine Haut an, die Haut meiner Brust; sie schwindet irgendwie dahin. Und ich sehe jetzt mein eigenes Brustbein und meine Rippen. Und es geht weiter. Und ich sehe meinen eigenen Kopf, der auch verdaut wird. Ich kann das Schädelskelett sehen, die Nase zersetzt sich, die Augen verschwinden . . . (Pause). Ich versuche, den Rest meines Körpers zu betrachten, aber ich kann nicht viel sehen. Er scheint auseinanderzufallen. Gerade kommt mein Unterkiefer vorbei. Ich sehe die Zähne darin . . . (Pause). Jetzt fallen sogar die Zähne heraus. Im Kiefer bleiben Löcher zurück, in denen die Zähne steckten. Jetzt treiben einige einzelne Rippen vorbei. Alle einzelnen Teile von mir scheinen in einer Art Flüssigkeit zu schwimmen. Diese Flüssigkeit hat eine Farbe; es ist schwer zu sagen, was für eine Farbe, weil sie sich ständig ändert: Meist sind es Mischtöne zwischen grün und braun, golden, wieder grün. Und in dieser Farbe beginnen sich jetzt sogar meine

Der Reisende klettert hinauf

Knochen aufzulösen. Ich fühle mich vollkommen in Auflösung . . . (Pause). Jetzt beginnt eine Art Neubildung. Ich sehe, daß ich neue Augen bekomme und eine sehr eigentümliche Art Schädel; denn es ist noch kein Schädel aus Knochen, es ist eher eine gelatineartige gelbliche Substanz. Aber darin sind jetzt helle, wäßrig-blaue Augen. Jetzt wird es ganz dunkel um mich herum, und zugleich fühle ich eine Art Wiederzusammensetzung meines ganzen Körpers; nicht Stück für Stück, sondern langsam als Ganzes. Als ob er aus der Flüssigkeit auskristallisiert, wieder zu fester Materie wird . . . Jetzt gibt es wieder etwas Licht. Ich sehe, daß meine Rippen mit Haut bedeckt sind, und ich fühle mich fast wieder komplett. Ich wandere weiter durch den Körper meines Lehrers. Jetzt komme ich aus ihm heraus. Ich weiß nicht wo und wie. Ich komme einfach aus ihm heraus. Oh, es ist sein Mund; er spuckt mich aus. Und jetzt spricht er zum ersten Mal: . . .«

Dieses sehr typische schamanische Erlebnis spielte sich übrigens nicht auf einer Reise in die untere, sondern in die obere Welt ab, wo der Initiand einem geistigen Lehrer begegnete. Auch der Zugang zu dieser oberen Welt hat ganz bestimmte, immer wiederkehrende charakteristische Merkmale. Nicht ein Loch, eine Höhle, eine Quelle markiert den Ausgangspunkt. Er liegt meist völlig im Freien. Irgend etwas leitet nach oben: die Äste eines hohen Baumes, eine Bergkuppe, ein hoher Felsen. Der Reisende klettert hinauf und springt nach oben ab. Manche Indianer steigen mit dem Rauch eines Lagerfeuers oder in einer wirbelnden Windhose in die Höhe. Ein europäischer »Neoschamane« setzt sich einfach auf einen ausbrechenden Geysir. Andere den Schamanismus praktizierende Zeitgenossen sind sogar mit Fahrstühlen, Flugzeugen oder Raketen erfolgreich, aus denen sie in großer Höhe herausspringen. Nach diesem Start aus einer gewohnten Alltagsumgebung geht es dann meist ziemlich leicht und wie von selbst weiter nach oben. Manche Schamanen fühlen, daß sie fliegen; andere schweben einfach aufwärts. Wieder anderen helfen mythische Vögel, fliegende Pferde oder andere Krafttiere. In vielen Fällen muß auf dieser Oberweltreise eine Barriere durchbrochen werden, etwa eine dicke Wolkenschicht, oft sogar eine feste Fläche, die nicht selten als eine Art Membran

Ein Weltenbaum im Mittelpunkt

beschrieben wird. Danach erreicht der Reisende die obere Welt, die allerdings nur selten ausgesprochen himmlische Züge besitzt. Manchmal ist es eine klar beschreibbare Landschaft, oft aber auch ein ausgesprochen »nebuloser« Raum, in dem vor allem diffuses Licht dominiert.

In manchen Kulturkreisen stehen die untere und die obere Welt unmittelbar miteinander in Verbindung, etwa in der altnordischen Mythologie, wo ein mächtiger Weltenbaum im Mittelpunkt der Erde – also in der unteren Welt – wurzelt, während seine Äste bis in den Himmel – in die obere Welt – reichen. In seinem mittleren Bereich äsen Ziegen sein Laub. Dort liegt die nichtalltägliche Realitätsebene der mittleren Welt, in die der Schamane ebenfalls reisen kann.

Natürlich haben die schamanischen Reisen keinen reinen »sightseeing«-Charakter, sondern eine tiefere Bedeutung. Etwas pauschal läßt sich sagen, daß der Reisende in der unteren Welt mit Krafttieren und Hilfsgeistern in Kontakt tritt, die ihm Stärke, Gesundheit und Ausdauer verleihen, während er in der oberen Welt Lehrergestalten begegnet, die ihm existentiell wichtige Fragen beantworten und mit Rat und Tat zur Seite stehen. Im Kapitel über »Verbündete« wird ausführlich darüber berichtet.

Rhythmen und Gehirnwellen

Moderne Experimente im verdunkelten, schalltoten Akustiklabor beweisen es: Bestimmte Frequenzen beeinflussen das menschliche Gehirn so, daß das Alltagsbewußtsein in den Hintergrund gedrängt wird und tiefere psychische Schichten bewußt werden. Auf dieser Bewußtseinsebene wird es möglich, den eigenen Körper zu verlassen und Dinge zu sehen und zu erleben, die den normalen fünf Sinnen verborgen bleiben. Die gleichen Frequenzen nutzt die Schamanentrommel, seit eh und je ein beliebtes Instrument der »Zauberer« in Stammesvölkern. Aber auch Beat- und Marschmusik können psychische Veränderungen auslösen, denen ihre Hörer seelisch oft nicht gewachsen sind, weil sie nicht um die Zusammenhänge wissen.

1/2/3 Schamane wird man in der Einsamkeit. Aber die spätere schamanische Arbeit erfolgt meist in größerem Kreis, der eine starke geistige Atmosphäre schafft. Trommelrhythmen und Tanz intensivieren solche kollektiven spirituellen Erlebnisse.

Und wenn ich dann angeturnt von der Disco nach Hause komme und meine Alte ist noch auf und ich hör' wieder das übliche Lamento, dann rutscht das alles von mir ab. Das ist mir dann alles egal. Ich fühle mich gut, und das laß' ich mir doch nicht kaputtmachen. Ich bin high und happy, da kommt nichts an mich ran. Das ist wie ein Traum, aus dem man nicht erwachen will. Und wenn ich dann in der Schule bin, und der Lehrer ist wieder nicht zum Aushalten, dann denk ich mir, laß' den doch machen, vom wirklichen Leben weiß der ja doch nichts, die arme Sau. Und dann denk' ich an die Disco, und dann komm' ich so ein bißchen rein in die Stimmung. Dann ist mir die Schule auch ganz egal, und der Alte kann mich gar nicht haben.«

Das Zitat stammt aus einer Studie über Discotheken in Deutschland mit dem Titel »Jugend in Trance« von H. F. Neißer. So oder ähnlich äußern sich viele Jugendliche über ihre Disco-Erlebnisse, wenn auch nicht immer in solch primitiver Wortwahl. Ein anderer Disco-Besucher formulierte es so: »Wenn ich die Discothek verlassen hab', so ist mir nach einiger Zeit, als wenn ich aus einem Traum erwache, dann fühl' ich mich ganz anders, ich hör' nur noch die Musik, es ist wie ein Schweben, ja beinahe so wie angeturnt.«

Die Grundaussage beider Disco-Besucher ist dieselbe. Sie fühlen sich »angeturnt«, und doch ist da ein scheinbar gravierender Unterschied. Der erste bedauert seinen Lehrer, daß der ja doch nichts »vom wirklichen Leben weiß«, der zweite spricht davon, er glaube, »aus einem Traum« zu erwachen, wenn er die Disco verläßt. Was also ist die

4/5 Wie sich die Bilder gleichen: Während eines religiösen Festes auf Bali und bei einem Rock-Festi-val üben bestimmte Rhythmen eine gewaltige Macht auf das vegetative Nervensystem aus.

6 Die Bewohner spiritueller Welten zeichnen sich oft durch suggestiv übersteigerte Augen aus.

Discothek: das wirkliche Leben, von dem der Lehrer nichts versteht, oder eine Traumwelt? Die Frage erinnert an die lebhafte Diskussion darüber, ob halluzinogene Drogen das Bewußtsein erweitern können oder nur Phantasie- und Trugbilder heraufbeschwören. Nicht von ungefähr benutzen die Disco-Besucher Ausdrücke wie »angeturnt« oder »high« und »happy«, die ja aus der Drogenszene sattsam bekannt sind.

In der Anthologie »Neue Wege der Musiktherapie« schreibt H.-Leuner über die Bedeutung der Musik in imaginativen Techniken der Psychotherapie: »Die Farben werden leuchtender, die Inhalte plastischer, die Szenerie wird zu äußerst lebendigem Erlebnisfluß angeregt, und zwar nicht nur durch die Vertiefung der Gefühle, sondern der rhythmische Fluß der Musik fördert das sonst so viel stärker stagnierende Kontinuum der Szenen des Symboldramas. Das Panorama wandelt sich, das Wetter wechselt, die Jahreszeit ändert sich, Menschen und Tiere kommen und gehen, Mär-

Wirkliches Leben
in der Traumwelt

chenfiguren oder mythologische Gestalten treten auf und handeln. Durch die Musik können Tagträume derart ›überhöht‹ werden, wie wir es nur noch unter der Anwendung von halluzinogenen Substanzen wie LSD oder Psilocybin kennen.«

LSD, in Form des Mescalins im Drogenkaktus Peyote, und Psilocybin, als Wirkstoff »heiliger Pilze«, verwenden die mittel- und südamerikanischen Indianer seit Jahrtausenden in ihren Kulthandlungen, um Visionen zu erleben. Sie sprechen von der anderen, von der nichtalltäglichen Wirklichkeit. Wohl nur so läßt sich die Frage, ob die Disco »wirkliches Leben« oder eine Traumwelt vermittelt, beantworten. Das streng logisch arbeitende Denken kann angesichts der euphorischen Erlebnisse nur eine Traumwelt akzeptieren, wo das Unbewußte für Realität plädiert. Wahrscheinlich ist das entwicklungsgeschichtlich bedingt. Die ersten Reize, die der werdende Mensch wahrnimmt, sind akustische und rhythmische Reize. Schon das entscheidende vorgeburtliche Erlebnis »Mutter« ist für den Fötus ein akustisch-rhythmisches: Das Auf und Ab des mütterlichen Gangs, die rhythmische, geräuschvolle Atmung, der Schlag des Herzens. Das Unbewußte bezieht alle Informationen zunächst aus Akustik und Rhythmik.

Auch ist die Reaktionsstärke des menschlichen Organismus auf akustische Reize wesentlich größer als auf optische oder auf Berührungsreize. Die Hörnerven reagieren schon auf ein Zehnmillionstel jener Reizenergie, die erforderlich

wäre, um einen taktilen Reiz, also ein Gefühl beim Berühren, auszulösen. Das Gefühl, »angeturnt« zu sein, rührt nicht zuletzt daher, daß akustische und rhythmische Reize wie keine anderen das vegetative Nervensystem des Menschen ansprechen und beeinflussen, also jenen Teil seines Organismus, den willentlich nur besonders geschulte Menschen – etwa Fakire, Yogis oder Medizinmänner – steuern können. So verändern sich beim Hören von lauter, rhythmischer Musik Blutdruck und Pulsfrequenz, Atmung und Muskeltonus, Hauttranspiration und der elektrische Hautwiderstand. Das alles ist mehr als ein Traumerlebnis. Das ist direktes, wirkliches Leben. Aber es wird als »andere Realitätsebene« empfunden, eben weil es sich dem willentlichen Eingriff entzieht. Dieses Realitätserlebnis gleicht deshalb einem inneren Urlaub von der Übermacht des kontrollierenden Geistes, von der Logik des Alltagswettbewerbs, von der Furcht des Versagens. Es füllt die inneren Löcher der Lieblosigkeit und suggeriert Geborgenheit, aber auch persönliche Kraft und Macht. Wer damit nicht umgehen kann, weil sein reales Bewußtsein diesem inneren Erleben nicht gewachsen ist oder weil ihm die Elterngeneration mangels eigener Erfahrung keine Führung für dieses innere Erleben

Manko der westlichen
Zivilisation

geben kann, der entlädt die sich aufbauenden Energien nicht selten chaotisch: Er demoliert Wirtschaftseinrichtungen, zerschlägt Schaufenster und zerschlitzt Autoreifen, um mit jenem »Establishment« abzurechnen, das ihn in seinem inneren Erlebnis hilflos allein läßt.

Disco-Besucher hören nicht nur überlaute, vom musikalischen Anspruch her denkbar primitive Musik. Sie suchen in der Rhythmik Zugänge zu anderen Realitätsebenen, die es sonst in der aufgeklärten westlichen Zivilisation nicht gibt. Bei ihren Versuchen mit diesen neuen Welten fehlt ihnen jegliche Führung. Ihre Situation ist die eines Urlaubers, der ohne Bergausrüstung, ohne Klettererfahrung und ohne Orientierungskenntnisse von einem Hubschrauber im weglosen Hochgebirge abgesetzt wird und im ersten Augenblick nur eines zur Kenntnis nimmt: Es ist wunderschön hier; es ist eine andere, eine zauberhafte Welt. Alle Naturvölker, alle frühen Hochkulturen gaben beziehungsweise geben ihren Kindern gezielt und intensiv Lebenshilfe im Umgang mit dieser nichtalltäglichen, inneren Wirklichkeit. Erst die westliche Zivilisation nach dem Zeitalter der Aufklärung lehnte das als irrational ab. Die Folge: Ihre Mitglieder brauchen Psychotherapeuten, Psychopharmaka, Selbsterfahrungsgruppen und eben auch Discotheken.

7 Kalebassen-Rasseln begleiten den Tiergeistertanz von Schamanen an der Elfenbeinküste. Stampfende Tänze unterstützen die trancefördernde Wirkung. Die Ausstattung der Tänzer mit Bastumhängen und Tanzmasken hilft bei der Loslösung des Geistes aus der alltäglichen Wirklichkeit.

8 Die »Lehm-Männer« der Asaro in Neu-Guinea lassen schon rein äußerlich erkennen, wohin ihre im Tanz gewonnene Trance sie führen soll: in die Jenseitswelt der Toten. In vielen Religionen ist der Glaube verbreitet, daß Gott den Menschen aus Lehm erschuf und daß der Mensch nach seinem Tod

Wer im Umgang mit Ton, Musik und Rhythmus erfahrener ist, gelangt viel weiter als bis auf die Ebene vordergründiger Euphorie und Ekstase des Disco-Besuchers. In sehr ausgeprägter Weise erlebte das in den späten sechziger Jahren der US-amerikanische Toningenieur Robert Monroe. Ein Jahrzehnt zuvor war er Programmgestalter und später Chef eines Rundfunksenders, des Mutual Broadcasting System in New York. Eines Nachts hatte er ein eigentümliches Erlebnis, vergleichbar dem von Nahtodeskandidaten, aber zunächst vollkommen diesseitsbezogen. Er stellte überrascht fest, daß er seinen Körper verließ. Er sah sich selbst schlafend im Bett liegen, obwohl der Raum dunkel war, schwebte hinauf zur Zimmerdecke und verließ dann sogar sein Haus auf Long Island. Nur wenige Autos fuhren durch die Straßen, und hin und wieder sah Monroe eine streunende Katze.

Diese merkwürdigen Reisen wiederholten sich. Zuerst hatte Monroe sie für besonders plastische Träume gehalten; dann erkannte er, daß er nicht träumte. Er konnte herausfin-

Im Traum die Realität erleben

den, daß das, was er im nächtlichen Long Island sah, während sein Körper im Bett lag, der Realität entsprach. So beobachtete er einen Polizeieinsatz, der zu dieser Zeit wirklich dort stattfand, wo er ihn auf seiner nächtlichen Reise bemerkt hatte. Erschrocken konsultierte Monroe einen ihm befreundeten Psychiater, Dr. Foster Bradshaw, der ihm lediglich empfahl, einmal irgendwo in der freien Natur ausgiebig Urlaub zu machen. Als der Seelenexperte ihm versicherte, er sei psychisch durchaus normal, begann Monroe, sein Heraustreten aus dem eigenen Körper systematisch zu untersuchen. Dabei stellte er fest, daß es immer dann eintrat, wenn er im Moment des Einschlafens in seinem Inneren ein bestimmtes Geräusch hörte. Bald lernte er, diese akustische Vorstellung willentlich auszulösen. Er konnte also gezielt »auf Reisen gehen«. Als nächstes beschäftigte sich Monroe analytisch mit der Art seiner »Reisen«. Dabei unterschied er zwischen solchen, während derer er sich im irdischen Raum-Zeit-Gefüge bewegte – Schamanen würden sagen, in denen er sich »in der mittleren Welt« aufhielt –, und solchen, die ihn in andere Welten führten. Er nannte den ersten Bereich »Lokalzone I«, den zweiten »Lokalzone II«.

Die Arbeit auf diesem ausgefallenen Forschungsgebiet beschäftigte Monroe so intensiv, daß er seine Position als Rundfunkdirektor aufgab und in Nelson County, Virginia, ein Labor zur »out-of-body«-Forschung einrichtete. Er wollte

wieder zu Staub und Asche wird. Die Asaro-Masken und die lehmgrauen Körper der Tänzer schlagen eine Brücke in die Sphären vor der Geburt und nach dem Tod und helfen damit den Weg zur »eigentlichen zeitlosen Realität« bahnen, von der das Erdendasein nichts weiter als ein kleiner Ausschnitt ist.

dem psychischen Phänomen mit technisch-wissenschaftlichen Mitteln systematisch auf den Grund gehen. Und er hatte Erfolg. In jahrelanger Arbeit entwickelte er eine Methode, auch anderen Menschen gezielt das Verlassen ihres Körpers zu ermöglichen. Der Versuchskandidat wird in einen lichtlosen und schalltoten Raum auf ein Wasserbett gelegt und damit von allen äußeren Reizen – bis auf jene der Gravitation und der elektromagnetischen Felder – abgekoppelt. Über Elektroden an Kopf und Händen der Testperson überwacht Monroe im Nebenraum ständig Gehirn- und Gefühlszustand. Zuerst spielt er den Kandidaten über Kopfhörer entspannende Geräusche ein, zum Beispiel von fließendem Wasser oder sanfter Meeresbrandung. Auf dem Monitor zeigt sich dann früher oder später, daß die Versuchsperson in den Dämmerzustand zwischen Wachen und Schlafen gelangt. Die Gehirnströme beweisen das. Sogenannte Alpha-Wellen signalisieren den einsetzenden leichten Schlaf. In diesem Moment schickt Monroe ein ganz bestimmtes Geräusch in die Kopfhörer, und zwar für das linke und das rechte Ohr etwas unterschiedliche Sinusschwingungen. Ihre Frequenz unterscheidet sich um vier Hertz. Ein ähnlicher Effekt ließe sich durch einen Trommelrhythmus von vier Schlägen pro Sekunde bewirken, doch würde dieser die Versuchsperson leicht wieder in den Wachzustand zurückrufen. Die beiden überlagerten Schwingungen nimmt der »Forschungsreisende«, wie Monroe seine Kandidaten nennt, als ein einziges beruhigendes Geräusch wahr. Dennoch spricht sein Gehirn auf die Vier-

9/10/11 Einschneidende Ereignisse im Familienleben begleiten schwarzafrikanische Stämme mit Ritualen, bei denen geheime Mächte angerufen werden. Für einige Stunden erfahren diese Wesen im Körper der Tänzer diesseitigen Ausdruck und lohnen das durch ihren Beistand.

Hertz-Frequenz an. Vier Hertz liegen genau im Bereich der sogenannten Delta-Wellen der Hirnströme, und diese sind für Tiefschlaf bezeichnend. Sobald der Kandidat im Halbschlaf dieses Tongemisch hört, geschieht etwas Merkwürdiges. Der Effekt tritt offenbar zu plötzlich und übergangslos ein, um Tiefschlaf auszulösen, aber er genügt, um die aktive Kontrolle durch das Wachbewußtsein in den Hintergrund zu drängen. Sich seiner Situation voll bewußt, bemerkt der Reisende, wie er seinen Körper verläßt. Das gelingt bei den meisten Versuchspersonen nicht auf Anhieb. Oft sind einige Übungssitzungen erforderlich. Auch die Zeit, die der jeweilige Kandidat in dem schalltoten Raum verbringt, bevor Monroe das Geräusch einspielen kann, ist unterschiedlich lang. Meistens liegt sie bei etwa einer halben Stunde.

Die Erlebnisse bei den Außerkörperreisen ähneln in vielfacher Hinsicht den Nahtoderfahrungen, von denen schon die Rede war. Genau das rief die Ärztin und Psychotherapeutin Elisabeth Kübler-Ross auf den Plan, die zahllose Nahtodesberichte kannte, selbst aber bisher keine einschlägigen Erfahrungen gesammelt hatte. Sie unterwarf sich

Letztes Haus des Friedens

einem Experiment in Robert Monroes Kabine. In überraschend kurzer Zeit — nur zehn Minuten sind nach dem Betreten des schalltoten Raums vergangen — »hebt« Elisabeth Kübler-Ross »ab«. Monroe ist verwirrt. So schnell gelingt das kaum einem erfahrenen Reisenden. Er ruft die Kandidatin zurück. Sie reagiert verärgert und besteht auf einem erneuten Versuch. Bei der zweiten Reise verschwindet sie für rund 20 Minuten »auf der erdabgewandten Seite des Mondes«, wie Monroe später kommentiert. Als sie wieder zurückkehrt, ist etwas Aufregendes geschehen. Seit Monaten fühlte sich die zierliche Wissenschaftlerin psychisch erschöpft und physisch krank. Sie war ständig auf Medikamente angewiesen und konnte nicht mehr länger als eine Stunde zusammenhängend arbeiten. Von der zwanzigminütigen Reise kommt sie völlig gesund und leistungsfähig zurück. Aber sie erinnert sich an nichts außer an zwei Wörter, deren Sinn sie nicht kennt: Shanti nilaya. Erst später erfährt sie, daß diese Wörter aus dem Sanskrit stammen und »letztes Haus des Friedens« bedeuten. So nennt sie dann ihr Psychotherapie-Zentrum für Sterbenskranke im Süden von Kalifornien.

Die Reise hat Nachwirkungen. Die folgende Nacht verbringt Elisabeth Kübler-Ross im Gästebungalow Monroes. Kurz vor dem Einschlafen verläßt sie erneut ihren Körper. Sie fühlt sich mit rasendem Tempo in die Dunkelheit hinaufkata-

pultiert. Und dann sieht sie alle Menschen wieder, denen sie bisher in der Sterbestunde beigestanden hat. Mehr noch: Sie ist jeder dieser Menschen. Sie erlebt den Todeskampf jedes und jeder einzelnen. Sie fühlt den Schmerz, den Eingeweidekrebs verursacht, sie durchleidet Starrkrämpfe, Wirbelsäulenbrüche und im fortgeschrittenen Stadium der Sklerose platzende Venen. Es sind Hunderte von Patienten, mit denen sie zugleich stirbt. Sie leidet und sie kämpft. Schließlich bricht jeder Widerstand in ihr, sie gibt sich auf. Genau in diesem Moment wandelt sich aller Schmerz in unbeschreibliche Freude und inneren Frieden. »Ich bin akzeptabel«, weiß sie und »ich bin Teil des Einen«. Später beschreibt sie ihr inneres Erleben, die Vereinigung mit einem weiß-goldenen, strahlenden Licht, als »zehntausendfachen Orgasmus«. Sie ist wie umgewandelt und fühlt sich körperlich, geistig und seelisch in Hochform. Von nun an macht sie wieder und wieder mystische Erfahrungen. Sie hört innere Stimmen, begegnet Lehrern und Informanten in anderen Realitätsebenen. Sie erfährt, daß das einzige, was der Mensch tun kann, um »der Welt zu helfen«, darin besteht, sich selbst von allem Negativen zu befreien, und daß die Agonie die letzte Chance darstellt, dieses Ziel zu erreichen. Sie gewinnt ein positivere Lebenseinstellung, und sie bricht mit der wissenschaftlichen Gemeinde, deren

... sich selbst von allem Negativen befreien

prominentes Mitglied sie bis dahin war. Ihre eigene wissenschaftliche Einstellung ändert sie deshalb nicht: »Ich bleibe völlig skeptisch gegenüber allem, was ich nicht selbst erlebt habe.«

Was für die Forscherin aus dem westlichen Kulturkreis eine überwältigende Erfahrung war und was selbst die Menschen in ihrer Umgebung sprachlos werden ließ, ist für viele Naturvölker seit Jahrtausenden nichts Neues. Elisabeth Kübler-Ross ist zur Schamanin geworden, nicht mehr und nicht weniger. Daß ihr dabei technische Mittel geholfen haben, in erster Linie die tonfrequenten Geräusche in Monroes Kabine, ist nichts Außergewöhnliches. Die klassische Schamanentrommel hat mit zwei bis vier Hertz einen Schlagrhythmus, der der Frequenzdifferenz zwischen den beiden Tonschwingungen in den Ohrhörern entspricht. In dieser Größenordnung liegen auch andere auf das Unbewußte einwirkende Tonereignisse. Der Beat-Rhythmus liegt bei 140 Schlägen pro Minute; das entspricht $2\,^1/_3$ Hertz. Die Marschmusik, die Regimenter stimulieren soll, nicht vernünftig, sondern emotionell zu handeln, hat den gleichen Takt. Der gesamte Bereich der Delta-Wellen des Gehirns,

12 Feuer besitzt – neben Trommeln, Rasseln und Klangschalen – große Suggestivkraft. Ihm wird in vielen Kulturen göttliche Macht zugesprochen.

13 Die Kultmasken Afrikas, Asiens (hier Indonesien) und Amerikas stellen Geister dar.

die nicht nur Tiefschlaf, sondern auch tiefe Trance signalisieren, umfaßt etwa ein bis fünf Hertz.

Der moderne Schamanismusforscher Professor Michael Harner weist darauf hin, daß bei Trommelsitzungen selbst schamanisch unerfahrene Teilnehmer schon nach zehn Minuten eine Trancetiefe erreichten wie Zen-Meister erst nach mehrstündiger konzentrierter Meditation. Nicht von ungefähr bezeichnen sibirische Schamanen ihre Trommel auch als Reittier, als Mähre oder Boot, das sie auf ihren Reisen trägt.

Der Ethnologe Vilmos Diószegi notierte den Gesang eines sibirischen Tuva-Schamanen:
»... Oh, wandlungsfähige Trommel dort vorn in der Ecke!
Sei mein Reittier, mein Hirsch und meine Hirschkuh.
Sei still, dröhnende Trommel,
Du fellbespannte Trommel,
Füge dich meinen Wünschen.
Wie jagende Wolken, trage mich
Durch die Lande der Dämmerung
Und unter dem bleiernen Himmel dahin,
Fliege wie der Wind
Über die Gipfel der Berge!«

In seiner Arbeit »A Physiological Explanation of Unusual Behaviour in Ceremonies Involving Drums« (»Eine physiologische Erklärung für ungewöhnliches Verhalten bei Trom-

Veränderungen im zentralen Nervensystem

melzeremonien«) berichtet der Neurologe Andrew Neher von Laborversuchen, die den Nachweis erbrachten, daß das Trommeln Veränderungen im zentralen Nervensystem hervorruft. Die rhythmische Erregung beeinflußt die elektrische Aktivität in »vielen Sinnes- und motorischen Zellen des Gehirns, die normalerweise nicht berührt werden, durch deren Vernetzung mit der erregten Sinneszone«. Neher führt das zum Teil auf die Tatsache zurück, daß der einzelne Trommelschlag viele verschiedene Tonfrequenzen enthält und entsprechende Impulse gleichzeitig entlang einer Reihe von Nervenbahnen im Gehirn überträgt. Zudem erlaubt die relativ niedrige Frequenz der Trommel die Übertragung größerer Schallenergien ins Gehirn als Tonträger höherer Frequenz, weil »die Rezeptoren niedriger Frequenz im Ohr gegen Schäden widerstandsfähiger als die empfindlichen hochfrequenten Rezeptoren sind und höheren Tonstärken widerstehen können, bevor Schmerz empfunden wird«. Andere Wissenschaftler, unter ihnen Wolfgang E. Jilek, fanden heraus, daß beim Trommelschlag in Einweihungsritualen der Salish-Indianer Frequenzen im Übergangsbereich

von Alpha- zu Delta-Gehirnwellen, also sogenannte Theta-Wellen von vier bis sieben Hertz, vorherrschen. Das ist der Frequenzbereich, so führt Jilek aus, der »als der wirksamste für die Hervorrufung von Trancezuständen betrachtet wird«.

»Die Trommel«, schreibt der Schamanismusexperte Mircea Eliade, »spielt bei den schamanischen Zeremonien eine hervorragende Rolle. Ihre Symbolik ist komplex, ihre magische Funktion vielfältig. Sie ist zur Abwicklung der Sitzung unentbehrlich, ob sie nun den Schamanen zum ›Zentrum der Welt‹ bringt, ob sie ihm ermöglicht, in die Lüfte zu fliegen, ob sie Geister ruft und ›gefangensetzt‹ oder ob sie dem Schamanen zur Konzentration verhilft und zur Kontaktaufnahme mit der spirituellen Welt, in die zu reisen er sich bereitet.«

Oft sind die Schamanentrommeln mit symbolischen Zeichnungen oder stilisierten Bildern bemalt. Dazu Eliade: »Die Bebilderung der Trommel ist beherrscht von der Symbolik der ekstatischen Reise, der Reise, die das Durchbrechen einer Ebene und in sofern ein ›Zentrum der Welt‹ in sich schließt. Das Trommeln zu Anfang der Sitzung, das die

Das Pferd der Schamanen

Geister rufen und in der Trommel des Schamanen ›einschließen‹ soll, bildet die Einleitung zu der ekstatischen Reise. Das ist der Grund dafür, daß die Trommel das ›Pferd des Schamanen‹ heißt (Jakuten, Buriäten), oder dort, wo die Haut von einem Rehbock genommen ist, ›das Reh des Schamanen‹ (Karagassen, Sojoten). Die Legenden der Jakuten erzählen ausführlich, wie der Schamane mit seiner Trommel durch die sieben Himmel fliegt. ›Ich reise mit einem wilden Rehbock!‹ singen die Schamanen bei den Karagassen und Sojoten, und der Stock, mit dem man die Trommel schlägt, bekommt bei den Altaiern den Namen ›Peitsche‹.« Auf den Zaubertrommeln der Lappen finden sich häufig Abbildungen verschiedener mythischer Personen, denen der Reisende in anderen Welten begegnet.

Zaubertrommeln sind heute bei den Naturvölkern in aller Welt verbreitet. Ihren Ursprung vermuten manche Ethnologen und Prähistoriker im südlichen Asien. In der dort heute noch gebräuchlichen Trommel der lamaistischen Rituale sehen sie so etwas wie eine Grundform der sibirischen, der Tschuktschentrommel und der Eskimotrommel. Von der letzteren wiederum scheinen sich die amerikanischen Indianertrommeln abzuleiten. Aber es gibt auch andere Rhythmusinstrumente als Vehikel schamanischer Reisen: Glocken, metallene Klangschalen (z. B. bei den Bon-Schamanen

Tibets), Klanghölzer, einsaitige Zupfinstrumente, Schwirrhölzer (in Ozeanien/Australien) oder etwa Didjeridous, alphornähnliche Holzblasinstrumente der australischen Ureinwohner. Eines haben sie alle gemeinsam: eine Grundfrequenz zwischen etwa zwei und fünf Hertz bei einem gleichzeitig hohen Anteil an Oberwellen.

Oft wird die akustische Wirkung der Rhythmusinstrumente noch durch monotone rhythmische Trancetänze unterstützt, und das keineswegs nur bei Naturvölkern. Auch mystische Sekten in den Kulturkreisen von Hochreligionen kennen derartige Trancetänze, die sie in Kontakt mit geistigen Welten führen. Man denke nur an die mystische Bruderschaft der tanzenden Derwische von Konja in der Türkei, einer islamischen Sufi-Sekte mit erheblicher Trance-Erfahrung.

Zweifellos zu den interessantesten Versuchen mit trommelinduzierten Trancezuständen gehören die Seminare des US-amerikanischen Ethnologieprofessors Michael Harner. Als junger Forscher führte ihn seine Feldarbeit 1956/57 zu den Jívaro-Indianern in den Wäldern der Ostabhänge der ecuadorianischen Anden. Damals war dieser Stamm noch für die Anfertigung von »Schrumpfköpfen« berüchtigt. Harner selbst sagt heute, daß er seinerzeit »nur äußerer Beobachter der Welt der Schamanen« war. 1960/61 besuchte Harner dann die Conibo-Indianer im Gebiet des Ucayali-Flusses im peruanischen Amazonasurwald. Niemand war dort zunächst bereit, mit dem Ethnologen über übernatürliche Dinge zu sprechen, bis man ihm schließlich bedeutete,

14 Zaubertrommeln kommen aus Asien. Unser Bild zeigt eine Standtrommel aus Keramik.

15/16 Wenn Rhythmusinstrumente und Kulttanz Menschen in Trance versetzen, erfaßt dieser Zustand den ganzen Körper. Arme und Hände führen ein Eigenleben wie vom Körper losgelöst.

wenn er wirklich lernen wolle, dann müsse er »den heiligen Schamanentrunk nehmen, hergestellt aus Ayahuasca, der ›Liane des Todes‹«. Harner willigte ein und erlebte unter dem Einfluß der halluzinogenen Droge beeindruckende Visionen: »Die zunächst schwachen Strahlen über meinem Kopf wurden leuchtender und verflochten sich immer mehr, bis sie einen Baldachin bildeten, der einem geometrischen Mosaik aus buntem Glas vergleichbar war. Die leuchtend violetten Farben bildeten ein sich immer weiter über mir ausdehnendes Dach. Innerhalb dieser himmlischen Höhle hörte ich das Rauschen von Wasser immer lauter werden, und ich konnte ganz schwach Gestalten erkennen, die sich schattenhaft bewegten. Als meine Augen sich an das Dunkel gewöhnt hatten, löste sich die bewegte Szene in etwas auf, was einem riesigen Amüsierbetrieb glich, einem übernatürlichen Karneval der Dämonen . . .« Harners Bericht ist lang. Als er von seiner Ayahuasca-Reise zurückkam, versicherte ihm sein Conibo-Helfer, er könne bestimmt ein Meisterschamane werden. »So begann mein ernsthaftes Studium des Schamanismus«, schreibt Harner.

Mit der Gründlichkeit des Wissenschaftlers wollte er sich aber nicht auf die mystische Erfahrungswelt eines einzigen Stammes beschränken. Er erforschte schamanische Praktiken und Rituale in anderen Indio-Gesellschaften, und er verglich seine eigenen Erfahrungen mit Berichten anderer Ethnologen von Naturvölkern in aller Welt. Im Gegensatz zu anderen Völkerkundlern gab sich Harner aber nicht mit der bloßen Dokumentation und den üblichen Interpretationsversuchen zufrieden. Er prägte den Begriff »Core Shamanism« (also etwa Kernschamanismus), und er faßte darin alle diejenigen Elemente zusammen, die bei den verschiedensten Stämmen immer wiederkehren und als eigentliche Trancetechniken, schamanische Aufgaben und Charakteristika schamanischer Reisen anzusehen sind. Stammesindividuelle Überlieferungen, Begleitrituale, Dogmen und Mythologien klammerte er dabei aus. Harner befreite den in Jahrtausenden etablierten Schamanismus vom jeweiligen regionalen Ballast und lokalen Aberglauben. Und er »rationalisierte« ihn sogar mit den technischen Mitteln des 20. Jahrhunderts. Statt der Schamanentrommel verwendet er in bestimmten Situationen kleine Kassettenrecorder (Walkmen) mit Trommelaufzeichnungen.

Und noch etwas unterscheidet Harners Arbeitsweise grundlegend von der anderer Ethnologen. Er beobachtet nicht nur, er praktiziert den Schamanismus selbst und . . . er lehrt ihn. Er lehrt ihn vom kulturellen Untergang bedrohten Stammesvölkern, aber er lehrt ihn auch westlich orientierten Menschen: Studenten der Naturwissenschaften, Ärzten, Psychotherapeuten, Ingenieuren, Hausfrauen, Büroangestellten, Seeleuten. Er begann seine Kurse nicht im Urwald und nicht in der Wüste, sondern ausgerechnet in der lärmenden Metropole New York. Harner verwendet dabei keine Drogen, keine jahrelange Meditation, keine Hypnotherapie und keine medialen Techniken. Er stützt sich auf das uralte schamanische Reisevehikel: die Trommel. Seine Erfolge sind überwältigend. Mehr als zwei Drittel seiner Workshop-Teilnehmer – es sind heute Zehntausende in den USA und vielen anderen Ländern Amerikas, Europas und Asiens – erleben fast auf Anhieb schamanische Reisen, nicht selten bereits bei der ersten Trommelsitzung. Von Harner ausgebildete Schamanismuslehrer arbeiten bereits für seine Schule.

Im Rahmen der Recherchen zum vorliegenden Buch habe ich selbst an solchen Seminaren teilgenommen, zugegebenermaßen zunächst mit der doppelten Skepsis des ausgebildeten Naturwissenschaftlers und des praktizierenden Wissenschaftspublizisten. Was die Schamanentrommel vermag, wenn man sich von ihr führen läßt, war für mich in der Tat äußerst beeindruckend und als technisch-mathematisch orientierten Menschen zunächst sehr verwirrend. Gewiß, einer der Nestoren der Tiefenpsychologie, C. G. Jung, hat mit seiner Lehre von den Archetypen den Forschungszweig der transpersonalen Psychologie eröffnet. Er hat Zugänge zu Sphären des Unbewußten geschaffen, die eindeutig über den Bereich der individuellen Erfahrungen hinausreichen. Aber er sah die Quellen für diese persönlichkeitsübergreifenden Erkenntnisse in den tieferen und tiefsten Schichten des Individuums selbst angelegt. Die Trommelseminare Harners und der von ihm ausgebildeten schamanischen »Counselors« (Berater) belehren ihre Besucher eines anderen: In rhythmusinduzierter Trance gelingt es den meisten Menschen, selbst naturfern lebenden Großstädtern, in kurzer Zeit Zugänge zu anderen Realitätsebenen zu finden, die zweifellos weit über die Sphäre des persönlichen Unbewußten hinausführen.

Ich will hier nur eines von zahllosen Beispielen anführen: Aufgrund der Erfahrung mit Harner-Seminaren veranstaltete ich im Bekanntenkreis selbst eine Trommelsitzung, verbunden mit einer Einführung in schamanisches Reisen. Drei Wochen später lag meine Frau in der Entbindungsstation des Frankfurter Universitätsklinikums, als eine Teilnehmerin meiner Wochenendsitzung sie anrief und ihr mitteilte, sie habe sie am Vorabend im Krankenzimmer auf einer schamanischen Reise »besucht«. Zum Beweis dafür beschrieb sie ihr haargenau einen alten verschlissenen Ledersessel, der neben ihrem Bett stand und der für die Raumausstattung einer modernen Klinik durchaus nicht üblich ist. Die »Reisende« ist weder zuvor schamanisch tätig gewesen noch besonders medial begabt. Beruflich ist sie als Pressereferentin in der Großindustrie tätig. Meinem bisherigen Weltbild gemäß hätte ich selbst diesen »Reisebericht« wohl gerne als zufällige Übereinstimmung der Wirklichkeit mit dem Inhalt eines Tagtraumes gedeutet, aber Dutzende ähnlicher Erfahrungen mit trommelinduzierten Trancereisen haben mich von der Realität dieser »anderen Wirklichkeitsebene« überzeugt.

Krafttiere,
Geistführer, Engel

Schutzengel und Schutzgeister sind sie den
einen, Krafttiere und jenseitige Lehrer sehen
andere in ihnen. Was hat es mit solchen Wesenheiten auf sich, die seit Menschengedenken im
Glauben aller Völker eine bedeutende Rolle spielen? Sind es nur Phantasiegebilde, sind es Allegoris-
men oder gibt es sie wirklich? Wie kann man mit
ihnen in Verbindung treten? Was läßt sich von solchen Verbündeten erwarten? Antwort auf diese
Fragen gibt vor allem die moderne Schamanismus-
forschung, die sich nicht länger mit ethnologischen Aufzeichnungen begnügt, sondern zu dem
gemeinsamen Kern der zahlreichen Überlieferungen vorgestoßen ist und von diesem ausgehend
eigene praktische Experimente unternimmt.

1/2 Kultmasken haben
sehr unterschiedliche
Bedeutung. Oft repräsen-
tieren sie geistige

Führer, die ihren Träger
beraten, noch öfter stellen
sie menschlich-tierische
Mischwesen dar.

3 Das Einhorn stand
Europäern mit makelloser
Lebensweise zur Seite.

Sind sie nicht alle nur dienende Geister, ausgesandt, um denen zu helfen, die das Heil erben sollen?« Diese Frage stellt Paulus, Apostel Jesu, in seinem Brief an die Hebräer. Was sind diese Engel? Weiter oben in demselben Brief erklärt Paulus: »Und von den Engeln sagt Er (Gott): Er macht seine Engel zu Winden und seine Diener zu Feuerflammen.« Offenbar handelt es sich um äußerst ätherische Wesen, nicht von dieser Welt und doch dazu bestimmt, Menschen zu helfen, die das Heil erben sollen. Es muß also eine Kommunikation mit diesen Engeln möglich sein. Im Alten Testament erscheint einmal ein Engel körperlich in Gestalt eines Hahnes. Guten Kontakt mit Engeln haben Kinder, mit ihren ureigenen Schutzengeln. »Hütet euch davor, einen von diesen Kleinen zu verletzen«, sagt Jesus im Matthäus-Evangelium, »denn ich sage euch: Ihre Engel im Himmel sehen stets das Angesicht meines himmlischen Vaters.«

Aber auch Erwachsene haben solche Schutzengel. Die Apostelgeschichte berichtet von der wunderbaren Befreiung des Petrus aus der Verhaftung des Königs Herodes: »In der Nacht, ehe Herodes ihn vorführen lassen wollte, schlief Petrus, mit zwei Ketten gefesselt, zwischen zwei Soldaten. Vor der Tür aber bewachten Posten den Kerker. Plötzlich trat ein Engel des Herrn ein, und ein helles Licht strahlte in dem Raum. Er stieß Petrus in die Seite, weckte ihn und sagte: Schnell, steh auf! Da fielen die Ketten von seinen Händen. Der Engel aber sagte zu ihm: Gürte dich und ziehe deine Sandalen an! Er tat es. Und der Engel sagte zu ihm: Wirf

4 Im Hinduismus können »Krafttiere« sogar den Rang von Göttern oder Halbgöttern einnehmen.

5 Hochgradig stilisiert sind diese Schutzgeister repräsentierende Tanzmasken der Bobo in Obervolta.

6 Der grimmige Ausdruck vieler Tiermasken bedeutet keine Gefahr. Er zeigt die Macht des Hilfsgeistes.

7 Die meisten im
Schamanismus bekannten
Krafttiere oder Hilfsgeister
sind Säugetiere oder

Vögel. Viel seltener
kommen auch Fische,
Amphibien oder Reptilien
vor. Sind sie gutartig, dann

zeigen diese Tiere dem
Schamanen aber nie die
Zähne. Der hier
wiedergegebene

deinen Mantel um und folge mir! Dann ging er hinaus und Petrus folgte ihm, ohne zu wissen, daß es Wirklichkeit war, was durch den Engel geschah; es kam ihm vor, als habe er eine Vision. Sie gingen an der ersten und an der zweiten Wache vorbei und kamen an das eiserne Tor, das in die Stadt führte; es öffnete sich ihnen von selbst. Sie traten hinaus und gingen eine Gasse weit; und auf einmal verließ ihn der Engel. Da kam Petrus zu sich und sagte: Nun weiß ich wahrhaftig, daß der Herr seinen Engel gesandt und mich der Hand des Herodes entrissen hat . . .«

Zwar läßt sich die christliche Verehrung der Schutzengel erst seit dem 9. Jahrhundert nachweisen, und seit dem 15. Jahrhundert ist ihnen – zuerst in Spanien – ein eigenes Fest gewidmet, doch ist der Glaube an sie wesentlich älter, älter selbst als das Neue Testament. Im Alten Testament ist ebenso von Engeln die Rede, die in das menschliche Leben

Engel und Schutzengel

eingreifen, wie in den außerkanonischen jüdischen Schriften und im frühen persischen Schrifttum, etwa im Farsismus. Nicht nur als Schutzengel treten sie in Erscheinung. Ihre historisch älteste nachweisbare Funktion ist die von Boten, etwa im Ersten Buch Mose oder in den Psalmen. Darüber hinaus treten sie als Seelenbegleiter während des Endgerichts auf.

Neben dem Juden- und Christentum kennt auch die jüngste der drei großen monotheistischen Weltreligionen Engel: der Islam. Er stellt sie in einen etwas weiteren Rahmen zusammen mit anderen Wesen nichtalltäglicher Realitätsebenen, den Dschinn. Volkstümlich versteht man unter Dschinn im arabischen Kulturkreis generell soviel wie Geistwesen, und deshalb deckt dieser Begriff auch eine Unzahl von Märchenfiguren mit ab, etwa Gnome, Wüstenkobolde oder auch Dämonen und böse Geister. Im strengen Sinne des Korans sind es – wie in der Bibel – aus Licht und Feuer geschaffene Bewohner einer »anderen Welt«. Gott selbst wird oft als »Herr aller Welten« bezeichnet, also sowohl als Schöpfer und Erhalter der alltäglichen irdischen Welt wie jener der Engel und anderer für den Menschen üblicherweise unsichtbarer Wesen. Das Wort Dschinn leitet sich von der sprachlichen Wurzel »janna« ab, und das heißt »verborgen«, »mit Dunkelheit bedeckt«. Die Welt dieser Wesen bezeichnet der Koran als »al-ghayb«, das »Reich jenseits der Grenzen menschlicher Wahrnehmung«. Dennoch ist es unter außergewöhnlichen Umständen den Menschen möglich, mit diesen Wesen in Kontakt zu gelangen. Nun könnte man glauben, wenn die alten heiligen Bücher

Schlangentanz der Moki-Indianer ist also eher die Ausnahme als die Regel. Er läßt die Tänzer in Trance mit dem Schlangengeist kommunizieren. Dieser mächtige Geist ist kein persönliches Krafttier eines einzigen Schamanen, sondern ein Stammesbeschützer.

8 Oft werden Krafttiere
der tiergestaltigen
Gottheiten wie dieser
südindische Hanuman mit
mehreren Augenpaaren
oder sogar mehreren
Köpfen und mit mehreren
Armpaaren dargestellt.
Das soll ihre
übermenschlichen
Fähigkeiten symbolisieren.

von Engeln und anderen »übernatürlichen« Wesen sprechen, dann habe das legendären, mythologischen Charakter. Wie aber passen Aussagen über Kontakte mit Engeln und anderen Geistwesen aus neuester Zeit in dieses Bild? Elisabeth Kübler-Ross betonte, sie habe mit ihren »geistigen Lehrern« kommuniziert, und der bedeutende Philosoph Emanuel Swedenborg führt aus: »Ich bin mir bewußt, daß viele sagen werden, niemand kann irgendwie mit Geistern und Engeln sprechen, solange er im Körper lebt; und viele werden sagen, es sei alles Phantasie, andere, daß ich diese Dinge erzähle, um Anerkennung zu finden, und wieder andere werden weitere Einwände vorbringen. Aber von all dem lasse ich mich nicht abschrecken, denn ich habe gesehen, ich habe gehört, ich habe gefühlt.«

Sind es einzelne Auserwählte, die mit Geistwesen in Kontakt treten können? »Nein, Geister zu sehen, das ist relativ einfach«, betont der Huichol-Schamane Pedro de Haro aus den Bergwäldern Südmexikos, »man muß bloß eine reine Seele haben.« Vielleicht hat die Aufklärung mit

Man muß . . . eine reine Seele haben

ihrer Überschätzung der Fähigkeit des menschlichen Verstandes diese reine Seele verdorben und an ihre Stelle nüchternes Kalkül, Profitdenken, Machthunger und Egoismus gesetzt. Kinder, die diese reine Seele bewahrt haben, kennen ihre Schutzengel, ihre Schutzgeister. Oft sprechen sie von »Spielgefährten«. Eileen Garrett, Parapsychologin und selbst wissenschaftlich gründlich durchleuchtetes Medium, schreibt in »Adventures of the Supernormal« (»Abenteuer des Übernatürlichen«): »Obwohl ich als Kind selten allein war, hatte ich meine geheimen Kameraden. Zwei Mädchen und einen Jungen. Der Junge und ein Mädchen waren jünger als ich, das andere Mädchen war etwas älter. Ich nannte sie ›die Kinder‹. Sie kamen zu mir. Ich mußte sie nicht an einem bestimmten Ort treffen oder etwas verabreden, um sie zu sehen, um mit ihnen zusammen zu sein oder mit ihnen frei sprechen zu können. Die ersten Male sah ich sie mit etwa vier Jahren. Ich stand gerade in der Haustür, und sie waren im Garten. Ich starrte sie an. Ich weiß nicht, wie lange wir uns so gegenseitig gemustert haben – so wie Kinder es eben tun –, aber nichts Bestimmtes ereignete sich zwischen uns bei dieser ersten Begegnung . . . ›Die Kinder‹ erschienen immer wieder, und ich gewöhnte mich an sie. Wir unterhielten uns problemlos, aber ohne Worte. Manchmal blieben sie stundenlang bei mir, manchmal nur für kurze Zeit. Ich bemerkte dann plötzlich ihre Gegenwart, und ebenso plötzlich waren sie wieder

verschwunden. Alles, was mich umgab, was mich interessierte, unterlag dem Wandel – die Tiere wuchsen auf und wurden alt, die Blumen starben, der Garten verwelkte – aber ›die Kinder‹ veränderten sich nicht . . .«

Gefährten wie diese »Kinder« stellen sich oft auch bei Erwachsenen ein, wenn sie sich in außergewöhnlichen Streß-, Übermüdungs- oder Gefahrensituationen befinden. So weiß man von Charles Lindbergh, daß ihn 1927 auf seinem legendären ersten Alleinflug über den Atlantik mehrere derartige Gefährten im Cockpit besuchten, ihn vom Einschlafen abhielten und ihm mit Rat und Tat zur Seite standen.

Der prominente Extrembergsteiger Reinhold Messner kennt ebenfalls Begleiter aus der anderen Welt: »Bei meinem Alleingang am Nanga Parbat 1978 hatte ich ab Wandmitte unsichtbare Begleiter. Ich unterhielt mich in vier Sprachen mit ihnen, obwohl ich nur drei spreche. In meinem Tagebuch habe ich notiert: › . . . in diesem ausgebrannten Sein, in diesen Leiden werden Gedanken, die ich noch nicht ganz gedacht habe, plötzlich ausgelöscht. Vielleicht ist meine grenzlos einsame Position nur deshalb noch erträglich. Es ist mir plötzlich, als ob jemand neben mir säße. Ich kann ihn nicht sehen, aber aus den Augenwinkeln glaube

Viersprachiger unsichtbarer Begleiter

ich zu ahnen, daß es ein Mädchen ist. Es ist höchste Zeit, daß ich das Zelt aufbaue. Wir gehen sonst ein bei dieser Hitze. Sie sieht mir zu, wie ich den Schnee niedertrete, und ich denke, es wird ihr zu heiß sein um aufzustehen. Obwohl ich weiterhin alles allein machen muß, ist es doch schön, daß sie da ist . . . Nur um mich herum beachte ich zwischendurch Kinder, Männer und Frauen, ohne diese zu erkennen und von diesen im Speziellen etwas zu wollen. Sie sind nur da, wechselnd. Und ich unterhalte mich mit ihnen.‹«

In vielen Fällen sind die unsichtbaren – und mitunter auch sichtbaren – Gefährten aus einer anderen Realitätsebene nicht einfach »nur da«. Sie helfen dem Menschen. Nicht immer erscheinen sie in menschlicher Gestalt, als Engel oder als »Lichtwesen«. Wie der alttestamentarische »Engel«, der als Hahn in Erscheinung trat, haben diese Geistwesen sehr oft Tiergestalt. Mich selbst hat einmal während einer einsamen, nassen, eisig kalten Biwaknacht im norwegischen Hochgebirge wenig unterhalb des großen Inlandeisfeldes Jostedalsbreen die ganze Nacht lang ein Wildeselchen warmgehalten. Es kuschelte sich an mich und ließ mich die Kälte und den durchnäßten Schlafsack vergessen. Das spezielle Bild des Schutzengels stammt aus mosaischen

Quellen und wurde von dort auch in die anderen monotheistischen Hochreligionen des Mittleren Ostens aufgenommen. Das Wort Engel stammt vom griechischen ángelos und bedeutet im Grunde nichts anderes als »Bote«. Die allgemeine Vorstellung von einer geflügelten, menschenähnlichen Gestalt bildete sich erst im Laufe der traditionellen religiösen Überlieferung heraus. Auch andere Kulturkreise kennen und kannten solche Boten- und Schutzgeister. In ihren Erfahrungsberichten unterscheiden sich zwei große Kategorien, die bisweilen ineinander übergehen können: Kraft und Hilfe gebende Wesen einerseits und Beratung und Lehre vermittelnde Gestalten andererseits. Die ersteren haben oft das Aussehen von Tieren, auch von gemischten Tier-Mensch-Wesen oder von reinen Fabelgestalten, etwa Drachen. Die »Lehrer« dagegen sind meist menschenähnlich, manchmal aber auch »abstrakte« Erscheinungen: Lichtgestalten, Licht- oder Feuersäulen, Energiewirbel und so weiter.

Zahlreiche tierische Schutzgeister, traditionell in den Rang von Göttern erhoben, kennt zum Beispiel der Hinduismus. Wohl die berühmteste mythologische Tiergestalt dieser Religion ist der Affengott Hanuman, ein trickreicher und heilkundiger Helfer und sogar Kampfgefährte, dessen legendäre Geschichte das berühmte Ramayana erzählt.

Im alten Ägypten fehlte es ebenfalls nicht an Wesen aus anderen Welten. Sie standen in großen Ehren, ihnen wurden eigene Tempel errichtet, und sie besaßen eigene Priester. Historiker und Archäologen sagen, sie hatten den Rang

9 Furchteinflößend oder böse wirken diese ozeanischen Schutzgeister nur auf Europäer.

10/11 Viele Tiermasken zeigen Hörnerträger wie Gazellen, Antilopen, Büffel oder andere Wildrinder.

Meist verkörpern sie Kraft und Ausdauer sowie sexuelle Potenz.

von Göttern. Doch mag das irreführen. Die Vokabel Gott hatte nicht immer und überall die gleiche Bedeutung wie heute. Und es ist fraglich, ob manche als polytheistisch betrachtete Kulturen nicht im Grunde eher monotheistischen Charakter besaßen, daß ihre Anhänger neben einer obersten Schöpfergottheit aber zahlreiche Hilfsgeister verehrten, die von späteren Generationen als Götter interpretiert wurden. Es ist durchaus denkbar, daß ein Archäologe des fünften nachchristlichen Jahrtausends im Katholizismus angesichts der zahlreichen Heiligenbilder und der Heiligen geweihten Seitenaltäre in den Kirchen eine polytheistische Religion vermuten würde. Ganz ähnlich kennen die meisten indianischen Religionen nur einen höchsten Gott beziehungsweise ein höchstes Mysterium, den großen Geist »Manitu« zum Beispiel, verehren aber zugleich zahlreiche personifizierte Naturkräfte.

Eine der bedeutendsten Tier-Mensch-Figuren des alten Ägyptens war Anubis, dargestellt als Mensch mit Schakalkopf. Zu seinen wichtigsten Aufgaben gehörte es, die Seelen Verstorbener ins Jenseits zu geleiten und über die Toten-

---

Die Seelen ins Jenseits begleiten

---

ruhe der einbalsamierten Mumien zu wachen. Diese Rolle als sogenannter Psychopompos, als Seelenbegleiter, erinnert lebhaft an die Funktion der christlichen Engel beim Jüngsten Gericht, aber auch an die Gestalten, die als Führer in zahlreichen Nahtodeserlebnissen beschrieben werden.

Die Tatsache, daß Hilfsgeister wie Anubis für ein ganzes Volk »zuständig« sind und nicht für einzelne Menschen wie die Schutzengel, liegt in der streng hierarchischen Gesellschaftsstruktur begründet. Die persönlich erfahrenen Hilfsgeister der Herrscher oder auch der Oberpriester wurden hier ganz offensichtlich generalisiert. Mit der einsetzenden Demokratisierung änderte sich das. So kannte man im alten Rom Hausgeister, die Laren, die die einzelnen Familien schützten. Bei Naturvölkern, die keine andere Hierarchie als den Stammesverband kennen, und bei »Individualisten« jeglicher Prägung – vom Kind bis zum Extrembergsteiger – gibt es keine generalisierten Hilfsgeister. Solche Menschen schöpfen weniger aus Überlieferungen, religiösen Dogmen oder gar klerikalen Vorschriften, sie schöpfen aus den Quellen selbst. Sie haben eigene, persönliche Zugänge zu den Wesen anderer Realitätsebenen. Natürlich gibt es in der Intensität solcher Kontakte große Unterschiede. Bedeutende Schamanen, »Zauberer«, Medizinmänner und so weiter haben Kontakte mit zahlreichen Hilfsgeistern, spirituell weniger begabte Menschen stehen lediglich mit einem oder

zweien in Verbindung, oder sie haben zwar einen Schutzgeist, sind aber nicht in der Lage, diesen in irgendeiner Weise wahrzunehmen. So sind zum Beispiel die südamerikanischen Jívaro-Indianer der Auffassung, daß ein Kind ohne die Hilfe mindestens eines persönlichen Schutzgeistes nicht einmal das Alter von sechs bis acht Jahren erreichen könnte. Das Leben birgt für die Kleinen zu viele Gefahren, denen sie ohne ihren Schutzgeist, ganz allein auf sich und die Fürsorge ihrer Eltern gestellt, nicht gewachsen wären.

Sprechen die monotheistischen Religionen von Engeln, so sind die Bezeichnungen für die Hilfs- und Schutzgeister weltweit sehr vielfältig. Hier heißen sie »Verbündete«, dort »Geist-Arzt« (doctor spirit), »Seele«, »Vertrauter«, »Hilfsgeist«, »Schutzgeist«, Krafttier«, »Totem«, »Tutelary«, »Nagual«, »Tierhelfer«, »Traumhelfer« und so weiter. Wenn im folgenden nur von »Krafttieren« und »spirituellen Lehrern« oder kurz »Lehrern« die Rede ist, dann geschieht das der Vereinfachung wegen. Zugleich lassen sich mit den Begriffen »Krafttier« und »Lehrer« gut die fast weltweit bekannten beiden Hauptkategorien der »Verbündeten« auseinanderhalten: die Spender von Kraft, Vitalität, Ausdauer, Gesundheit, die zugleich Orientierungshelfer in anderen Welten sind, von den Beratern und Vermittlern von Weisheit, Lebensklugheit und menschlicher Reife.

Krafttiere, Lehrer und Verbündete

Einem Krafttier unvermittelt und unvorbereitet zu begegnen, kann dem in spirituellen Dingen unerfahrenen Mitglied der westlichen Zivilisation Angst und Schrecken einflößen. Weithin bekannt sind die Beschreibungen von Carlos Castaneda in seinen Don-Juan-Berichten von seinen ersten Zusammentreffen mit »Verbündeten«. Die deutsche Autorin des Buches »Bei Schamanen«, Prem Lélia de Haan, die mit ihrem vierjährigen Töchterchen Lena in das mexikanische Hochland zu den Huichol-Indianern zog und dort in den Schamanismus eingeweiht wurde, beschreibt ihre erste Begegnung mit einem Krafttier so: »Ich schaute zu Lena und erschrak fast zu Tode. Neben ihr stand ein riesiges, vogelartig gefiedertes Vieh (eine etwas drastische Charakterisierung für einen Engel?) . . . Meine erste Überlegung war, daß diese Vision eine Folge von Hunger, Übermüdung und des Theaters um die Tasche war. Aber irgend etwas zwang mich, bewußter hinzusehen. Das war doch gar nicht möglich. Ich kniff die Augen ein paar Mal zusammen. Die Erscheinung blieb, und sie war keine Halluzination. Sie war so wirklich wie jeder andere in diesem Raum. Der messerscharfe, zornige, vogelwilde Blick, mit dem das Wesen mich durchbohrte, jagte mir entsetzliche Furcht ein. Ich sah die Struktur jeder einzelnen Feder, jedes kleinste Detail. Nur sah ich die anderen plötzlich nicht mehr, war auch ohne Gefühl für meinen Körper. Ich schloß die Augen. Träumte ich? Nein. Ich wußte, daß meine Augen jetzt geschlossen waren. Die Gestalt war noch immer da. Nur war sie jetzt wie eine Erinnerung, die ich betrachtete, ein Bild, bei dessen Anblick mir plötzlich die Vorstellung kam, daß ich dieses Wesen gar nicht neben Lena, sondern in ihr gesehen hatte. Panik überkam mich. Mit unglaublicher Anstrengung riß ich die Lider wieder auseinander.«

Was den unvorbereiteten Neuling in panischen Schrecken versetzt, damit haben die Priester alter Hochkulturen, damit haben aber auch die Schamanen der Naturvölker umzugehen gelernt. Sie rufen die Krafttiere bewußt herbei und bedienen sich ihrer. Dabei gibt es verschiedene Wege,

ein oder mehrere Krafttiere zu erlangen. Generell ist die Auffassung verbreitet, daß Krafttiere gern mit den Menschen zusammenarbeiten. Aber diese Arbeit beruht auf Gegenseitigkeit. Der Hilfsgeist verleiht dem Menschen innere Kraft und Stabilität und leitet ihn sicher durch Krankheiten und Gefahren. Dafür profitiert er von der Körperlichkeit des Menschen, der in der Lage ist, ihm auf der Ebene der alltäglichen Realität Ausdruck zu verleihen. Im allgemeinen geschieht das dadurch, daß sich das Krafttier an Tanz, rhythmischer Bewegung und sportlichen Aktivitäten seiner menschlichen Bezugspersonen erfreut. Die Schamanen unterstützen das dadurch, daß sie ausdrücklich ihre Krafttiere tanzen, also versuchen, deren Bewegungsrepertoire nachzuahmen. Vielfach fühlen die Schamanen dabei eine regelrechte innere Verwandlung: Sie werden eins mit ihrem Krafttier. Das Tier selbst tanzt dann im Körper des Schama-

12

12 Tier-Mensch-Wesen, die schon zu Lebzeiten der Seele des Menschen zur Seite stehen, geleiten sie nach Auffassung zahlreicher Kulturen auch nach dem Tode ins Jenseits wie Anubis, der schakalköpfige Totengott. Hier hilft er einem Verstorbenen im Mumiensarg beim Ritual

nen. Ethnologen und auch Kirchenmänner haben diesen Zustand gelegentlich mit »Besessenheit« verwechselt. Doch das trifft nicht zu. Der Mensch behält in jedem Augenblick die völlige Kontrolle. Das Verhältnis ist eher ein umgekehrtes: Der Schamane besitzt das Krafttier, das sich ihm als williger Hilfsgeist zur Verfügung stellt.

Üblicherweise verfügt nach Auffassung der Schamanen jeder Mensch von Geburt an über mindestens ein Krafttier, also über einen Schutzengel. Aber wenn er diesen Hilfsgeist nicht bewußt oder unbewußt pflegt, dann verläßt er ihn. Die Folgen sind mangelnder innerer Antrieb, Gefühlsleere, mangelnde Widerstandskraft gegen Krankheitserreger, Resignation und Depressionen. In solchen Fällen gilt es, ein neues Krafttier zu erwerben. Der einfachste Weg dazu ist, einen Schamanen zu bitten, diese Arbeit zu übernehmen. Er begibt sich auf eine »Reise« in die sogenannte untere Welt und sucht nach einem Hilfsgeist, der bereit ist, für die betreffende Person aktiv zu werden. Der Schamane erkennt dieses Krafttier unter den zahlreichen anderen Bewohnern der unteren Welt daran, daß es sich ihm viermal zeigt; jedesmal aus einer anderen Perspektive. Beim vierten Mal fragt er es, ob es das gesuchte Krafttier für seinen Klienten

Suche nach dem Verbündeten

ist, eine Frage, die verbal oder durch eine sonstige deutliche Reaktion fast immer positiv beantwortet wird. Der Schamane nimmt das Krafttier mit. Aus der Trance in die alltägliche Realität zurückgekehrt, bläst er es symbolisch seinem Klienten in der Brustbeingegend in den Körper. Überschüssige Kraft bläst er ihm anschließend von oben in den Kopf, etwa dort, wo sich beim Säugling die Fontanelle befindet.

Das ganze Ritual mag westlich orientierten Menschen reichlich exotisch vorkommen, seine Wirkung verfehlt es in den meisten Fällen dennoch nicht. Schamanismusforscher Michael Harner und seine Schüler erprobten es an Zigtausenden von US-Amerikanern und Europäern. Die meisten verspürten deutlich und sehr nachhaltig die auf sie übergegangene Kraft. Nun ließe sich ein derartiger Effekt mühelos durch Suggestion oder Autosuggestion erklären. Der Glaube versetzt bekanntlich Berge. Es fehlt aber nicht an äußerst merkwürdigen Begebenheiten, die diese Suche nach Krafttieren begleiten. Ich will dazu einen Fall aus eigener Erfahrung schildern. Ich veranlaßte eine Gruppe von acht Schamanismusschülern, auf Reisen in die untere Welt paarweise füreinander je ein Krafttier zu suchen. Den meisten, wenn auch nicht allen Beteiligten, gelang das. Ein junger Mann, der mit schamanischen Reisen zur Trommel der »Mundöffnung« im Jenseits zu sprechen.

an sich keinerlei Schwierigkeiten hat, berichtete nach den Versuchen etwas verwirrt, daß er zwar eine ganze Reihe von Tieren sah, aber kein einziges Tier viermal. Dafür erschienen ihm zwei Tiere – ein Hirsch und ein Delphin – je dreimal, und jedesmal hatte er den Eindruck, das betreffende Tier müsse das für seine Partnerin gesuchte Krafttier sein. Aber ein viertes Mal zeigte sich keines der beiden. Auf seinen »Reisebericht« hin stellte die junge Dame, für die er auf Suche gegangen war, amüsiert fest, es sei kein Wunder, daß die beiden Tiere ihm nicht ein viertes Mal erschienen seien und ihn infolgedessen auch nicht begleiten wollten. »Wenigstens«, so sagte sie, »haben sie sich ja vorgestellt.« Sie selbst kannte die beiden seit langem als ihre persönlichen Hilfsgeister. Sie brauchten also gar nicht erneut für sie gefunden zu werden.

Über einen sehr ähnlichen Fall berichtet Professor Harner: »Partner A hatte eine einleitende Forschungsreise unternommen, auf welcher er ein altes Bauernhaus und eine Bergziege auf einem Hügel in der Nähe entdeckt hatte. Er hatte niemandem davon erzählt. Als dann Partnerin B (ohne von A's Erfahrung zu wissen) die Reise machte, um ein Krafttier für ihn zu holen, fand sie ein Bauernhaus und eine Bergziege daneben auf einem Abhang. Sie brachte sie für ihn mit. Diese Art von Synchronizität bedeutet, vom schamanischen Standpunkt aus betrachtet, daß es keinen Zweifel über sein Krafttier und dessen Bereitschaft geben kann, zu

Das ganz persönliche Krafttier

ihm zurückgebracht zu werden.« Der Partner A wird von Harner wörtlich zitiert: »Ich hatte ihr nicht erzählt, daß ich die Ziege gesehen hatte. Immer wenn so etwas passiert, fragt mein Verstand: Ist das wirklich eine Erfahrung von außerhalb, oder hat unser Unterbewußtes sie erzeugt? Aber in Wirklichkeit ist das eine illusorische Frage.«

Ein anderer Fall war noch eigentümlicher. Von zwei Damen, die in meinem Gästezimmer übernachteten, rief eine nachts ihr Krafttier zu sich. Die andere wußte davon nichts, beschwerte sich aber am nächsten Morgen beim Frühstück, sie hätte sehr unruhig geschlafen, weil sie den Eindruck hatte, ein zotteliges Pelztier sei nachts durch ihr Bett in das ihrer Schlafnachbarin gekrochen und habe sie an den Füßen berührt. Ihre Beschreibung dieses »Viehs« entsprach genau dem herbeigerufenen Krafttier.

Daß dritte Personen das Krafttier eines Menschen sehen, hören oder fühlen können, gilt bei den Naturvölkern als nicht außergewöhnlich. Bei den Reinigungsritualen in den Schwitzhütten oder Schwitzzelten nordamerikanischer

Indianer ruft der die Zeremonie leitende Schamane sein eigenes Krafttier. Nicht selten ist das ein großer Vogel. Fast immer berichten die Anwesenden, sie hätten das Rauschen der Schwingen gehört, den Luftzug gespürt oder sie wären von den Flügeln gestreift worden. Das gilt nicht nur für Stammesangehörige, sondern auch für westliche Besucher solcher Rituale. Manche von ihnen sind auch in der Lage, diese Krafttiere zu sehen.

Wer gelernt hat, schamanische Reisen zu unternehmen – und das ist für die meisten Menschen keinesfalls schwierig –, kann auch für sich selbst auf Suche nach einem Krafttier gehen. Eines, manchmal auch zwei, wird er relativ einfach finden. Sehr selten gelingt es, mehr als zwei Krafttiere zu gewinnen. Das bleibt im allgemeinen besonders starken Schamanen vorbehalten und dauert oft jahrelang. Allerdings können sich zu den persönlichen Krafttieren im Laufe der Zeit noch zahllose untergeordnete Hilfsgeister gesellen, die nicht als ständige Schutzgeister, sondern nur von Fall zu Fall als Helfer fungieren.

Ein einmal gewonnenes Krafttier gilt es zu pflegen. Im allgemeinen geschieht das dadurch, daß sein Besitzer es regelmäßig – etwa einmal in der Woche – tanzt. Auch andere rhythmische Körperbewegungen eignen sich dafür, zum Beispiel Waldläufe. In den USA und zunehmend auch in Europa gibt es heute Tausende von Menschen, die tagsüber als Physiker im Universitätsinstitut, als Bankangestellte am Schalter oder als Sekretärin arbeiten, während sie in ihrer Freizeit zusammen mit ihrem imaginären Puma, Bären

13 Der falkenköpfige Chentechtai zählt zu den altägyptischen Jenseitswesen.

14 Diese Eskimoplastik »Bärenfrau« verkörpert die Frau und ihr Krafttier.

15 Mythische Tänzerin mit drei Schlangen, die einer nichtalltäglichen Realitätsebene entstammen.

oder Wolf durch die Wälder joggen. Wer das für übertrieben hält, gehe an einem sonnigen Wochenende in den der österreichischen Hauptstadt nahen Wienerwald. Dem aufmerksamen Beobachter wird die eigenwillige Gangart mancher Waldläufer nicht entgehen. In Wien nämlich unterhält der von Harner ausgebildete Paul Uccusic ein Schulungszentrum für Schamanen. Bei diesen sportlichen Betätigungen kann das Krafttier gefühlsmäßig neben dem Schamanen herlaufen, es kann aber auch gleichsam in ihm selbst laufen. Ein skandinavischer Schamane erzählte mir, daß sein Wolf beim Joggen in ihn schlüpfe, während sein Falke über seinem Kopf mitflöge.

Daß der familiäre Umgang mit Krafttieren weit mehr als bloße Phantasie ist, geht schon daraus hervor, daß er bei fast allen Stammesvölkern der Welt in ähnlicher Form verbreitet ist und – soweit es sich zurückverfolgen läßt – auch immer war. In der germanischen Mythologie zum Beispiel zeigt die Gestalt des großen Zauberers Odin zahllose ausgeprägt schamanische Züge. Neun Tage und Nächte hängte sich Odin selbst an einem Baum auf, um Weisheit zu erlangen; eine Praxis, die sich in ähnlicher Form noch heute bei manchen sibirischen Stämmen findet. Odins Krafttier ist das mythische Pferd Sleipnir. Es hat acht Beine und trägt seinen Herrn und auch andere Götterfiguren durch die Unterwelt. Der exzellente Schamanismuskenner Eliade bemerkt dazu: »Nun ist das achtbeinige Pferd das Schamanenpferd par excellence; man findet es in Sibirien und auch sonst (zum Beispiel bei den Muria), und zwar immer in Beziehung zum ecstatischen Erlebnis (das ›ekstatische Erlebnis‹ ist Eliades Bezeichnung für den schamanischen Bewußtseinszustand oder die schamanische Reise).«

Der Edda-Erzähler Snorri schreibt: »Odins Körper lag wie schlafend oder tot da, er selbst aber war ein Vogel oder ein wildes Tier, ein Fisch oder eine Schlange. Er konnte in einem Augenblick in ferne Länder fahren . . .« Auch heutige Schamanen identifizieren sich auf ihren Reisen oder bei ihren Tiertänzen oft mit ihren Krafttieren. So beschreibt ein Osage-Indianerlied die persönliche Einheit der »Bison-Männer« mit ihrem Krafttier:

»Ich erhebe mich, ich stehe auf,
Ich, unter dessen Hufen die Erde erzittert.
Ich erhebe mich, ich stehe auf,
Ich, dessen Schenkel voller Stärke sind.
Ich erhebe mich, ich stehe auf,
Ich, der voll Wut mit seinem Schwanz seinen Rücken peitscht.
Ich erhebe mich, ich stehe auf,
Ich, dessen Schultern vor Kraft strotzen.
Ich erhebe mich, ich stehe auf,
Ich, der im Zorn seine Mähne schüttelt.
Ich erhebe mich, ich stehe auf,
Ich, dessen Hörner spitz und gekrümmt sind.«

Wenn ein Schamane sein Krafttier tanzt, ist er sein Krafttier. Oft unterstreicht er das noch durch das Tragen einer entsprechenden Tiermaske oder eines Tierfells. Er ahmt die Bewegungen des Tieres nach und imitiert dessen Stimme. Eine magische Verwandlung spielt sich dabei ab. Erstaunlicherweise erleben das nicht nur Angehörige von Stammesvölkern, die in einem mystisch orientierten Umfeld aufgewachsen sind. Nach nur kurzer Unterweisung sind weit über die Hälfte der »Industriemenschen« dazu genauso in der Lage, wie die Erfahrung der vergangenen zwei Jahrzehnte lehrt.

Eine völlig andere Kategorie von Wesen, denen der Schamane auf seinen Reisen begegnet, sind seine geistigen Führer oder Lehrer. Kann man die Krafttiere am besten mit Schutzengeln vergleichen, so entsprechen diese Lehrer den Engeln in ihrer Funktion als Boten Gottes, als Übermittler von Nachrichten und Weisheit. Sie beantworten auch existentielle Fragen. Im Gegensatz zu den Krafttieren, die der Schamane üblicherweise in der unteren Welt sucht und findet, begegnet er seinem Lehrer – oder seinen Lehrern – meist in der oberen Welt. Manchmal dient das Krafttier als Führer, der den Schamanen in der nicht selten äußerst unübersichtlichen Szenerie der oberen Welt zu seinem Lehrer geleitet. Erfahrungsgemäß beantworten diese Lehrer Fragen nicht nur, sie zeigen dem Suchenden auch in bildhaften Szenen praktische Beispiele für die Umsetzung der Antwort in die Realität. Manchmal haben diese Szenen auch den Charakter von Allegorien oder Parabeln.

Bekannt sind diese geistigen Lehrer vielen, zum Teil sehr verschiedenen Menschen: Christen und Muslimen, Schamanen und Magiern, Schwerkranken und Todgeweihten; Priestern, Physikern, Bergsteigern, Einödbauern oder Angehörigen von Stammesvölkern. Die Beschreibungen gleichen einander weitgehend. Unterschiede gibt es aber in der verstandesmäßigen Interpretation, um welche Gestalten es sich dabei handelt. Die Griechen sprachen von Olympiern, die gelegentlich für die Menschen sichtbar wurden und mit ihnen kommunizierten. Gläubige Monotheisten sehen in ihnen Engel oder Heilige. Im Buch Hiob heißt es in den Reden Elias: » . . . Wenn dann ein Engel ihm zur Seite steht, ein Mittler, einer von den Tausenden, dem Menschen zu verkünden, was Recht ist . . .« Die Angehörigen der alten asiatischen Religionen kennen die Lehrer als Buddhafiguren oder Boten der kosmischen Weisheit. Bei den Sinti und Roma sind sie als Ursitori oder andere Schicksalsmacher bekannt. In Urwaldgegenden sieht man in ihnen nicht selten Ahnenseelen oder die Geister verstorbener Schamanen. Im alten Europa glaubte man bevorzugt an Naturgeister. Der »New-Age-Schamane« des 20. Jahrhunderts legt sich nicht fest; er nennt sie einfach »Lehrer« oder »geistige Führer«.

Kranke Seele – kranker Körper

Die moderne Medizin weiß, daß der überwiegende Teil aller Krankheiten psychisch verursacht oder beeinflußt ist. Aber sie bedient sich nach wie vor in erster Linie chemischer Wirkstoffe, um die Leiden zu bekämpfen. Dabei beseitigt sie oft nur die Symptome. Die in Jahrzehntausenden gewachsenen und überlieferten oder auch in spontanen Trancevisionen erfahrenen Heilpraktiken von Medizinmännern und anderen Geistheilern greifen dagegen unmittelbar an der Wurzel ein. Sie befassen sich weniger mit dem Körper des Kranken, sondern mit der Krankheit selbst. Läßt sie sich lokalisieren, dann wird sie entfernt. Ist das nicht der Fall, dann gilt es, dem Patienten die verlorenen Teile seiner Seele wiederzugeben. In den USA arbeiten neuerdings sogar Psychotherapeuten mit solchen Techniken.

1/2/3 Medizinmänner der Indianer bereiten sich sehr sorgfältig auf ihre Aufgabe vor. Sie tanzen nach rhythmischer Musik, sie fasten und wachen in der Einsamkeit. Geschwächt von diesen Ritualen bekommen sie von den Seelen der Ahnen den richtigen Weg gezeigt.

Im Stamme der Tarahumara, der im zerklüfteten Bergland des nordwestlichen Mexiko lebt, sind zwei Brüder im Kindesalter erkrankt. Der Vater sucht einen »Owerúame« auf, einen Medizinmann, und bitten ihn um Hilfe. Ein Heilungszeremoniell wird anberaumt. Dazu erscheinen im Haus der beiden Kranken rund 50 Personen. Das Ritual beginnt damit, daß sie alle einige Stunden lang größere Mengen »Batari« (spanisch »Tesguino«) trinken, frisch vergorenes Maisbier. Über zwei Hektoliter fließen durch die Kehlen. Wie bedeutend der Owerúame ist, das zeigt sich schon jetzt: Verträgt er viel Alkohol, ohne dabei an Würde zu verlieren, dann ist das ein gutes Zeichen. Dem stundenlangen Trinken folgt ein Schwitzbad für die beiden Jungen. Im Unterschied zum Dampfbad der nordamerikanischen Indianer handelt es sich hier eher um ein Rauchbad. Helfer haben zuvor ein etwa 130 Zentimeter tiefes und 100 Zentimeter weites Loch ausgehoben, glühende Holzkohle hineingeworfen und darüber eine dichte Lage aus Zedernzweigen geschichtet. Darauf liegen mehrere Decken. Die beiden Jungen müssen am Rande des Loches vor einem Kreuz niederknien. Der Medizinmann gießt auf ihre Köpfe, Schultern, Rücken, Hände und Knie Batari und Mescal, einen Agavenschnaps. Dann muß jeder Junge für sich etwa zehn Minuten lang unter die Decke in den heißen Qualm kriechen. Danach übergießt sie der Owerúame erneut mit Batari und Mescal. Erst dann stellt er seine Diagnose: Die Kinder sind Opfer Schwarzer Magie. Ein Hexer, ein sogenannter Sukurúame, hat sie mit Maden infiziert, und die

4/6 Millionen Menschen pilgern auch heute noch zu heiligen Stätten. Die großen Religionen, auch das Christentum, verbuchen erfolgte Heilungen als Wunder.

5 Votivtafeln und Kreuze in der Gnadenkapelle Altötting, Dank für die Genesung.

7 Ein Lakota Sioux beschloß, sein ernsthaft erkranktes Kind selbst zu heilen. Er verspricht der höchsten Gottheit zahlreiche Opfergaben. Dann läßt er sich aus den Männern seines Dorfes einen Priester benennen. Dieser fragt den Vater, ob er bereit sei, einen Tag und eine Nacht, zwei Tage und zwei

müssen jetzt aus ihren Körpern herausgesaugt werden. Der Medizinmann macht sich an die Arbeit. Mit einem kurzen Halm saugt er elf Maden aus dem Körper des einen und acht aus dem des anderen Jungen. Er extrahiert sie aus den Ellenbögen, den Knien, der Magengegend, der Brust, dem Rücken, den Augen und den Ohren. Jedesmal saugt er kräftig etwa fünf Sekunden lang, bevor er eine weitere Made ausspuckt. Der ganze Vorgang dauert fast eine Stunde. Nach dieser eigenwilligen Behandlung hält der Medizinmann dem Vater und den beiden Kindern einen langen Vortrag über die Tugenden guter positiver Gedanken, die verhindern, den Sukurúame erneut zu erzürnen. Erstaunlich an der ganzen Prozedur ist, daß die beiden Jungen am Ende geheilt sind.

Noch weitaus verwunderlicher erscheint die folgende Therapie. Sie wird von den Lakota Sioux berichtet. Hier beschloß ein Vater, sein ernsthaft krankes Kind selbst zu heilen. Er bekräftigt diesen Entschluß mit dem Gebet an »das Große Mysterium«, also an die höchste Gottheit, und verspricht dieser für den Fall der Genesung seines Kindes zahlreiche Opfergaben: ein rot gefärbtes Gewand aus Büf-

Das Große Mysterium
erfahren

felleder, ein Kalbfell, Tabak und Kinnikinnick, eine Heil- und Zeremonialpflanze. Er ruft die prominenten Männer des Dorfes in seinem Zelt zusammen und fragt sie, ob sie ihm für sein Vorhaben einen Priester des Visions-Rufes benennen können. Sie bejahen das, und einer der Anwesenden wird ausgesandt, diesen Priester zu holen. Er kommt und läßt sich zunächst zu einer ergiebigen Tabakspfeife einladen. Danach fragt er den Vater des kranken Kindes, ob dieser einen Tag und eine Nacht, zwei Tage und zwei Nächte, drei Tage und drei Nächte oder gar vier Tage und vier Nächte ohne zu essen und zu trinken in der Einsamkeit eines Berggipfels zubringen wolle, um dort zu einer Vision zu kommen. Der Vater rühmt sich eines starken Herzens und erklärt sich für vier Tage und Nächte bereit.

Zwei junge Männer, Iní-wowashi genannt, bereiten für ihn eine zeremonielle Schwitzhütte vor. Nach einer langwierigen Dampfbad- und Opferzeremonie beginnt für den Vater, zusammen mit den beiden Iní-wowashi, der Marsch zu dem fernen Berggipfel, weitab jeglicher menschlicher Behausung. Der große Flüssigkeitsverlust durch das vorhergehende Schwitzen und der lange, beschwerliche Aufstieg sind eine harte Einleitung für den viertägigen Verzicht auf Essen und Trinken. Am Fuße des Berges ruft der Vater laut »das Große Mysterium« an und bittet es um eine Vision.

Nächte, ja vier Tage und vier Nächte in der Einsamkeit eines Berges zu verbringen. Fasten und Schlafentzug lassen ihn dort die Sprache übernatürlicher Wesen und jene der Tiere verstehen. Visionen zeigen ihm den möglichen Weg zur Heilung.

Die beiden jungen Männer steigen indes voraus zum Gipfel. Dort stecken sie mit vier Pfählen ein Quadrat von etwa 2,5 Metern Seitenlänge ab, auf dessen Boden sie eine dicke Lage Salbei ausbreiten. Denn dieser Boden ist heilig. Niemand darf ihn mit seinen Füßen berühren. Vier Tage und Nächte wird der Faster allein in diesem Quadrat wachen. Das Fasten und der Schlafentzug lassen ihn die Sprache der übernatürlichen Wesen und jene der Tiere verstehen. Irgendwann während seiner langen Nachtwache wird eine dieser Kreaturen zu ihm reden; ein Säugetier oder ein Vogel, ein Baum oder auch der Geist eines Felsens, vielleicht auch eine Ahnenseele. Das Geistwesen wird ihm Visionen über die Zukunft seiner Familie, seines Volkes zuteil werden lassen, und es wird ihm Pflanzen zeigen, die er als Medizin verwenden soll: für sein Kind und für andere Kranke. Am Ende der vier Tage ist der Faster – besonders durch den Wassermangel – so geschwächt, daß ihn die beiden Iníwowashi auf ein bei ihrer Rückkehr mitgebrachtes Pferd

Der Geist einer Krankheit

heben und langsam nach Hause geleiten müssen. Er selbst aber ist zum Medizinmann geworden. Sein erster Patient ist das eigene Kind, das er mittels der ihm in der Vision gezeigten Heilpflanze kuriert.

Die westliche medizinische Wissenschaft und auch die westliche Psychotherapie reagieren mit einem gewissen Entsetzen auf derartige Heilmethoden, die sich nicht nur bei Indianerstämmen, sondern in ähnlicher Form bei allen Naturvölkern der Welt erhalten haben und bis in unsere Zeit hinein gelegentlich auch im Herzen Europas praktiziert werden. Man denke nur an das Besprechen von Warzen bei Neumond oder das Auflegen von Hühnerkot und Unken auf solche Hautwucherungen.

Scharlatanerie ist der mildeste Vorwurf der Wissenschaft gegenüber derartigen Praktiken. Gewiß, der Vorwurf liegt nahe, denn natürlich hat der Medizinmann der Tarahumara keine Maden aus den Körpern der beiden Brüder gesaugt. Er hatte die Tiere schon zuvor in seiner Backentasche verborgen, um sie dann einzeln nach jedem Saugen effektvoll auszuspeien. Aber ein Scharlatan ist dieser Mann dennoch nicht. Befragt man ihn nämlich, ob er die Maden wirklich aus den Patienten heraussöge, dann sagt er nein, er habe sie von Anfang an im Munde gehabt. Was er jeweils heraussaugt, ist der Geist einer krankheitbringenden Made, und den bindet er sofort an eine körperliche Made in seinem Munde. Denn wenn er das nicht täte, könnte er selbst diesen Geist nur allzuleicht verschlucken. Er würde dann selbst erkranken.

So aber kann er ihn zusammen mit der körperlichen Made einfach ausspeien.

Also keine Scharlatanerie, sondern Aberglaube!? Viele Kritiker im westlichen Lager gehen entschieden weiter. So schreibt Devereux, eine Kapazität auf dem Gebiet der Ethnopsychiatrie, 1980: »Kurz gesagt, mein Standpunkt ist es, daß der Schamane geistesgestört ist. Es gibt keinen Grund und keine Entschuldigung, den Schamanen nicht als hochgradig neurotisch oder sogar psychotisch zu betrachten.« Und in seinem vielbändigen Werk über die amerikanischen Indianer erwog der Ethnologe Wissler allen Ernstes, daß die Schamanen »wahrhaftige Idioten« sein könnten.

Eine Auffassung vom »verrückten Hexendoktor« ist in ethnologischen und medizinischen Kreisen auch heute noch weit verbreitet. Indes zeichnet sich aber auch ein merklicher Wandel ab. In zahlreichen US-amerikanischen Kliniken – vor allem in Kalifornien – erlauben es die Ärzte, daß ihre Patienten Stammes-Medizinmänner an ihr Krankenbett kommen lassen, und manche modernen Mediziner empfehlen in besonderen Fällen eine derartige Behandlung ausdrücklich. In seinem Buch »Indian Healing« (»Indianisches Heilen«) betont der Arzt Dr. Wolfgang G. Jilek: »Wir

Die Quellen traditioneller Kultur

lernten die Weisheit der indianischen Alten und Heiler und ihr Geschick respektieren, die therapeutischen Quellen der traditionellen einheimischen Kultur zu mobilisieren.« Mehr und mehr Psychotherapeuten – auch in Universitätsinstituten – bedienen sich heute schamanischer Methoden, um ihre Patienten zu heilen.

Wie verträgt sich dieser allmähliche Sinneswandel im westlichen Lager mit den für den logisch denkenden Geist ganz offensichtlich ungereimten schamanischen Heilmethoden? Pragmatiker könnten ganz einfach sagen: »Was zählt, ist der Erfolg, und den kann man in vielen Fällen den Medizinmännern nicht absprechen.« Aber ganz so einfach ist das nicht. Nicht nur die Medizinmänner von Stammesvölkern haben solche scheinbar unerklärlichen Heilerfolge aufzuweisen. Die großen Religionen, allen voran das Christentum, verbuchen sie als Wunder. Millionen Menschen wallfahren auch heute noch – ja, seit etwa zwei Jahrzehnten zahlreicher denn je – zu heiligen Orten wie Lourdes, Montserrat, Santiago de Compostela, Fátima, Altötting, Assisi, Mariazell oder Tschenstochau; viele davon, um Heilung zu finden. Die unzähligen Votivgaben, die sich an diesen Orten häufen, beweisen: Hunderttausende von Kranken haben hier Heilung erfahren. Geradezu spektakulär wirkt die

8

Sammlung kerzenrauchgeschwärzter Krücken über der Erscheinungsgrotte von Massabielle vor den Toren von Lourdes. Die Pilger, die diese Gehhilfen hier zurückgelassen haben, bedurften ihrer nicht mehr.

Auch die Schulmedizin kennt solche Heilungen auf psychischer – oder sollte man sagen »spiritueller« – Ebene. Weit verbreitet ist der Gebrauch von Placebos, etwa von Tabletten ohne jeglichen pharmazeutischen Wirkstoff, die dem Patienten mit der Bemerkung verabfolgt werden, es handle sich um ein medizinisches Präparat. In vielen Fällen helfen sie wirklich. Oft bestehen sie ausschließlich aus Traubenzucker. Ganz ähnlich arbeitet ein »Rezept«, das mir einmal Sahara-Nomaden anvertraut haben: Wenn keine Arznei greifbar ist, kann man sich selbst sehr einfach eine sehr wirksame Medizin bereiten. Man nimmt lediglich ein Glas Wasser und spricht darüber mehrere inbrünstige, auf Heilung gerichtete Gebete. Dann muß man das Glas austrinken, bevor das Wasser irgendwie materiell oder geistig verunreinigt werden kann.

Ein äußerst interessanter erster Einblick in die Mechanismen derartiger Geistheilung gelang den Mikrobiologen vor einigen Jahren. Das Immunsystem des Körpers mobilisiert als Schutztruppen gegen unerwünschte Eindringlinge sogenannte Makrophagen (wörtlich: »große Fresser«), die sich auf Viren, Bakterien und so weiter stürzen und diese in sich aufnehmen. Sie sterben dann selbst ab und werden vom Körper aus dem Blutkreislauf herausgefiltert und abgebaut. Sehr wichtig sind die Makrophagen im körpereigenen

8/9/10 In den letzten 20 Jahren sind die Wallfahrten zu den heiligen Orten zahlreicher denn je, am Karfreitag in Tehuantepec (Mexiko), Fronleichnam in Altötting in Oberbayern oder zum französischen Lourdes. Votivgaben beweisen: Tausende von Kranken haben hier Heilung gefunden.

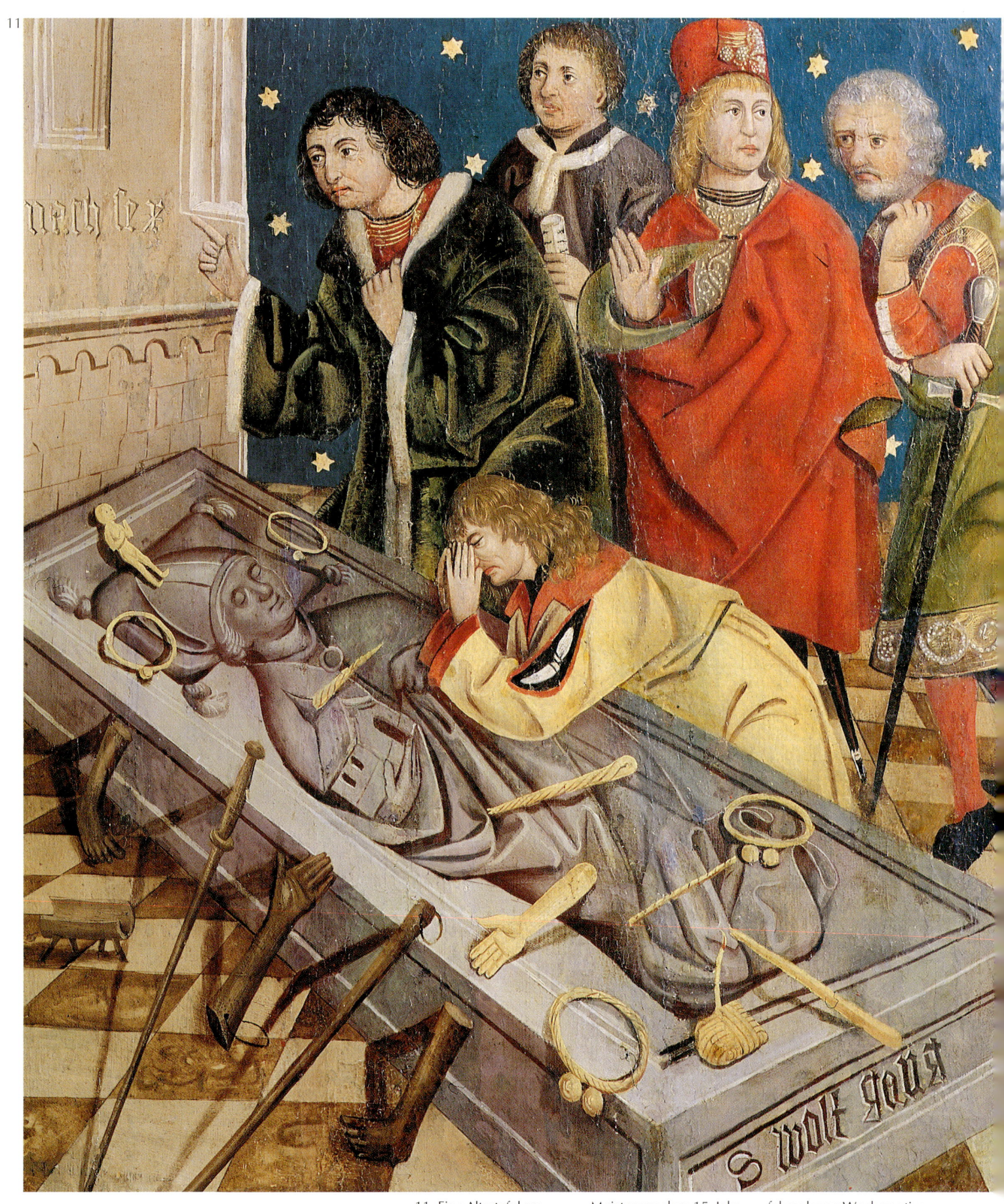

11

11 Eine Altartafel am
Hochaltar der Kirche St.
Wolfgang in Pipping bei
München. Der unbekannte
Meister aus dem 15. Jahr-
hundert hat sich die Bitte
um Gnade und Heilung zur
Vorlage genommen: »Wall-
fahrer legen Wachsmotive
auf das Grab des Heiligen
Wolfgang«.

Kampf gegen Krebs. Sind die Abwehrkräfte gut, kann der Körper den Krebs im Entstehen selbst heilen. Die Makrophagen verschlingen die Krebszellen, die sie als körperfremde Strukturen erkennen. Dem schwedischen Wissenschaftsfotografen Lennart Nilsson gelang es, diesen »Freßvorgang« Phase für Phase unter dem Rasterelektronenmikroskop zu verfolgen und fotografisch zu dokumentieren. Diese aufregenden Bilder zeigte man mehreren Krebspatienten und veranlaßte sie, sich ganz fest bildhaft vorzustellen, daß genau dieser Vorgang sich verstärkt in ihrem Körper abspiele. Bei anschließenden Blutuntersuchungen ergab sich, daß die auf solche Weise autosuggestiv tätigen Patienten deutlich mehr Makrophagen produzierten als Vergleichspersonen, denen die Bilder nicht gezeigt wurden.

Die suggestive oder autosuggestive Beeinflussung von Heilungsprozessen ist heute unbestritten. Je erfolgreicher ein Therapeut suggestiv tätig wird, desto größer sind die Genesungschancen. Die spektakulären Rituale von Medizinmännern leisten dabei sicher ebenso ihren Teil wie die sakral dichte Atmosphäre an berühmten Wallfahrtsorten.

Einheit von Körper, Geist und Seele

Während der Wallfahrtsort dem Kranken aber in erster Linie Heilung bringt, wirkt die Arbeit der Medizinmänner zuleich prophylaktisch. Das hat seinen Grund in der holistischen Betrachtung der Krankheiten und ihrer Ursachen. Der Medizinmann sieht eine Krankheit niemals isoliert als körperlichen Defekt, sondern eingebunden in das gesamte Persönlichkeitsbild des Patienten. Ist der Körper krank, dann sind es auch der Geist und die Seele. Die Krankheitsursachen sucht der Medizinmann dementsprechend äußerst selten im rein körperlichen Bereich. Er macht in erster Linie die geistige Haltung dafür verantwortlich, und zwar für alle Krankheiten, angefangen bei jenen Leiden, die die westliche Medizin als psychosomatisch bezeichnet, bis hin zum Knochenbruch und zur Infektion. Dementsprechend predigt der Medizinmann positives Denken, um Krankheiten den Zutritt zum Körper zu verwehren.

Ehrgeiz, Neid, Mißgunst, üble Nachrede, Haß sind Krankheiten des Geistes und/oder der Seele. Sie lassen auch den Körper krank werden. Freude, Dankbarkeit, Liebe, Bescheidenheit und Hingabe sind Anzeichen einer intakten Seele, die in Einklang mit der Schöpfung, mit der Natur und deshalb auch mit sich selbst steht. Sie ist gesund, und ebenso gesund ist ihr irdischer Körper. Im Falle von Neurosen und Streßleiden, im Falle des großen Feldes von Krankheiten, die die Schulmediziner als »vegetative Dystonien ohne patholo-

gischen organischen Befund« bezeichnen, ist das Weltbild der Naturmediziner einleuchtend. Wie aber verhält es sich bei Knochenbrüchen oder anderen Unfallverletzungen?

»Wenn ich mit dem Ehrgeiz, schneller zu sein als alle anderen, Schlitten fahre, oder wenn ich zorn- und haßerfüllt in ein Auto steige«, erklärte ein Navaho-Schamane, »dann ist doch die Gefahr, daß ich einen Unfall haben werde, sehr groß. Also ist auch hier der Zustand der Seele verantwortlich für körperliche Leiden. Wenn ich aber in völligem Einklang mit dem Kosmos lebe, dann werde ich mein Auto sogar rechtzeitig bremsen können, wenn hinter einer unübersichtlichen Kurve ein gefährliches Hindernis lauert oder vielleicht ein großes Tier unvermittelt aus dem Gebüsch bricht. Ich fühle diese Gefahr vorher.«

Die moderne Psychotherapie hat es gelernt, psychosomatische und bis zu einem gewissen Grad auch organische Leiden oder Süchte zu kurieren. Ein ganzes Stück weit gleichen ihre Methoden dabei schamanischen Wegen der Heilung. Beide bedienen sich der Suggestion und der Autosuggestion. Während aber die Psychotherapie auf die theoretisch untermauerten Erkenntnisse einiger weniger Nestoren zurückgeht, angefangen bei den ersten Versuchen Sigmund Freuds über seine Schüler Jung und Adler bis zu den heutigen psychotherapeutischen Schulen, beruft sich die

Magische und mythische Weltbilder

schamanische Heilkunst auf wohl vierzig Jahrtausende weltumspannender Erfahrung und damit auf ein wesentlich breiteres Fundament und eine statistisch wesentlich bessere Selektion erfolgreicher Methoden. Um einen streng logischen Unterbau hat sie sich indes nicht gekümmert. Sie hat ihn durch magische und mythische Weltbilder ersetzt. Streng kausallogischer Formalismus würde letztlich auch der Arbeit mit der Psyche zuwiderlaufen. Denn die Seele »denkt« nicht in kleinlichen logischen Modellen.

Trotz alledem haben auch die Medizinmänner die Krankheiten katalogisiert. Sie kennen grundverschiedene Kategorien. Eine der wichtigsten Krankheitsursachen ist der Verlust der Seele. Die Seele kommt dabei nicht als Ganzes abhanden. Das würde den Tod bedeuten. Was verlorengeht, sind kleinere oder größere Seelenteile, gleichsam seelische Zuständigkeitsbereiche wie die Liebesfähigkeit, die Konzentrationsfähigkeit oder die Lebensfreude. Fehlen diese Teile, dann wird auch der Körper krank. Er reagiert mit Kreislaufbeschwerden wie Herzjagen, Blutdruckschwankungen oder auch etwa Lethargie, Magengeschwüren, Darmerkrankungen, Atemstörungen usw. Die Gründe für den Verlust von Seelenteilen können vielfältig sein. Schockzustände sind fast immer mit einem Seelendefekt verbunden, vor allem aber traumatische Erlebnisse wie Inzest oder Vergewaltigung. Die Seele kann auch gestohlen werden. So kann eine Mutter aus mißgeleiteter Liebe Seelenteile ihres Kindes stehlen, ohne daß sie sich dessen bewußt wird. Das Kind reift dann nicht zu einer vollständigen, harmonischen Persönlichkeit heran.

Oft kommt es bei Scheidungen zu Seelendiebstahl, wenn einer der beiden Partner glaubt, ohne den anderen nicht leben zu können, und Seelenteile von ihm festhält. Geht die Seele im Traum oder in Trance auf Wanderschaft, verläßt sie also den Körper, dann kann es geschehen, daß sie bei plötzlichem Aufwecken nicht mehr schnell genug in ihre irdische Hülle zurückfindet. Auch das kann traumatische Folgen – also partiellen Seelenverlust – nach sich ziehen. Nach Auffassung mancher Indio-Stämme führen auch Verstöße gegen traditionelle Tabus zu Seelenverlust: Mord, das Töten heiliger Tiere, üble Nachrede, Respektlosigkeit gegenüber Tieren, Pflanzen, Steinen und Naturkräften . . .

Keineswegs alle Krankheiten lassen sich auf Seelenverlust zurückführen. Oft handelt es sich lediglich um einen allgemeinen Kraftverlust, nämlich dann, wenn das Krafttier (der »Schutzengel«) einen Menschen verläßt. Von solchen Hilfs-

Neid und Mißgunst
machen krank

geistern war bereits die Rede. Krankheit muß aber nicht immer einen Verlust bedeuten. Manchmal gelangen nach der Vorstellung der Medizinmänner Dinge in den Körper, die dort einfach nicht hingehören. In ihren Visionen erkennen die schamanischen Heiler sie als Würmer – wie im Falle der beiden Knaben –, als Steine, rostige Nägel, Glasscherben, Insektenschwärme oder anderes. Sie können in den Körper eindringen, wenn dieser durch Verlust von Seelenteilen oder von Kraft geschwächt ist. Sie können aber auch den intakten Organismus heimsuchen, nämlich dann, wenn jemand einen Mitmenschen mißhandelt, demütigt oder beleidigt. Der kann dem Schuldigen eine Krankheit zuschicken oder einen Zauberer bitten, das für ihn zu tun. Solche Krankheiten manifestieren sich als die genannten Eindringlinge.

Eine andere Krankheitsursache ist die Beleidigung der Götter, der Naturgeister, der kosmischen Kräfte oder der kosmischen Ordnung (je nach Naturvolk unterschiedlich). Diese übernatürlichen Instanzen schicken dann als Strafe Epidemien, Hagelstürme, andere verheerende Unwetterkatastrophen oder Hungersnöte.

Die Behandlung der Krankheiten durch den Medizinmann richtet sich jeweils nach der Ursache. Kollektive Leiden wie Epidemien oder Hungerplagen lassen sich nur durch kollektive Maßnahmen beheben. Es sind soziale Krankheiten, denen nur durch eine positive Veränderung des Sozialverhaltens beizukommen ist. In diesem Bereich sehen die Schamanen der Naturvölker heute auch alle aus der globalen Umweltverschmutzung resultierenden Leiden, Krankheiten und Probleme. Sie fordern deshalb ein weltweites Umdenken, vor allem mehr Respekt vor dem Leben und der »Mutter Erde«, die sie als vom Menschen krank gemachten Organismus betrachten.

»Eindringlinge« in den Körper werden nach sorgfältiger Diagnose von speziellen Saugschamanen beseitigt. Wichtig ist es dabei, die Art der Eindringlinge und ihren Platz im Körper zu finden. Das geschieht in einer Visionssitzung oder schamanischen Reise. In diesem Punkt unterscheiden sich westliche Psychotherapie und die Heilkunde der Medizinmänner deutlich voneinander. Während der Psychotherapeut sich im allgemeinen als Sachwalter schulischen Wis-

Der Arzt geht
in Trance

sens versteht und die – in der Therapie – handelnde Person der Patient ist, wird in der schamanischen Heilkunst der Medizinmann aktiv. Nicht der Patient wird hypnotisiert, sondern der Arzt geht in Trance. Nicht der Patient erhält Psychopharmaka, sondern der Heiler nimmt visionsfördernde Drogen zu sich. Allerdings weichen in letzter Zeit auch hier die Fronten auf. Nicht wenige westliche Ärzte lokalisieren heute Krankheitsherde im Körper ihrer Patienten auf ähnlich esoterischem Wege wie die Schamanen: Sie pendeln.

Sind der Charakter und der Ort des Leidens erkannt, dann freilich greift der westliche Arzt meist zur Pharmazie. Der schamanische Heiler saugt die Eindringlinge wie im Falle der beiden Knaben heraus. Er bedient sich aber oft auch heilender Drogen. Sie stammen vorwiegend aus der Botanik.

In der gesamten ethnologischen Literatur werden schamanisch verwendete Heilkräuter üblicherweise als Medizin bezeichnet. Das trifft zwar zu, gibt aber zugleich Anlaß zu Verwechslungen. Denn die schamanische Medizin wird oft subjektiv, nicht objektiv angewendet. Dabei gilt nämlich nicht Pflanze A als Heilmittel gegen Krankheit a und Pflanze B als Medikament gegen Krankheit b. Vielmehr ist es der Medizinmann 1, dessen favorisiertes Heilmittel die Pflanze I ist und der Medizinmann 2, der das Kraut II verwendet. Die Drogen sind die persönlichen Medizinen ihrer Anwender,

12 denn sie wurden ihnen persönlich in einer Vision offenbart. Wenn Heiler 1 die Pflanze I erfolgreich einsetzt, dann heißt das nicht automatisch, daß sie genauso gewirkt hätte, wenn Heiler 2 sie dem Patienten verabfolgt hätte. Thomas Yellowtail, Wiederbeleber der Krähen-Sonnentanz-Zeremonie und berühmter Medizinmann der Shoshone-Indianer und seinerseits Schüler und Nachfolger des legendären schamanischen Heilers Rainbow, hatte von seinem Lehrer zwei Heilpflanzen und deren natürlichen Standort erfahren. Seine geistigen Helfer hatten ihn autorisiert, sich dieser Pflanzen als persönlicher Medizin zum Nutzen seines Volkes zu bedienen, wie es schon Rainbow getan hatte. Yellowtail verriet den Standort der Pflanzen niemandem außer seinem Enkel, aber Rainbow hatte ihn zwei fremden Männern preisgegeben.

Yellowtail berichtet, daß er immer, wenn er den geheimen, den heiligen Ort aufsuchte, an dem die Pflanzen wachsen, zwei Adler sah, einen Weißkopfadler und einen Königsadler. Er ist überzeugt, daß die beiden majestätischen Vögel die heiligen Pflanzen bewachen. Jedesmal,

Adler bewachen die
heiligen Pflanzen

wenn er Pflanzen pflücken geht, wendet er sich an die Adler: »Danke, Aho! Ihr seid hier, diese heilige Medizin zu beschützen, und das ist gut. Sie muß bewahrt werden zum Nutzen jener, die von unseren Medizinvätern (das sind geistige Kräfte) autorisiert sind, sie bei ihrem Heilen zu benutzen. Uns wurde erlaubt, sie zu verwenden, und wir sind hier, um nur soviel davon zu nehmen, wie wir brauchen, um die Kranken und Bedürftigen zu heilen. Eure Kraft ist groß, und ihr wißt, was in unseren Herzen ist. Helft uns, zeigt uns die Medizin. Aho!« Eines Tages kam einer der beiden Männer, denen Rainbow das Geheimnis verraten hatte, zu dem geheimen Ort. Yellowtail berichtet: »Die Adler vertrieben ihn, sie wußten augenblicklich von seiner Absicht und griffen ihn an. Vor 14 oder 15 Jahren kam ein anderer Mann an diese Stelle und suchte stundenlang, ohne die heilige Pflanze zu finden. Die Adler saßen nur da und schauten zu, wie der Mann den Tag verbrachte, erfolglos nach der Medizin zu suchen. Kurz nach dem Mißerfolg dieses Mannes gingen Rainbow und ich zu dem Ort und fanden alle Medizin, die wir brauchten.«

Trotz der grundlegend anderen Einstellung vieler Naturvölker gegenüber den Heilpflanzen als jener in der modernen Pharmazie sind ihre Kräuter und Sträucher, sind die von ihnen gesammelten Wurzeln, Sprossen, Blätter, Blüten und Früchte keine Placebos, sondern durchweg medizi-

12 In allen großen Religionen ist der Brauch der Prozession lebendig geblieben. Junge Mädchen tragen am Festtag der Hindu-Glücksgöttin Laksmi deren Bild durch die Stadt zum Fluß.

13 Drachen- und Tiertänzer in Thimphu, der Hauptstadt des Himalayastaates Bhutan.

14 Heute sind Wallfahrtsorte und heilige Stätten –
hier Batu Cares in Malaysia
– oft auch Attraktionen für
Touristen. Auf den Stufen
wird für das Erinnerungs-
foto posiert. Im Inneren
aber beten die Menschen
zu ihrem Gott. Der hilflose
Mensch sucht Zuspruch
bei einer höheren Instanz.

nisch wichtige Drogenpflanzen. Die Medizinmänner bedienten sich Pflanzen mit so effektiven und zugleich komplexen pharmazeutischen Wirkstoffen wie Ephedrin, Scopolamin und Salicin, lange bevor die moderne Medizin diese Substanzen entdeckte. Seit Jahrtausenden verwenden zum Beispiel europäische Naturheiler, unter ihnen die Druiden-Priester der Kelten, die Mistel als blutdrucksenkendes Mittel. Die Schulmedizin lehnte das als Aberglauben ab, bis vor wenigen Monaten Wissenschaftler der Max-Planck-Gesellschaft überrascht einen bisher unbekannten Wirkstoff in diesem Baumschmarotzer fanden, der in klinischen Versuchen in der Tat den beschriebenen Effekt hervorruft.

Nun könnte man annehmen, das Wissen der Medizinmänner um Heilpflanzen sei das Ergebnis jahrtausendelanger Erfahrungen. Einiges spricht dafür. Tierverhaltensforscher fanden heraus, daß auch höhere Säugetiere – zum Beispiel Menschenaffen – Gebrauch von bestimmten Heilpflanzen machen, wenn sie krank sind. Sie essen dann Pflanzen oder Pflanzenteile, die sie normalerweise nicht zu sich nehmen und die einen unangenehmen Geschmack haben können. Instinkt? Die Medizinmänner betonen, ihnen werde das Wissen um die Heilpflanzen und deren richtige Anwendung und Dosierung in Visionen mitgeteilt.

Aufregend in dem Zusammenhang sind die Untersuchungen amerikanischer Homöopathen. Sie fanden heraus, daß die Indianer, die die verlassenen Anwesen früher europäischer Siedler übernahmen, sich innerhalb kurzer Zeit der in den verwilderten Gärten wachsenden, ihnen bis dahin unbekannten Heilpflanzen bedienten, und zwar nicht nur therapeutisch richtig, sondern auch in der genau korrekten Applikationsweise und Dosierung. Hätten sie diese im Experiment ermitteln müssen, wären darüber viele Jahrzehnte vergangen. Auch hier hatten die indianischen Medizinmänner betont, die Rezepturen in Visionen erfahren zu haben.

Eine faszinierende Geschichte visionärer Heilanleitung stammt nicht aus dem Munde eines Stammesangehörigen, sondern von der akademisch ausgebildeten US-amerikanischen Psychologin und Psychotherapeutin Sandra Ingerman. Sie hatte Erfahrung in Trancearbeit gesammelt und sich auch mit schamanischen Reisen befaßt, als sie von der Zurückführung verlorener Seelen und Seelenteile hörte. Sie informierte sich nicht über einschlägige Rituale, weil sie, wie sie betont, keine besonderen ethnologischen Interessen hat. Was ihr am Herzen liegt, ist ihr Beruf. Neugierig machte sie der Begriff der Seelenrückführung (soul retrieval) dennoch. So befragte sie anläßlich einer Trancereise ihren spirituellen Lehrer zu diesem Thema. Er gab ihr konkrete Verfahrensanweisungen. Die erste Patientin, an der sie diese Technik erprobte, war eine junge Frau, die in einem Bericht mit dem Decknamen Carol bezeichnet wird. Carol war im Alter von drei Jahren von ihrem Vater sexuell mißbraucht worden und litt seither unter psychischen Komplexen, unter anderem an schweren Depressionen. Auf Wei-

sung durch ihr Krafttier unternahm die Psychotherapeutin eine »Reise«, um nach der Seele der jungen Frau zu suchen. Sie fand sie an einem Ort, den sie als »Leere« (»void«) bezeichnet. Die Seele begegnete ihr in Gestalt eines dreijährigen Mädchens. Ohne große Schwierigkeiten konnte Sandra Ingerman mit der Seele sprechen und sie zur Rückkehr überreden. Carol war geheilt, und Frau Ingerman war erstaunt.

Das Resultat war kein Zufall. Zahlreiche ähnliche Fälle folgten in ihrer Praxis. Noch immer informierte sich die Psychotherapeutin weder in der Literatur noch bei Schamanismusexperten über Seelenrückführungszeremonien. Statt dessen befragte sie weiter ihre geistigen Lehrer und ihre Krafttiere. Nach längerer erfolgreicher Arbeit auf diesem Gebiet sprach sie mit dem ihr bekannten Schamanismusforscher Michael Harner über ihre Erfahrungen. Ingerman: »Ich erzählte Michael erst von dem, was ich tue, nachdem ich schon mehrere Jahre lang mit Patienten nach dieser Methode gearbeitet hatte. Nachdem er mir daraufhin von Seelenrückführungen in traditionellen Stammeskulturen erzählte, begann ich, Literatur über Seelenrückführung zu lesen. Ich war verblüfft – es kam mir vor, als hätten diese Autoren im frühen zwanzigsten Jahrhundert meine Arbeit plagiiert. Die Tatsache, daß ich die Information, die ich brauchte, selbst erhalten konnte, ohne eine äußere Quelle bemühen zu müssen, bestätigte den Wert der experimentellen Lernmethode.« Diese Lernmethode beschreibt Frau Ingerman als Gespräch mit ihren geistigen Lehrern. In ihrem Ende 1991 erschienenen Buch »Welcome Home: Soul Loss/Soul Retrieval« (»Willkommen daheim: Seelenverlust/ Seelenrückführung«) beschreibt sie im Detail ihre Erfahrungen mit dieser verblüffenden Heilmethode und berichtet von zahlreichen Fallbeispielen aus der Praxis.

Nach dem Kern des Erfolges bei ihrer Seelenrückführungsarbeit befragt, antwortete Sandra Ingerman einmal: »Für mich ist der Schlüssel bei der Seelenrückführung das Arbeiten mit Geist (gemeint ist hier nicht Intellekt, sondern Spiritualität). Die Herausforderung ist es immer, Sandy aus dem Weg zu schaffen, damit das Universum heilen kann.«

Aufgrund ihrer eigenen Erfahrungen lehrt die Psychotherapeutin heute die Seelenrückführung in Kurzseminaren. Ob sie wirklich glaube, daß ihre Studenten an einem einzigen Wochenende lernen können, Seelen wiederzubringen, wollte ein Journalist von ihr wissen. Ingerman: »Ja, ich weiß in meinem Herzen, daß ich, wenn ich ein Seelenrückführungsseminar abhalte, den Menschen das gebe, was sie brauchen, diese Arbeit richtig zu tun . . . Wir sind an einem wirklich kritischen Punkt in der Geschichte unseres Planeten angelangt, wir können das uns bekannte Leben heute zerstören . . .« Diese Worte Frau Ingermans decken sich erstaunlich mit alten Prophezeiungen der Hopi-Indianer über unsere kranke Zeit.

Fakire, Feuerläufer, Yogis

W er hätte nicht schon von den außergewöhnlichen körperlichen Fähigkeiten
von Fakiren, Yogis, Swamis und anderen »Wunder-
männern« gehört? Bei weitem nicht alle sind Schar-
latane und Jahrmarktsgaukler. Durch Meditation
und andere Tranceübungen, durch besondere
Atemtechniken und Yoga-Praktiken kann der
Mensch lernen, auch seine normalerweise unbewußten Körperfunktionen aktiv zu steuern. Feuer-
laufen, Spontanheilungen tiefer, offener Wunden,
Schmerzlosigkeit, willkürlicher Herzstillstand, die
Kontrolle des Atemzentrums und sogar der
Gehirnwellen sind einige der unter Laborbedin-
gungen nachgewiesenen Körperleistungen trai-
nierter Meister.

1 Indische Mönche erhof-
fen sich Erlösung aus dem
tausendfachen Kreislauf
der Wiedergeburten.

2 Malaysischer Renau-
deau mit durchstochener
Lippe.

3 Feuergehen ist bei vie-
len Stammesvölkern heute
noch verbreitet und wird
auch im Westen praktiziert.

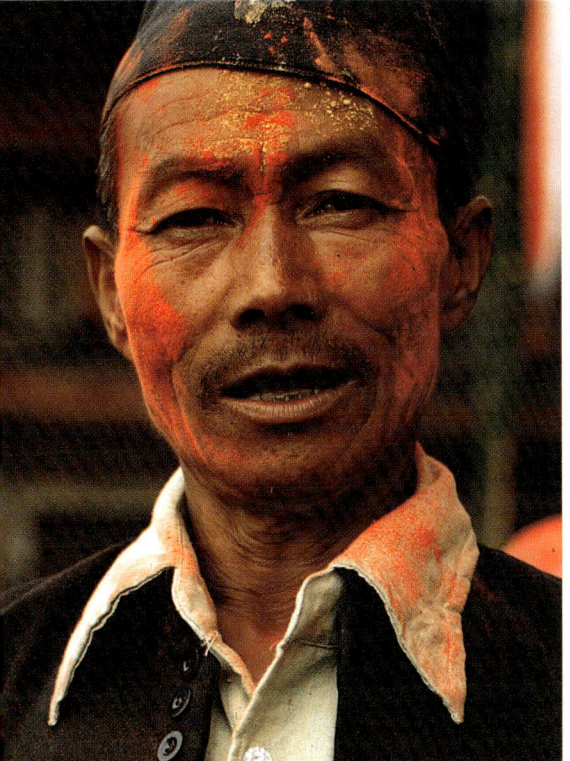

Der US-amerikanische Bühnenzauberer Randy, ein Altmeister der Illusion, vertritt die Auffassung, daß Wissenschaftler gleich welcher Fachrichtung nur bedingt oder gar nicht dazu geeignet sind, Menschen mit angeblichen okkulten Fähigkeiten zu entlarven, weil Wissenschaftler nun einmal keine Experten auf dem Gebiet der Taschenspielerei, der Bühnenmagie, der Illusion seien. Er aber ist ein Experte, und die Zahl der Zeitgenossen mit angeblich übernatürlichem Können, die er bisher überführte, ist groß. Wo Uri Geller, der international als »Löffelbieger« bekannt gewordene israelische Gaukler, auftritt, der für sich mediale und paraphysische Fähigkeiten beansprucht, hat Randy Saalverbot. Gelingt es ihm doch, sich ins Publikum einzuschleichen, dann verweigert Geller seine Vorführungen. Mehrere Wissenschaftler indes hat der geschickte Israeli erfolgreich übertölpelt.

Menschen, die aufgrund von jahre- und jahrzehntelangem physischen und mentalen Training eine Körperbeherrschung erreicht haben, die weit über das normale Maß hinausreicht, kümmern sich im allgemeinen weder um Bühnenscharlatane noch um Berufsmagier und meistens auch nicht um Wissenschaftler. Sie treten nicht an die Öffentlichkeit. Sie haben andere Ziele. Daß einige von ihnen in jüngster Zeit dennoch in der westlichen Welt bekannt wurden, ist einer generellen Öffnung vor allem US-amerikanischer Neurologen und Psychologen gegenüber mentalen Techniken zu verdanken. Eine Reihe von Yoga-Meistern, Sufis und anderen stellten sich für klinische Experimente zur Verfü-

4 Nepalesischer Priester, zurechtgemacht für das Herbstfest »Durgapuja«.

5/6 Oft ist der Wunsch Aufsehen zu erregen die Triebfeder der Fakire. Sie zeigen ihre Künste in der Nähe großer Tempel und hoffen auf einen Obolus der staunenden Touristen.

gung, nachdem sie von der Ernsthaftigkeit der westlichen Forscher überzeugt waren und in deren Motivation mehr als bloße wissenschaftliche Neugier erkannten.

Eines der beeindruckendsten Experimente führte ein greiser Yoga-Lehrer aus dem Himalaya vor einigen Jahren einer europäischen Ärztegruppe in den entscheidenden Phasen vor laufender Fernsehkamera vor. Der alte Mann versetzte sich in tiefste Trance, ließ dann von Gehilfen seine Zunge weit aus dem Mund ziehen und senkrecht mit einem langen Metallstab durchbohren. Auf diese Weise blieb die Spitze des hochempfindlichen Muskels außerhalb des Mundes fixiert. Nun trennten die Helfer den durchbohrten vorderen Teil der Zunge mit einem scharfen Messer ab. Klinische Beobachter versicherten, daß ein Trick ausgeschlossen war, denn die deutlich sichtbaren Ränder des durchtrennten Muskels zeigten alle typischen Merkmale einer abgeschnittenen Zunge, einschließlich der charakteristischen Ausfransung. Irritierend war für sie aber, daß kein Blut floß. Unmit-

Unmögliches mit der Kamera festgehalten

telbar nach dem für westliche Augen makaber wirkenden Vorgang fügte der alte Mann die abgetrennte Zungenspitze wieder an den Zungenteil in seinem Munde. Nach kurzer, aber sichtlicher mentaler Anstrengung löste sich der Greis aus seiner Trance und zeigte den umstehenden Wissenschaftlern und der Fernsehkamera seine wieder vollkommen intakte Zunge. Die Schnittverletzung war verheilt. Unleugbar war physisch scheinbar Unmögliches geschehen. Eine Erklärung dafür fanden weder die anwesenden Ärzte noch andere kritische Betrachter bei der späteren Auswertung des Filmmaterials.

Das gut dokumentierte Experiment gilt auch unter praktizierenden Yogis als schwierig, und sie bewundern den alten Meister. Andere Übungen ungewöhnlicher Körperkontrolle sind einfacher und lassen sich selbst von Nicht-Yogis nach relativ kurzem mentalen Training ausführen. Dazu gehört das Feuergehen, eine eindrucksvolle Technik, die bei vielen Stammesvölkern in aller Welt verbreitet war und zum Teil heute noch ist und die in neuerer Zeit zunehmend auch ganz »normale« Menschen in westlichen Ländern praktizieren. Die Begründung eines Kölner Büroangestellten: Ich werde mir dadurch bewußt, was der Geist wirklich über meinen Körper vermag. Der legendäre Hindu-Weise Vivekananda hatte es so gefaßt: »Steht auf, ihr Löwen, und schüttelt die Täuschung ab, daß ihr Schafe seid; ihr seid nicht Materie. Ihr seid nicht Körper; die Materie ist euer Diener, ihr seid nicht die Diener der Materie!«

7 Betender weiser Inder. Die großen Heiligen und Weisen aller Religionen führten ein Leben in Anspruchslosigkeit. Aber keiner quälte sich selbst. Warum nehmen Fakire dann all die Torturen auf sich? Ist es der fanatische Glaube, der diese Männer die Qualen ertragen läßt, um religiöse Verdienste zu

erwerben, um einen Platz im Paradies zu erlangen, ja um Erlösung aus dem tausendfachen Kreislauf der Wiedergeburt zu erreichen? Oder sind sie alle Opfer eines Aberglaubens, der ihnen Kraft gibt, Menschenunmögliches zu ertragen?

8

8 »Steht auf, ihr Löwen, und schüttelt die Täuschung ab, daß ihr Schafe seid; ihr seid nicht Materie. Ihr seid nicht Körper; die Materie ist euer Diener, ihr seid nicht die Diener der Materie!« gibt der Hindu-Weise Vivekananda Asketen und Yogis auf den Weg mit.

Wer das Gehen über glühende Kohlen für Scharlatanerie hält, wer es für völlig unmöglich erachtet, glühende Briketts mit bloßen Händen anzufassen, ohne Verbrennungen davonzutragen, der nehme an einem entsprechenden Seminar teil, wie sie seit Jahren immer wieder auch in mitteleuropäischen Ländern abgehalten werden. Er wird lernen, derart merkwürdige Fähigkeiten selbst zu entwickeln, verstandesmäßig begreifen wird er sein neues Können trotzdem nicht. Einfachere kleine Experimente lassen sich aber auch im Alltag durchführen. Wenn Sie sich einmal geringfügig verletzen, zum Beispiel eine kleinere blutende Hautabschürfung an der Hand haben, dann betrachten Sie eine Zeitlang die offene Wunde und konzentrieren sich fest darauf, daß das Blut aufhören möge zu fließen. Innerhalb kurzer Zeit wird sich der Erfolg dieser Autosuggestion einstellen. Sie können natürlich auch das Gegenteil erreichen,

Kontrolle des Blutflusses

etwa wenn die Schürfwunde durch Erde verschmutzt ist: Nehmen Sie sich ganz fest vor, daß sie stark ausbluten solle. Mit einiger Übung werden Sie es schließlich schaffen, den Blutfluß willentlich einige Male nacheinander verändern zu können: stoppen, ausbluten, stoppen. Ich selbst bediene mich dieser relativ leichten Körperbeherrschungsübung gerne beim Klettern im Gebirge. Vor allem im karstigen Kalkgestein kommt es schon einmal zu einem kleinen Riß an den Fingern, und wenn ich ihn schnell wieder schließe, kommt beim Weiterklettern kein Schmutz hinein. Außerdem verheilt er wesentlich schneller. Besonders erfolgreich gelingt diese Kontrolle des Blutflusses, wenn man dabei entspannt gleichmäßig und ruhig atmet.

Die willentliche Steuerung des Blutkreislaufs gehört zu den einfacheren Praktiken der Beeinflussung der als autonom geltenden Körpersteuerung. Autonom heißt sie deshalb, weil ihre willentliche Kontrolle üblicherweise als nicht möglich gilt. Ein klassisches Experiment in Psychotherapie-Vorlesungen mancher Dozenten bedient sich eines langen Waagbalkens zum Beweis des Gegenteils. Eine Versuchsperson legt sich so längs auf den breiten Balken, daß dieser genau im Gleichgewicht ist und konzentriert sich dann intensiv darauf, daß das Blut vermehrt in die Füße strömt. Allein der Gedanke »meine Füße werden immer wärmer« bewirkt dasselbe. Nach kurzer Zeit sinkt der Waagbalken am Fußende nach unten. Durch den verstärkten Blutstrom sind die Füße schwerer geworden.

Etwas anspruchsvoller als die großräumige Umverteilung des Blutes im Körper ist die willentliche Beeinflussung des Nervensystems. Doch auch auf diesem Gebiet gibt es einige einfache und zugleich sehr eindrucksvolle Übungen. Eine der originellsten hat ein US-amerikanischer Zahnarzt erdacht, der seine Patienten gern schmerzfrei unter Hypnose behandelt. Wenn Sie Kinder im Alter von etwa sechs bis zwölf Jahren haben, können Sie den Versuch gefahrlos selbst vornehmen. Kinder, vor allem intelligente Kinder, können ihren Körper leicht suggestiv beeinflussen, eine Fähigkeit, die der skeptische Erwachsene in unserem Kulturkreis im allgemeinen weitgehend verliert. Erklären Sie Ihrem Kind, wenn man es in die Hand kneife, dann würde ihm der Schmerz erst im Gehirn bewußt. Zwischen der Hand und dem Gehirn verlaufen den Schmerzreiz leitende Nerven. Dann fordern Sie das Kind auf, seine Augen zu schließen und sich bildhaft vorzustellen, in seinem Kopf sei eine Reihe farbiger Kontrollämpchen und darunter eine Reihe dazugehöriger Schalter. Jedes der bunten Lämpchen sei für einen anderen Bereich zuständig, etwa das rote für den linken Fuß oder das grüne für den rechten Fuß. Für die Nervenbahnen der rechten Hand zum Gehirn sei das blaue Lämpchen da.

Den Schmerz ausschalten

Das Kind soll in Gedanken den Schalter unter diesem Lämpchen betätigen und sich vorstellen, wie das Lämpchen erlischt. Sobald ihm das gelungen ist, soll es mit dem Kopf nicken. Sagen Sie dem Kind, daß jetzt der Nervenstrom von der rechten Hand zum Gehirn unterbrochen ist. Beim Kneifen in die rechte Hand wird das Kind nur noch ein dumpfes Druckgefühl, aber keinen Schmerz mehr verspüren.

Vergessen Sie nicht, Ihr Kind das blaue Lämpchen später wieder einschalten zu lassen. Bei besonders sensiblen Menschen könnte sonst eine tage-, ja sogar wochenlange Lokalanästhesie die Folge sein. Der US-amerikanische international bekannte Hypnotherapeut und Hypnoselehrer Leslie M. LeCron praktizierte diesen Versuch erfolgreich mit seiner neunjährigen Tochter. Er berichtet dazu: »Danach ging sie hinaus, um zu spielen, kehrte aber kurz darauf mit zwei anderen Kindern zurück, mit denen sie befreundet war. ›Sieh nur, Papa‹, bemerkte sie triumphierend, ›sie haben alle Schmerzen in ihren Händen abgeschaltet. Sie beide können es.‹« Das gleiche Verfahren ist grundsätzlich natürlich auch bei Erwachsenen möglich, im allgemeinen aber etwas schwerer.

Autosuggestiv läßt sich neben dem Kreislauf und dem Nervensystem unter anderem auch der Muskeltonus im Körper beeinflussen. In einem selbstinduzierten hypnotischen Zustand gelingt es zum Beispiel, einen Arm stunden-

lang ohne Ermüdungserscheinungen waagrecht in die Luft zu halten oder etwa den gesamten Körper in eine totenähnliche Starre zu versetzen.

Zeugen schon diese wenigen, relativ einfach auszuführenden Experimente davon, wie stark der Wille den Körper dominieren kann, so verwundert es nicht weiter, wenn Menschen, die über Jahre und Jahrzehnte hinweg täglich stundenlang derartige Fähigkeiten trainieren, auf diesem Gebiet für den Laien Unbegreifliches leisten. Aufschlußreich war der Fall des Swami Rama, eines indischen Yoga-Meisters, der sich im Forschungsinstitut der Menninger Foundation in Topeka, Kansas, für ausgiebige physiologische und neurologische Tests zur Verfügung stellte. Eines der ersten Experimente, die der Swami dort mehreren Wissenschaftlern vorführte, bestand darin, das Herz für einige Minuten zum Stillstand zu bringen. In der Tat ließ sich kein Puls mehr fühlen. Das Elektrokardiogramm zeigte allerdings, daß das Herz während dieser Zeit nicht stillstand. Es schlug sogar wesentlich schneller; nämlich etwa dreihundertmal pro Minute. Jedoch sank zugleich seine Pumpleistung auf Null. Die Ärzte kennen diesen Zustand als sogenanntes Herzflimmern oder Herzflattern. Normalerweise tritt es nur bei schweren Schädigungen des Herzreizleitungssystems durch Herzschwäche, Vergiftungen, Stromunfälle, Schock oder Herzinfarkt auf. Bei dem sogenannten isolierten Vorhofflattern wird die Herzfunktion meist wenig gestört, das eigentliche Herzkammerflimmern aber führt üblicherweise wegen des Ausfalls des Blutum-

114

9/10/11/12 Gurudi-Zeremonie: Den Geistern werden Opfer dargebracht, um in einem späteren Leben eine bessere Position zu erreichen. Farbenprächtig gewandet, mit Blumen und Schmuckringen behängt, Stirn und Gesicht mit Farbe bemalt, tanzen die ausgemergelten Gestalten bis zum Zusam-

12

13

laufs rasch zum Tode. Genau diese Art des Flimmerns führte der Swami willentlich herbei. Er nannte es eine recht einfache Übung und versicherte, daß es ihm keinesfalls gesundheitlich schaden würde.

Als weitaus schwieriger bezeichnete er seine Fähigkeit, die Hauttemperatur der Hände in bestimmter Weise zu kontrollieren. Das erfordere, so meinte er, jahrelanges Training. In der Tat gelang es Swami Rama, nach intensiver Konzentration eine Temperaturdifferenz von zehn Grad zwischen zwei Punkten derselben Handfläche zu erzeugen, wobei der Daumenballen um fünf Grad wärmer wurde, während der Handteller um fünf Grad abkühlte. Die beiden Meßpunkte waren etwa fünf Zentimeter voneinander entfernt; aber, so betonen die Mediziner, die entsprechenden Kontrollzentren im zentralen Nervensystem haben nur einen Abstand in Millimetergrößenordnung. Eine derartige willentliche Beherrschung dieses Nervensystems ist in der Tat beeindruckend.

Eine andere Leistung, die Swami Rama unter Institutsbedingungen demonstrierte, ist das bewußte Erzeugen verschiedener Gehirnwellenfrequenzen. Per Definition unter-

Einfluß auf Hirnwellen nehmen

teilt man die mit dem Elektroenzephalographen gemessenen Hirnwellen in Delta- (null bis vier oder fünf Hertz), Theta- (vier oder fünf bis acht Hertz) und Alphawellen (acht bis dreizehn Hertz). Jede höhere Frequenz bezeichnet man als Beta. Normalerweise ist jeder Frequenzbereich für ein bestimmtes Hirnverhalten signifikant, etwa für Schlaf, Ruhe, geistige oder körperliche Arbeit, aber zum Beispiel auch für verschiedene Zustände von Geisteskrankheiten oder etwa körperliche Vergiftungserscheinungen. Der Swami vermochte allein bei ruhigem Sitzen wahlweise alle Hirnwellenarten hervorzurufen, was allerdings in manchen Fällen Konzentrationszeiten von über einer halben Stunde erforderte. Im Anschluß an ganze Meßreihen dieser Art meinte er, der Elektroenzephalograph sei nicht subtil genug, um wirklich alle Zustände des Gehirns zeigen zu können. Er selbst sei in der Lage, viel differenziertere Muster zu erzeugen und zu empfinden, was auf den Apparaten nicht zum Ausdruck käme.

Die moderne medizinische Forschung experimentiert heute gern mit dem sogenannten Bio-Feedback. Unter Feedback versteht man in der Technik einen Prozeß, bei dem ein Teil des Ausgangssignals eines Regelkreises gleichoder gegenphasig zum Eingangssignal addiert wird. Entsprechende elektrische Schaltungen sind beispielsweise aus der

menbrechen. Die blutrote Farbe verstärkt noch den grausigen Eindruck.

13 Mann aus Gujarat, Indien.

Sender- und Empfängertechnik bekannt. Beim Bio-Feedback macht man ähnliches mit dem »Regelkreis Mensch«. Angenommen, eine Versuchsperson bemühe sich, durch gezielte Meditation Blut in ihre Füße zu lenken. Im Normalfall hat sie dabei keine Erfolgskontrolle und weiß deshalb auch nicht, ob sie in der richtigen Weise, also möglichst effektiv, meditiert. Mißt man aber fortwährend die Fußtemperatur und zeigt deren Steigen etwa durch ein leises Ticken an, dann weiß die meditierende Person sofort und jederzeit, ob sie gerade auf dem richtigen Weg ist oder nicht. Sie erhält also durch das Ticken eine Information im Sinne eines Feedbacks. Therapeuten haben auf diese Weise beachtliche Erfolge zum Beispiel bei der Behandlung vegetativer Dystonien, bei Bluthoch- oder -niederdruck oder bei manchen Augenleiden erzielt. Swami Rama empfand die Überwachung seiner Körperbeherrschungsexperimente durch klinische Meßgeräte sofort im Sinne eines solchen Bio-Feedbacks. Er selbst, so betonte er, habe dergleichen zwar nicht mehr nötig, aber für einen Yoga-Anfänger könnten sich diese Praktiken als überaus wertvolle Hilfsmittel erweisen. Er war fasziniert davon.

So beeindruckend die Leistungen des Swami aus medizinischer Sicht sein mögen, ihnen fehlt das Spektakuläre, ihnen fehlt jene Komponente, die das breite Laienpublikum sprachlos werden läßt. Genau derartige Praktiken üben zahlreiche Fakire aus. Der Begriff Fakir ist erläuterungsbe-

Spektakuläre Praktiken zur Schau stellen

dürftig. Das Wort kommt aus dem Arabischen und bedeutet nichts anderes als »Armer«, »Bettler«. In diesem Sinne bezeichnet es jene Gruppe von Fakiren, die ihre »übernatürlichen« Fähigkeiten zur Schau stellen, um damit zugleich um Almosen zu betteln. Ein Fakir im Sinne des ernsthaften Yogis ist dagegen ein Asket, der in der extremen Selbstbeherrschung, in der Ausschaltung von Schmerz und körperlichen Bedürfnissen, eine Überwindung der Materie und einen Sieg des Geistes oder der Seele im religiösen Sinne sieht. Auch solche Fakire üben zum Teil durchaus spektakuläre Praktiken, aber nicht, um damit die Öffentlichkeit zu beeindrucken, sondern um sich selbst zu beweisen, wie weit sie es gebracht haben. Zahlreiche unter ihnen lehnen jedoch jede auf äußere Effekte zielende Übung ab und beschränken sich auf innere Vorgänge.

Wie stark bei den »Schaufakiren« der Drang zum Aufsehenerregen ausgeprägt sein kann, läßt sich daraus ersehen, daß zum Beispiel manche indische »Touristen-Asketen«, die in der Nähe großer Tempel ihre »Künste« zeigen, sich eines

wenig spirituellen Wegs bedienen. Um beim Liegen etwa auf einem Bett aus den Gliedern von Feigenkakteen keine allzu großen Schmerzen zu empfinden, nehmen sie zuvor »bhang« ein, ein aus der Hanfpflanze gewonnenes Narkotikum. »Echte« Fakire, die ihre asketischen Übungen fernab der breiten Öffentlichkeit in der Einsamkeit der Natur praktizieren, wären darüber entsetzt, und sie benötigen derlei auch nicht. Ihre phänomenale Körperbeherrschung macht sie darüber erhaben.

So leben nahe der Quellen des heiligen Flusses Ganges am Gangotri-Gletscher in weit über 4000 Metern Höhe im Himalaya jahrein jahraus Hindu-Asketen, sogenannte Sadhus (heilige Männer), die dort im Sommer wie im eisigen Winter ohne jegliche Kleidung auskommen und noch dazu täglich mehrmals im Schmelzwasser des Gletschers baden. Man begegnet solchen Asketen im Himalaya sogar in Höhen bis über 6000 Metern. Tagelang liegen sie auch dort noch nackt im Schnee und trotzen selbst schneidenden Stürmen. Die meisten sind religiöse Einsiedler, die Bußübungen ausführen, in der Meinung, damit himmlische Verdienste zu erlangen. Manche verschärfen diese Übungen immenser Körperwärmeproduktion noch dadurch, daß sie

Tagelang nackt in Eis und Schnee

sich nachts große nasse Leinenlaken um den bloßen Körper wickeln und diese durch die eigene Wärme trocknen. Einige unter ihnen bringen es auf sechs oder mehr Laken pro Nacht.

Eugen Georg, ein Kenner des indischen Fakirtums, berichtete bereits 1937 zusammenfassend über ungewöhnliche körperliche Leistungen dieser Asketen:

»Manche dieser Fakire bringen ihre ganze Lebenszeit in einem eisernen Käfig zu, andere behängen sich mit schweren Ketten, noch andere ballen die Fäuste zusammen und machen sie nie wieder auf, so daß ihnen die Nägel durch die Hände wachsen und auf der anderen Seite hervorstehen. Andere heben beide Arme in die Höhe, fassen einen Baumzweig und lassen sie so lange in dieser Stellung, bis sie unbeweglich stehenbleiben und so steif werden wie ein paar verdorrte Äste. Andere stehen die ganze Zeit auf nur einem Bein und lehnen sich höchstens des Nachts, um im Schlaf nicht umzufallen, an ein ausgespanntes Seil. Andere wieder drehen den Kopf beständig nach der einen Seite und behalten diese Stellung so lange, bis sie ihn nie wieder umdrehen können ... Andere standen, und die herabhängenden Haare lagen um ihre Füße herum. Der ganze Körper war mit Kuhmist-Asche bestreut; noch andere lagen

14 Ein echter Yogi ist ein Asket, der in der extremen Körperbeherrschung, in der Ausschaltung von Schmerz eine Überwindung der Materie und einen Sieg des Geistes über den Körper sieht. Er läßt sich nicht von der Öffentlichkeit beeinflussen und führt seine Übungen in Abgeschiedenheit durch.

15 Gruppe von Kanphata-Yogis in Nepal. Yogis erstreben über die völlige Beherrschung des Körpers durch den Geist die Vereinigung mit der Gottheit, die Erlösung aus dem Kreislauf der Wiedergeburten. Erreicht wird diese Fähigkeit durch Askese und jahrelanges Training.

¹⁶ nackt auf einem Bett von Dornen oder hatten den ganzen Körper mit Erde bedeckt, bei einigen war dabei über dem Mund eine Öffnung gelassen, durch die sie um Almosen bettelten. Andere waren so ganz mit Erde bedeckt, daß man nicht einmal wahrnehmen konnte, wie sie Atem holten . . . Einige tanzten herum und hatten unter dem rechten Arm einen brennenden Docht, so groß und so geformt wie ein Zuckerhut, den sie von Zeit zu Zeit mit Öl tränkten . . . Einer steckte zwei Bambusstecken in die Erde und befestigte einen darüber in der Form eines Galgens, zwei Schlingen von Stricken waren daran befestigt. Unterhalb dieses Galgens war eine viereckige Grube, daneben zwei Haufen trockenen Holzes. Nun zündete er in der Grube ein Feuer an, . . . kletterte dann auf den Bambus, steckte die Füße in die Schlingen und hing nun mit dem Kopf gerade in die Flammen herab. Er schwenkte sich aber unaufhörlich hin und her, während er selbst mit immer zugeworfenem Holz, das er mit den Händen erreichen konnte, das Feuer unterhielt. Nach einer halben Stunde kroch er an den Stricken in die Höhe, löste die Schlingen, stieg herab. So brachte er sein ganzes Leben zu . . .«

Mit dem Geist der Yoga-Philosophie, die auf Gesundheit, auf körperliche, geistige und seelische Harmonie gerichtet

Stillstand des Herzens

ist, haben all diese asketischen Übungen freilich kaum etwas gemein. Yoga-Meister lehnen sie denn auch meistens ab, obgleich sie viele dieser Praktiken als »nicht besonders schwierig« einstufen. Ein Experiment, das jahrzehntelang trainierte Yogis gelegentlich vor westlichen Medizinern demonstrierten, um den hohen Grad von Körperbeherrschung darzulegen, ist die absolute Stillegung ihres gesamten Verdauungsapparates vom Mund über den Magen bis zum Mastdarm; Pankreas, Leber und Galle mit eingeschlossen. Manche von ihnen nahmen extrem giftige Substanzen – wie Strichnin oder Zyankali – zu sich und schieden sie wenig später vollkommen unverändert wieder aus. Der in Europa weithin bekannte Yoga-Lehrer Selvarajan Yesudian, der in Prag und Zürich Schulen unterhielt und zahlreiche Fachpublikationen veröffentlichte, beschreibt einen besonders spektakulären Fall:

»Ich war Zeuge einiger staunenswerter, von Hatha-Yogis (der Hatha-Yoga ist gegenüber dem Raja-Yoga oder geistigen Yoga jene Disziplin, die sich vor allem mit der Körperbeherrschung befaßt) ausgeführten Leistungen. Einer von ihnen gab vor berühmten Ärzten zwecks wissenschaftlicher Prüfung eine Vorführung. Drei Flaschen, Schwefelsäure,

16/17 Das Wort Fakir kommt aus dem Arabischen und bedeutet Armer, Bettler. In diesem Sinne interpretieren zahlreiche Fakire ihre spektakulären Fertigkeiten, die sie zur Schau stellen und damit um Almosen betteln. Das sensationshungrige Publikum staunt und zahlt.

Salpetersäure und Karbolsäure enthaltend, standen auf einem kleinen Tisch. Um die Wirkung dieser Säuren zu zeigen, wurden zuerst von einem Arzt einige medizinische Experimente vorgenommen. Der Yogi nahm die erste Flasche in die Hand, goß einige Tropfen in die rechte Handfläche und leckte sie dann mit der Zunge auf. Das gleiche tat er mit den beiden anderen Giften. Während der darauffolgenden zehn Minuten vollführte er eine kraftvolle Folge von Dhautis, Uddiyanas und Naulis (reinigende Übungen), dann, unter Aufbietung einer ungeheuren Konzentration, entlud er die Säuren in seinem Urin. Eine medizinische Prüfung bewies die Anwesenheit der Säuren im Wasser, das seinen Körper verlassen hatte. Mein Meister erklärte diese Leistung wie folgt: ›Durch Bewußtseinslenkungen unterband der Yogi die absorbierende Funktion seines Körpers und ließ so die gefährlichen Stoffe seinen Körper durchlaufen, indem er den ganzen Ablauf in einer begrenzten Zeitspanne zusammendrängte. Solche Experimente sind gefährlich und beanspruchen eine jahrelange Übung. Um solchen ganz besonderen Ansprüchen zu genügen, muß der Körper schon sehr entwickelt sein.‹ Die nächste Leistung war die Aufhebung der Atmung, verbunden mit einem volle fünf Minuten währenden Stillstand des Herzens. Kein Pulsschlag war fühlbar. Eine stethoskopische Untersuchung

Begegnung
mit dem Tod

bewies, daß sich kein Betrug in die Vorführung eingeschlichen hatte. Das Manometer zeigte keinen Blutdruck. Die Hautfarbe war sehr blaß, als ob alles Blut sich im Inneren des Körpers gesammelt hätte. Der Yogi hatte die Augen geschlossen und befand sich halb in Trancezustand. Genau nach fünf Minuten kehrte sein Bewußtsein zurück. Darauf wurden mit einem Messer verschiedene Schnitte in seinen rechten Deltamuskel (am oberen Oberarm) gemacht, und obwohl der Chirurg dies ohne vorherige Verabreichung von Betäubungsmitteln ausführte, wurde weder Schmerz verspürt, noch zeigte sich ein Tropfen Blut. Was darauf folgte, war noch interessanter. Die ziemlich tiefen Wunden zogen sich zusammen, bildeten noch nicht fünf Minuten später schon eine Narbe und waren geheilt. Man konnte sehen, wie der Yogi die Heilung durch einen hohen Grad von Konzentration bewirkte. Seine Körpertemperatur war auf 40 °C gestiegen, während die Wunden heilten. ›Diese Fiebertemperatur wird vom Yogi aus zwei Gründen erzeugt,‹ erklärte mein Meister später, ›der erste ist, Keime und Verunreinigungen zu vernichten, der zweite, eine schnelle Heilung der Schnittwunden zu ermöglichen.‹«

Ganz offensichtlich ist auch das Gegenteil dessen möglich, wovon Selvarajan Yesudian berichtet: das willentliche Öffnen mechanisch nicht erzeugter Wunden und deren heftiges Bluten. Bekannt ist dieses Phänomen als Stigmatisation im christlichen Kulturbereich. Besonders glaubensstarke Menschen haben es erreicht, durch ständig wiederholte jahrelange Konzentrationsübungen während der Karwoche die Kreuzigungswunden Christi an Händen, Füßen und in der Herzgegend mental an sich selbst zu erzeugen. Im unmittelbaren Zusammenhang mit demselben Glaubensinhalt steht eine spirituelle Körperbeherrschungspraxis, die heute in der Provinz Bulacan, etwa 80 Kilometer nördlich von Manila auf den Philippinen, von rund drei Dutzend Frauen ausgeübt wird. Begonnen hatte mit diesen Kulthandlungen Lucinda (»Lucy«) Santos-Reyes, die lokal auch als Wunderheilerin bekannt ist. Die Frauen lassen sich alljährlich am Karfreitag kreuzigen, einige von ihnen nach dem Vorbild Christi, wobei lange Nägel durch ihre Hände und Füße getrieben werden. Offenbar empfinden die Frauen dabei keinen Schmerz. Sie verfallen in eine anästhe-

100 Tage lebendig
begraben

tische Ekstase und rollen dabei den Kopf beständig von einer Seite zur anderen. Blut fließt nicht aus den Wunden. Interessanterweise erreichte das Christentum den Stamm der Paombong, zu dem diese Frauen gehören, erst relativ spät. Viele Menschen in diesem Volke praktizierten zuvor Schamanismus, und sie haben diese Praxis in die ihnen neue Religion eingebracht. Besonders im Karfreitagsritual treffen sich beide geistigen Welten, denn es geht schließlich um die spirituelle Begegnung mit dem Tod.

Eine andere Art, den eigenen Tod durch extreme Körperbeherrschung vorwegzunehmen, demonstrieren von Zeit zu Zeit besonders fortgeschrittene Yogis. Sie lassen sich lebendig begraben, und zwar nicht nur für einige Stunden oder Tage und auch nicht nur unter einer dünnen Schicht aus Sand oder Erde. Dazu noch einmal Selvarajan Yesudian: »Lebend begraben werden ist nur selten zu sehen. Die Stadt Madras war Zeuge, wie ein Yogi sich selbst für drei Wochen begraben ließ. Der Yogi versank in einen tiefen Trancezustand, während sein Atem immer langsamer wurde, bis er endlich vollkommen aussetzte. Das Klopfen seines Herzens hörte ebenfalls vollkommen auf. Der Körper wurde mit einer Art geschmolzenem Wachs bestrichen und, nachdem alle Körperöffnungen verstopft worden waren, damit kein Insekt eindringen könne, in dünnes Leinen eingewickelt. Der Körper befand sich in einem kataleptischen Zustand, er war steif und leblos. Er wurde in eine sargähnliche, längliche Kiste gelegt, die von innen mit Zink ausgelegt war. Die Kiste wurde hermetisch verschlossen und ungefähr sechs Fuß tief in die Erde versenkt. Die Grube wurde wieder mit Sand angefüllt. Treue Jünger des Yogis hielten Tag und Nacht Wache bei ihrem begrabenen Meister, während sie fromme Lieder sangen und heilige Silben wiederholten. Scharen von Menschen strömten herbei mit kleinen Opfergaben wie Blumen und Früchten, welche sich für einen Heiligen geziemen. In Anwesenheit von Tausenden von Zuschauern wurde am 21. Tag die Kiste wieder ausgegraben und der Deckel gehoben. Der Körper wurde nicht berührt, bis die Jünger das heilige Wort »OM« von den Lippen des Meisters hörten. Dies war das erste Zeichen des zurückkehrenden Lebens. Der Körper wurde in allen Teilen tüchtig massiert, hauptsächlich am Scheitel. Der Yogi öffnete allmählich die Augen und nahm langsam die Tausende von Menschen in seinen Blickkreis auf. Fromme Leute haben einen Gedenkstein in Erinnerung an den Yogi aufgestellt.«

Der bereits zitierte Eugen Georg beschrieb 1937 einen derartigen Yoga-Schlaf von genau 100 Tagen, der unter der Kontrolle von Medizinern und anderen Wissenschaftlern sowie Militärs stattfand: »... Am hundertsten Tage erschienen die Brahmanen. Das Grab wurde geöffnet. Man nahm

---

Sie »lassen sich sterben«

---

einen zusammengeschrumpften Leichnam heraus, der in seiner graugelben Färbung einen geradezu widerlichen Anblick bot. Er wurde behutsam auf ein weiches Kissen niedergelegt, und nun begann man in Gegenwart der von der Admiralität eingeladenen Offiziere, den Körper mit wohlriechendem Öl einzureiben. Jedem der Brahmanen war ein Teil des Körpers übertragen, so daß der ganze Körper vom Scheitel bis zu den Zehen zu gleicher Zeit abgerieben wurde. Nach Verlauf von sechs Stunden zeigte sich die Haut, die dem Aussehen und Anfühlen nach pergamentähnlich gewesen war, wieder ganz geschmeidig und zart. Alsdann öffnete einer der Brahmanen den Mund des Fakirs, indem er ein Elfenbeinstäbchen zwischen die Zähne steckte, und flößte dem Schlafenden ein herzanregendes Getränk ein. Die Abreibungen wurden fortgesetzt, aber erst nach 32 Stunden, in denen man unaufhörlich um den Körper beschäftigt war, begann dieser wieder zu atmen. Der Fakir erhob sich! Und wenige Minuten darauf vermochte er auch wieder zu sprechen ...«

Georg kommentiert dieses und ähnliche Ereignisse: »Man hat die merkwürdigsten, man hat alle nur erdenklichen

Vorsichtsmaßnahmen angewendet, um bei diesen Yoga-Schlafversuchen alles auszuschalten, was Betrug, Schwindel, Täuschung Vorschub leisten, sie überhaupt möglich machen könnte. Man hat den Fakir — der sich sämtliche Körperöffnungen mit Wachs verstopft, den Schlund mit der hintenübergebogenen Zunge verschließt — in einen Leinwandsack gesteckt, den Sack zugenäht und versiegelt; ihn dann in eine Holzkiste gelegt, die Kiste nochmals verschlossen und versiegelt. Über die ausgemauerte Gruft, die die Holzkiste barg, wurden schwere, zwei und drei Meter lange Steinplatten gewälzt. Eine Wache wurde aufgestellt, die das Grab Tag und Nacht zu beaufsichtigen hatte. Über dem Grab selbst wurde Gerste gesät ... und geerntet ...«

Aus den Bergtälern des Himalayas dringen immer wieder Berichte von Mönchen oder auch Eremiten, die nicht nur vorübergehende Bekanntschaft mit dem Tod suchen, sondern freiwillig völlig aus der Welt scheiden, um im Nirvana aufzugehen. Sie betrachten ihr Ableben nicht als Selbstmord. Sie »lassen sich sterben«. Zuerst hören sie auf, ein bestimmtes Glied zu gebrauchen, etwa einen Arm oder ein

---

Hoher Grad der Körperbeherrschung

Bein. Bewußt unterbinden sie nach und nach auch dessen Versorgung mit Blut, bis es schließlich grau und gefühllos wird, abstirbt und abfällt. Dann folgen die anderen Glieder, bis nur noch ein Torso übrigbleibt. Als letztes lassen sie auch diesen absterben.

Natürlich drängt sich die Frage auf, warum Menschen all diese merkwürdigen Dinge tun. Angesichts der schiitischen Märtyrer, die sich zum Todestag Alis, des von ihnen verehrten gemeuchelten vierten Kalifen (Nachfolger Mohammeds), zu Hunderten auf offener Straße bis aufs Blut auspeitschen, metallene Widerhaken durch Rücken und Brust bohren und sich oft sogar an diesen aufhängen, könnte man an eine Art masochistischer Massenhysterie denken. Es ist der fanatische Glaube, der die Männer diese Tortur durchhalten läßt, und es ist die Hoffnung auf religiöse Verdienste, auf einen Platz im Paradies. Ähnliche religiöse Beweggründe haben auch die Hindu-Fakire. Sie erhoffen sich die endgültige Erlösung aus einem tausendfachen Kreislauf von Wiedergeburten. Und bei den philippinischen Karfreitag-Märtyrerinnen verhält es sich kaum anders. Sie wollen Christus, sie wollen Gott selbst näherkommen, indem sie an sich geschehen lassen, was die Menschen ihm zufügten.

Sind sie alle Opfer eines gewaltigen Aberglaubens, eines Aberglaubens, der so stark ist, ihnen die Kraft für scheinbar Menschenunmögliches zu verleihen? Der Gedanke liegt

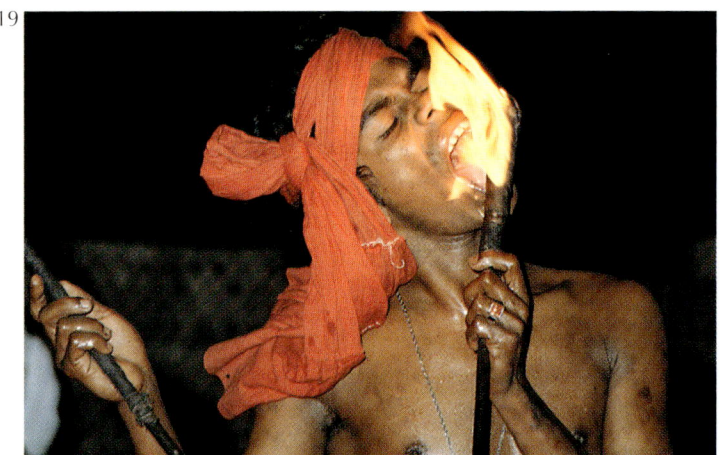

nahe. Denn den Muslimen – auch den Schiiten – verbietet ihre heilige Schrift, der Koran, jede Form der Askese als Gotteslästerung. Den Körper, ein Geschenk des Schöpfers, soll der Mensch nicht quälen. Er soll ihn pflegen und dankbar für sein wunderbares Funktionieren sein. Und die östlichen Heilslehren des Buddhismus, Hinduismus, Konfuzianismus und so weiter predigen in ihren alten heiligen Schriften zwar die Überwindung alles Materiellen, aber nicht in Form von dessen Negierung, sondern von dessen Beherrschung durch Geist und Seele. Was aber sind die Grenzen dieses souveränen Beherrschens und wo beginnt kleinliche Selbstkasteiung? Die großen Heiligen und Weisen aller Religionen führten durchweg ein Leben in Anspruchslosigkeit. Aber keiner von ihnen quälte sich selbst, denn auch das zu tun bedeutet schließlich, sich zu sehr mit dem materiellen Aspekt des Menschen zu befassen, wenngleich auf negative Weise.

Zuweilen gibt es auch durchaus positive Gründe, den Körper zu ungewöhnlichen Leistungen zu zwingen. Einer davon heißt spirituelle Selbstheilung. Ein anderer heißt »Erledigen von Aufgaben, die noch getan werden müssen«. Er betrifft zahllose Menschen, denen es für eine begrenzte Zeit gelingt, den eigenen Tod hinauszuschieben, um sich vor dem Sterben einer selbstgestellten Pflicht zu entledigen. In Kriegsberichten finden sich immer wieder Protokolle über derartige Leistungen. So verzeichnen US-amerikanische Vietnam-Akten den Fall eines Piloten, der nach einem Beschuß seine Maschine mit offener Schädeldecke und

18 Würde strahlt dieser Hindu-Heilige aus. Oft sitzen solche Männer regungslos am Wegesrand.

19 Feuerschlucker – hier aus Sri Lanka – gehören zu den Fakiren, die Touristen um Almosen bitten.

20 Viele wahre Asketen leben an der Quelle des Ganges oder in den Bergen des Himalaya.

stark verletztem Gehirn weiterflog, um das Flugzeug mit seiner Crew sicher im Bereich der eigenen Stellungen zu Boden zu bringen. Unmittelbar nach der Landung konnten die Ärzte nur noch seinen Tod diagnostizieren, und ihr Urteil lautete, daß er eigentlich sofort bei der Verletzung eingetreten sein müsse.

So unglaublich viele der hier berichteten geistig-körperlichen Leistungen erscheinen mögen, keine davon steht erstaunlicherweise im Widerspruch zu den bekannten physikalischen Naturgesetzen. Allenfalls zeitliche Abläufe werden gerafft oder gestreckt, etwa Pulsfrequenzen nach oben oder unten verändert, Heilungsprozesse drastisch beschleunigt, Blutflüsse verzögert oder völlig gestoppt. Eine ganz andere Kategorie speziell von Yogi-Leistungen umfaßt aber angeblich Phänomene, die durchaus mit den Grundlagen des klassischen Physikverständnisses kollidieren. Sie liegen völlig im Bereich des Okkulten. Auffällig ist einerseits, daß sie einander zu verschiedenen Zeiten und an verschiedenen Orten erstaunlich ähneln, also wohl nicht reiner Phantasie entspringen. Andererseits sind für sie im Gegensatz zu den bisher beschriebenen Phänomenen keine Experimente unter wissenschaftlicher Kontrolle bekannt. Dennoch sollen sie hier erwähnt werden, denn entsprechende

300 Jahre alte Yoga-Meister?

Beschreibungen finden sich immer wieder in der Yoga-Literatur, in Reiseberichten aus entlegenen Himalaya-Bergtälern und allgemeinen esoterischen Schriften.

Behauptet wird unter anderem, manchen Yoga-Meistern gelänge die Entwicklung zum Übermenschen. Sie könnten nicht nur ihr Leben praktisch beliebig verlängern (im südindischen Kodaikanal-Gebiet soll es bis zu 300 Jahre alte Meister geben), sie würden auch die vier klassischen Elemente beherrschen: Feuer, Wasser, Erde und Luft. Sie seien in der Lage, in der Dunkelheit aus ihren Achselhöhlen ein Leuchten erstrahlen zu lassen, sie könnten über Wasser gehen und sogar durch die Luft fliegen. Sie könnten sich dematerialisieren und an einem beliebig entfernten Ort wieder körperlich in Erscheinung treten.

Die Himalaya-Kennerin Alexandra David-Neel beschreibt die »Lungompas«, bestimmte tibetische Asketen, die sich angeblich frei durch die Luft bewegen können. Sie selbst will miterlebt haben, wie sich ein Lungompa vom Boden erhob, einige Meter weiter wieder die Erde berührte, dort abfederte und weit entfernt erneut aufkam, um in mehreren solchen Sätzen unglaubliche Entfernungen zu überwinden. Er habe sich dabei über gefährliche Felsen und

Gipfel bewegt, sogar ohne einem Fußweg zu folgen. Obwohl er jeden Schnelläufer bei weitem an Geschwindigkeit übertraf, hatte sie als Zuschauerin aufgrund seiner elastischen Sprungbewegungen den Eindruck eines langsam bewegten Gegenstandes. So selten diese Luftreisenden im tibetanischen Bergland auch sein mögen, die Autorin behauptet, daß jeder Tibeter einen Lungompa sofort als solchen erkennen und ihm augenblicklich ausweichen würde, um ihn in seinem Trancezustand nicht zu stören. Das könnte den sofortigen Tod verursachen. Hat ein Lungompa sein Ziel erreicht, berichtet David-Neel weiter, dann bindet er sich Gewichte an die Füße, wenn er seinen normalen Zustand wiedergefunden hat.

Diese und andere Erzählungen physikalischer Unmöglichkeiten gehören gewiß in den Bereich der Fabel. Wo aber haben sie ihre Wurzeln? Warum tauchen sie in sehr ähnlicher Form immer wieder auf? In seinen Don-Juan-Büchern beschreibt Carlos Castaneda, wie sich der Indianer-Magier Don Genaro mit schlafwandlerischer Sicherheit ungeheuer

Physikalisch nicht zu erklären

behende über die steilen, glitschigen Klippen eines felsigen Wasserfalls bewegte. Sein Bericht erinnert durchaus an die Fortbewegungsweise der tibetanischen Lungompas. Erst wesentlich später erfährt Castaneda von seinem Lehrmeister Don Juan, daß es gar nicht Don Genaro selbst war, den er gesehen habe, sondern dessen »zweites Ich«, dessen »Geistkörper«.

Die physikalisch nicht erklärlichen Leistungen von Yogis und anderen spirituell hochgradig trainierten Menschen liegen – wenn es sie denn gibt – mit Sicherheit außerhalb des körperlichen, des materiellen Bereichs. Sie entstammen den Trance-Erfahrungen, den mystischen Reisen von Schamanen, die in ihrer »anderen Wirklichkeit« ebenfalls fliegen, über Wasser gehen und sich sogar innerhalb der Erde fortbewegen können, und all das als Realität empfinden. Erzählen sie ihren mit physikalischem Denken nicht vertrauten Mitmenschen von solchen Erlebnissen, dann werden diese sie für Fakten halten. Sehr wahrscheinlich sind hier die Wurzeln der Berichte von Übermenschen zu suchen.

Heilige Berge, heilige Quellen

Alle Kulturkreise kennen heilige Stätten, kennen Orte der Kraft. Oft sind es erhabene Berggipfel oder tiefe Cañons, heilkräftige Quellen, bizarre Felsgruppen oder dunkle Wälder. Manchmal sind es aber auch völlig unauffällige Plätze. An diesen Stätten ereignen sich Wunderheilungen, spüren sensible Menschen übernatürliche Kräfte, errichteten unsere Vorfahren Steinmale, Altäre und Tempel. Das Rätselraten um solche Orte findet kein Ende: Die einen erkennen sie mit der Wünschelrute. Andere haben unter gewissen Stätten der Kraft radioaktiv strahlende Uranlager entdeckt. Wieder andere sehen in solchen Äußerlichkeiten bloße Zufälle.

1 Zu den bekanntesten Orten der Kraft zählt der Ayers Rock in Australien.

2 Die Externsteine im Teutoburger Wald werden besonders zur Sommersonnenwende besucht.

3 Auch in der Neuen Welt gibt es zahlreiche heilige Berge, zum Beispiel den Denali in Alaska.

Als Anno 1387 sechs geistliche Herren den Pilatus, den Hausberg von Luzern am Westufer des Vierwaldstätter Sees, besteigen wollten, verwies der Stadtrat sie des Landes, denn »dis gebirg sei uff der höhe, da es ruch und wild ist, mit bösem tüflischem gespenst und geisterwerk wohl besetzet und erfüllet«. Selbst die mächtige Kirche hatte im 14. Jahrhundert noch Furcht vor Bergesgipfeln. Ein halbes Jahrhundert zuvor, am 26. April 1335, hatte der italienische Dichter Petrarca zusammen mit seinem jüngeren Bruder den Mont Ventoux, den »Windberg«, in den südlichen französischen Alpen bestiegen. Der nur 1912 Meter hohe, sanft gerundete Höhenrücken wirkt gewaltiger als er in Wirklichkeit ist, denn sein Massiv steht recht isoliert in der weiten Landschaft. Dementsprechend großartig ist die Aussicht von seinem Gipfel. Petrarca gilt als der erste europäische Bergsteiger überhaupt, der einen Berg wegen der landschaftlichen Schönheit bestiegen hat. Ausdrücklich schwärmte er von der Gipfelfernsicht. Aber auch er rechnete mit dämonischen Mächten und hatte sich entsprechend gewappnet. Schon am Fuß des Berges versuchte ein alter Hirte wohlmeinend, die beiden unternehmungslustigen Bergwanderer zurückzuhalten. Doch diese vertrauten auf die Kraft der Bekenntnisse des heiligen Augustinus, die sie im Gepäck mitführten. Petrarca empfand den Aufstieg, der heute als leichte Bergwanderung gilt, als anstrengend und fühlte große Ehrfurcht vor dem Gipfel. Er verglich ihn mit den bedeutenden heiligen Bergen des Altertums, dem Athos und dem Olympus.

4 Viele christliche Klöster stehen auf markanten Berggipfeln: der Mont-Saint-Michel.

5 Stätten, an denen Menschen Kraft schöpfen, sind auch Wallfahrtsorte: Fatima in Portugal.

6 In Mekka gilt der Betonkubus der Ka'aba als Mal für die Gebetsstätte Abrahams.

Petrarca und sein Bruder waren ihrer Zeit als Alpintouristen weit voraus. Ihr Beispiel fand kaum irgendwelche Nachahmer. Die Furcht vor den einsamen Bergeshöhen blieb. Auf die Dauer empfand das die Kirche als Herausforderung. 1489 beschloß die französische Geistlichkeit, sich den gespenstischen Mächten der Gipfel zu stellen. Sie wählte dafür einen besonders spektakulären Berg. Er erhebt sich südlich von Grenoble als östlicher Vorposten der Bergwelt des Vercors und heißt Mont Aiguille, »Nadelberg«. Wie eine einsame Bastion ragt er, rundum von senkrechten Felswänden gesäumt, in den Himmel. Seinem Namen wird er nicht ganz gerecht, denn in 2097 Metern Höhe schließt ihn ein weiträumiges, grasiges und sanft geneigtes Gipfelplateau ab. Im Volksmund hieß der Berg seinerzeit auch »Mont Inaccessible«, also »unzugänglicher Berg«. Andere nannten ihn bedeutungsschwanger den »Olymp des Dauphinés«. Ein Götterberg also? Hirten glaubten über den Felswänden die Tunikas von Engeln flattern zu sehen. Und es gab immer wieder Berichte von Visionen in der unmittelbaren Nähe dieses Bollwerks aus massivem Kalk.

Kein Geringerer als Charles VIII., Frankreichs König von Gottes Gnaden, gab den Anstoß, den Gipfel im Namen der Kirche zu erstürmen. Er versicherte sich eines Bischofs und

---

Gipfel im Namen der Kirche erstürmen

---

mehrerer anderer geistlicher Würdenträger. Als Praktiker leitete Kapitän Dompjulien die »gefährliche« Expedition. Mit den Gefahren hielt es sich allerdings in Grenzen, denn des Kletterns samt und sonders nicht mächtig, bezwangen die geistlichen Herren den Felsgipfel mit einer über 70 Meter hohen, eigens für dieses Vorhaben angefertigten Leiterflucht und zahlreichen Seilen. Oben angekommen, fanden sie weder olympverdächtige Götter noch irgendwelche Engel oder Geister. Sicherheitshalber verbrachten sie drei Tage auf dem Gipfel und hielten Messen ab. Der mutige Vorstoß in höhere Regionen gilt heute als Geburtsstunde des Alpinismus in Frankreich.

Was hat es mit der Furcht vor den Berggipfeln auf sich? Ließe sie sich nur im Alpenraum und dort nur im Mittelalter nachweisen, dann wäre das ein Phänomen von lokaler Bedeutung. Diese Furcht ist aber weltweit verbreitet. Nicht immer hat sie den Charakter von Angst vor Gespenstischem, vor Dämonischem. Oft ist es Ehrfurcht, und die entsprechenden Berge gelten als heilig. Tabu sind sie meist dennoch. Nur wenige von ihnen werden als Wallfahrtsberge regelmäßig besucht. Andere sind Plätze für Klöster oder Einsiedeleien geworden.

7 Inmitten der menschenfeindlichen Wildnis des Northern Territory in Australien leben die Ureinwohner, die Aborigines. Für sie sind die alten Sagen und Mythen auch heute noch Kraftquelle. Weisheit und Erfahrung bestimmen den Wert und Rang eines Menschen. Wichtigstes Naturheiligtum der Urbe-

völkerung ist der Ayers Rock (siehe Seite 124), in dessen Nähe sie Kraft, seelische Stabilität, Gelassenheit und Glücksgefühle erfahren. Viele andere grandiose Berge dieser Region werden ebenfalls in den Mythen und Legenden heute noch verehrt.

8

8 Die erhabene Ruhe, die der Kreuzgang des Klosters Maulbronn ausstrahlt, teilt sich noch heute dem Beschauer mit. Im 12. Jahrhundert im einsamen Salzachtal gegründet, gilt die weitgehend unverändert gebliebene Anlage als Inbegriff eines mittelalterlichen Klosters.

Um zahlreiche Gipfel der Welt ranken sich Spukgeschichten und Legenden. Der Pic Canigou, ein mit 2785 Metern Höhe mittlerer Pyrenäengipfel, galt im Mittelalter als unheimlich, von Dämonen bewohnt. König Peter III. von Aragonien soll ihn irgendwann im 13. Jahrhundert bestiegen haben. Am Gipfel fand er einen See, in den er einen Stein warf, worauf ein riesiger Drache über dem Gewässer aufflog und die Sonne verdunkelte. Gleiches erzählte man sich vom Pilatussee. Im vorgeschichtlichen Kleinasien und auf Kreta waren die Ida-Berge der großen Göttermutter, der Idaia oder Kybele, geweiht. Im alten Griechenland setzte sich eine jüngere Vorstellung durch. Sie brachte – wohl aus dem indogermanischen Kulturkreis kommend – eine männliche Deutung der heiligen Berge, die jetzt von Apollon, Zeus und anderen Olympiern bewohnt wurden.

Der Erdmutterglaube ist überall der primäre. So auch im alten China. Chinas heiligster Berg, der Sun-Schan, hieß einst Tu-Schan, »Erdmutterberg«. Auch im alten Kanaan waren viele Höhen einer Muttergöttin geweiht, die als

Heilige Gipfel – Opferplätze

Fruchtbarkeitsgöttin Ašerah bekannt war. Im Psalm heißt es: »Ich hebe meine Augen auf zu den Bergen – woher wird mir Hilfe kommen?« Dieses Gebet geht auf die vorprophetische Religion Kanaans zurück, deren heilige Berge die jahveverkündende Prophetenreligion mit einbezog, weil sie sich im Volksglauben nicht übergehen ließen. Die alten heiligen Gipfel waren hier in erster Linie Opferplätze. Auf ihnen fühlte man sich den Göttern nahe. Später erst wurde das Brandopfer von König David per Dekret auf den Tempelberg Moriah in Jerusalem zentralisiert. »Dies ist die für den Tempel gültige Ordnung: Auf dem Gipfel des Berges soll er sein und sein ganzer Bezirk ringsum hochheilig sein.« Der zentralistische Jahve-Klerus versuchte wieder und wieder, die alten Brand- und Weihrauch- sowie Trankopfer auf heiligen Höhen entweder auszurotten oder sich selbst dienstbar zu machen. So war der Ölberg zur Zeit Davids eine Kultstätte, auf der man Gott verehrte. Der Prophet Amos wandte sich entschieden gegen die Kulthandlungen auf den heiligen Höhen von Bethel, Gilgal und Berseba. Erst Giskia, dem König des Südreichs, und Josija gelang es, die Höhendienste auszurotten; als Naturkulte waren sie den Anhängern Jahves suspekt. Dieselbe Auffassung übernahmen später im Prinzip sowohl das Christentum wie der Islam. Beide Religionen konnten sie aber nicht generell durchsetzen.

Wie viele christliche Klöster und Eremitagen gibt es doch in wilden Gipfelregionen der Berge! Man denke nur an die

Anlagen auf dem heiligen Bergstock des Montserrat in Katalonien, an das Heiligtum auf dem Mont-Saint-Michel vor Frankreichs Kanalküste, an die Bergklöster des Sinai oder die griechischen Meteora-Klöster oder an die Einsiedelei des Père Foucault auf der höchsten Höhe des vulkanischen Hoggar-Gebirges tief in der algerischen Sahara. Und hat nicht der Prophet Mohammed selbst seine Offenbarungen in einer Felsennische auf dem Djebel Arafat, einem kleinen Berg weit außerhalb Mekkas, gehabt? Zwar gefiel dem alttestamentarischen Propheten Hosea der noch von Salomo praktizierte Gotteskult auf dem heiligen Berg Tabor, dessen Name als »Nabel«, als Weltnabel oder Weltmitte, gedeutet wird, nicht. Doch in christlichen Zeiten bauten fromme Mönche auf ihm eine Klosteranlage und eine Kirche, weil sie ihn als Berg der Verklärung Christi betrachteten. Der Tabor galt als besonderes Symbol göttlicher Macht. Im zweiten Petrusbrief heißt er einfach »der heilige Berg«. Als Stätten göttlicher Macht, als gottesnahe Plätze, als Orte der Offenbarung werden Berggipfel oft angesehen. Hat nicht schon Moses Gottes Gebote auf dem Berg Sinai oder Horeb empfangen?

Auch im alten Iran verehrte man heilige Weltenberge, so den mystischen Berg Alburz, der sich heute gleich zweimal

...um den die Gestirne kreisen

lokalisieren läßt: einmal in Nordpersien, einmal im Kaukasus. In der Mythologie des Islam lebt er als Berg Kaf weiter. Er hat einen Hauptgipfel, den Terak, um den die Gestirne kreisen; durch seine 360 Fenster gehen sie ein und aus. Auf dem Terak erbauten der Legende nach in vorislamischer Zeit die Ameša Spentas, die sieben höchsten Geistwesen, dem Gotte Mithra einen Palast. In spätjüdischer Zeit verwandelten sich diese hohen Geister dann in die sieben Erzengel.

Die zahlreichen heiligen Berge der Antike knüpfen kultisch wahrscheinlich ausnahmslos an ältere mediterrane Glaubensinhalte an. Viele von ihnen heißen Olympos, etwa der große, der elische, der arkadische, der lakonische, der mittlere Pranon, ein Gipfel des Taygetos, der lesbische, der kyprische, der mysische oder der bithynische. Die meisten von ihnen krönten antike Tempelanlagen. Manche davon wurden später durch christliche Bergkirchen ersetzt.

Im alten China gab es zahlreiche Gruppierungen heiliger Berge, die meist zu Fünfergruppen zusammengefaßt waren. Sie standen symbolisch – nicht geographisch – jeweils für die Weltmitte und die vier Himmelsrichtungen. Taoisten, Konfuzianer und Buddhisten hatten und haben ihre eigenen heiligen Berge, die sich freilich häufig miteinander überschneiden. Die klassischen heiligen Berge des Konfuzianismus sind der T'ai-Schan in Schantung (sein Name bedeutet »Großer Berg«, und er gilt als »Berg der Mitte«), der Lung-Hu-Schan oder »Drachentigerberg« in Hunan, der Hua-Schan oder »Blumenberg« in Schensi, der Heng-Schan oder »Dauernder Berg« in Schansi und der Sung-Schan oder »Erhabener Berg« in Honan. Die chinesischen Buddhisten verehren den O-Mei-Schan, der als Wohnsitz des »Allerbarmers« gilt, und den Wu-Tai-Schan, von dem der Legende nach die Bekehrung Chinas zum Buddhismus ausging. Die Silbe »Wu« ist das altchinesische Wort für »Schamanin«, was auf eine bereits vorbuddhistische Verehrung dieses Berges schließen läßt.

Die größte Bedeutung aller heiligen Berge Chinas hat der T'ai-Schan. Trotz seiner geringen Höhe von nur 1450 Metern ist er eine eindrucksvolle Erscheinung, weil er isoliert aus einer Schwemmlandebene herausragt. Auf den Gipfel führt ein alter Pilgerweg, gesäumt von zahlreichen Tempeln, die dem Schutzgeist des Berges geweiht sind. Sie alle gelten als Eingänge in die Unterwelt. Den Steinen vom

Schutz vor den
dunklen Mächten

T'ai-Schan wird Zauberkraft zugesprochen. Sie sollen vor dunklen Mächten schützen. Inmitten einer Felsgruppe auf dem Berggipfel steht ein Tempel des Herrn des Himmels.

Im Grenzgebirge zwischen Korea und der Mandschurei erhebt sich der 2744 Meter hohe, düstere Pai-To-Schan, ein erloschener Vulkan, der in beiden Ländern als heilig gilt. Sein Kratersee heißt Lung-Wan-Tan, was soviel wie »See des Drachenfürsten« bedeutet. Parallelen zu den Drachenfabeln vom Pilatus und dem Pic Canigou und ihren Bergseen fallen auf.

Ausgesprochen reich an heiligen Bergen ist die Himalaya-Kette, besonders in Tibet. Wichtigste Gipfel sind der Kailas, der in Indien mit dem Weltenberg Meru gleichgesetzt wird, und der Gaurisankar, der Sitz der Weißen Himmelskönigin gNam-lha-dkar-mo. An der Grenze zwischen Tibet und Bhutan ragen die heiligen Berge Tschomo-Lhari und Kang-Tschen-Dzönga auf, beide Ziele von Wallfahrten und Prozessionen. Pilgerfahrten besonderer Art führen zum bedeutendsten Bergheiligtum des Himalayas, dem Kailas, der den Indern als Wohnsitz Shivas und seiner göttlichen Gemahlin gilt und für die Tibeter einen Thron ganzer Göttergeschlechter darstellt. Fromme Pilger umrunden den prächtigen Gipfel innerhalb einer vierzigtägigen Wallfahrt, indem sie den langen Weg in zigtausendfachen Niederwerfungen mit

ihrem Körper ausmessen. Die Verehrung dieses majestätischen Siebentausenders ist sehr alt. Von ihm, dem Nabel und der Achse der Welt, ging auch die Urreligion Tibets, der Bön-Schamanismus, aus.

Auch in Japan geht die Verehrung heiliger Berge in die frühesten Zeiten zurück. Die Ureinwohner der Inseln, die Ainu, sahen in manchen Gipfeln den Sitz eines Herrn der Tiere, den sie meist in Bärengestalt verehrten. In der späteren, aber noch immer prähistorischen Zeit der Yayoi-Kultur verehrten die Ackerbauern in den heiligen Bergen Orte der Ahnengeister und zugleich Zugänge zur Unterwelt und zum Himmel. Den Berggöttern, die außer als Bären auch als mythische Hirsche, Wölfe, Affen oder etwa als Wildschweine in Erscheinung treten konnten, brachte man Opfer dar. Als dann der Buddhismus nach Japan kam, übernahm er die alten heiligen Berge der Ureinwohner und institutionalisierte zahlreiche Bergwallfahrten, zum Beispiel zu den Gipfeln des Omine und des Ontake in Mitteljapan. Diese Wallfahrten hatten bis in die jüngste Vergangenheit noch ausgeprägt schamanistischen Charakter. So praktizierten die Pilger unter anderem noch bis vor kurzem die Zeremonie des Feuergehens.

Zahlreiche Klöster und Einsiedeleien von Asketen entstanden in den höheren Regionen von Japans heiligen Bergen. So mancher Büßer hofft, in der Gipfeleinsamkeit

Der Seele den
Spiegel vorhalten

Buddhanatur zu erlangen. Es fehlt aber auch nicht an völligen religiösen Abirrungen. So hoffen manche Asketen, selbst zu Bergdämonen zu werden und deren Kräfte zu erlangen. Viele uralte schamanische Elemente spielen hier ebenfalls eine Rolle. So gelten den Japanern die heiligen Berge Tata-yama und Shide-yama als Eingänge zur Unterwelt. Durch sie gelangen die Seelen der Verstorbenen zum Unterweltfluß Sanzu, wo sie von einer alten Frau von ihrer irdischen Hülle befreit werden. Dann hält der Totengott Emma, der indische Yama, jeder Seele einen Spiegel vor, der Selbsterkenntnis und Selbstgericht bewirkt. Der berühmteste japanische Pilgerberg ist zweifellos der perfekte Konus des Vulkans Fuji-Yama. Auch wenn die Wallfahrt zu seinem Gipfel heute weitgehend säkularisiert ist, gilt er noch immer als Sitz des Lichtkönigs Fudo. In den warmen Sommermonaten, in denen die Anstiegswege des Fuji schneefrei sind, pilgern zuweilen täglich bis zu 50000 Japaner hinauf zum Kraterrand.

Die Buddhisten und Hindus in Indien verehren wie die Tibeter ebenfalls etliche Himalaya-Gipfel, sie kennen aber

9 »Ich hebe meine Augen auf zu den Bergen, woher wird mir Hilfe kommen«, heißt es in einem Psalm. Zahlreiche christliche Klöster und Eremitagen liegen in wilden Bergregionen. Nahezu unzugänglich auf dem Gipfel einer Felsnadel erscheint dieses Meteora-Kloster im griechischen Thessalien.

darüber hinaus auch zahllose heilige Tempelberge im ganzen Lande, selbst in ausgedehnten Ebenen. Dort ersetzen die von Menschen errichteten Gopurams, gewaltige, sich nach oben verjüngende Tempeltürme, die Göttersitze. Einer der eigenwilligsten heiligen Berge Indiens ist der Srávana Bélgola im südindischen Staat Karnataka, den besonders die Anhänger des Jainismus verehren. Auf dem Gipfel der eindrucksvollen schwarzen Basaltkuppe steht eine 18 Meter hohe Statue des Gomatéshvara. Sie ist als Ganzes aus dem Fels herausmodelliert und mit ihren Füßen fest mit dem Berg verbunden. Die Gestalt gilt als eine der 24 sogenannten Tirthankaras, der mystischen Vorläufer des Religionsstifters Mahavira. Die Statue des Gomatéshvara steht auf dem Gipfel des Weltenberges, wo sie nach der Auffassung der Jainas direkt mit der kosmischen Energie verbunden ist.

Auch unsere mittel- und nordeuropäischen Vorfahren, die Kelten und die Germanen, kannten heilige Berge. Der Ortsname Godesberg zum Beispiel erinnert an einen früheren Göttersitz des Odin oder Wotan, wie auch zahlreiche andere Odenberge Norddeutschlands oder der Odenwald. Heilig waren unseren Ahnen aber etwa auch der sagenumwobene Brocken im Harz, der Kyffhäuser, der Staffelstein im Grabfeldgau oder die alte Vulkankuppe des Hohentwiel bei Singen, um nur einige wenige zu nennen.

Zahlreiche heilige Berge gibt es auch in der Neuen Welt, darunter mehrere Gipfel in den San Francisco Peaks in Arizona, die Black Hills in South Dakota, der Mount Shasta

10/11 Heilig waren unseren Ahnen auch so sagenumwobene Plätze wie der Blautopf bei Blaubeuren auf der Schwäbischen Alb und der Kyffhäuser in Thüringen.

12 Einen festen Platz in der Mythologie haben die Steingräber in der norddeutschen Tiefebene.

in Kalifornien, Mount Rainier in Washington, der Denali (früher Mount McKinley) in Alaska und der Mount Katahdin in Maine. Sie und andere werden von der amerikanischen eingeborenen Bevölkerung als Orte großer spiritueller Kraft verehrt. Auf Hawaii gilt der Mount Pelé als Heiligtum der gleichnamigen Vulkangöttin. In Venezuela ist der Sorte Mountain ein Ort besonderer Weihe.

In Afrika gelten von alters her neben anderen heiligen Bergen der Kilimandscharo und der Mount Kenia als Göttersitze, in Australien der rote Riesenmonolith des Ayers Rock.

Wenn auch mystische Berge zu den bedeutendsten Brennpunkten des Numinosen auf der Erde zählen, die einzigen »Orte der Kraft« sind sie nicht. Die verschiedenen Religionen kennen daneben zahlreiche andere Plätze großer kultischer Bedeutung: Quellen und Seen, einzelne Felsen oder Felsgruppen, Grotten, Klippen, Inseln, heilige Wälder oder etwa uralte heilige Bäume. Manchmal zeichnen sich solche Orte der Kraft auch durch keinerlei äußerlich erkennbare geologische oder biologische Besonderheit

Der Altar für
»den einen Gott«

aus. Verehrt werden sie von spirituell sensiblen Menschen dennoch. Es würde zu weit führen, hier eine auch nur grobe Übersicht derartiger Weihestätten vorzustellen. Ihre Zahl ist gigantisch. Einige wenige Beispiele sollen ihre vielfältige Natur charakterisieren. Nicht selten handelt es sich um uralte Kultplätze, von deren Rang auch entsprechende Monumente zeugen. Die Steinzeitanlagen von Stonehenge in England und andere englische, schottische und irische Steinkreise gehören ebenso hierher wie der berühmte Ort der Kraft, auf dem die französische Kathedrale von Chartres errichtet wurde. Der Haram-Bereich um die Kaaba von Mekka, ein Platz, an dem der alttestamentarische Stammvater Abraham einen ersten Altar für »den einen Gott« errichtet haben soll, ist ebenfalls ein solcher heiliger Ort.

Als Platz übernatürlicher Kraft gilt auch die Fontaine de Vaucluse, einer der bedeutendsten natürlichen Quelltöpfe der Welt, in Südfrankreich. Delphi, die Stätte des klassischen griechischen Orakels, ist ein Ort der Kraft, genau wie etwa die Ansammlung bizarr erodierter Felsen in der »Ciudad encantada«, der »verzauberten Stadt« nahe dem spanischen Cuenca. Lourdes mit seiner Erscheinungsgrotte gehört hierher und der heilige Bezirk unweit des portugiesischen Städtchens Fátima, aber auch die Indian Hot Springs in West-Texas oder die kleine staubige Wüste des »Kaldidalur« (»kalten Tales«) im Westen Islands. In Deutschland wären allen voran die Felsgruppen der Externsteine im Teu-

toburger Wald zu nennen, die neuerdings wieder als Kultstätte von »New-Age«-Anhängern verschiedenster Richtung genutzt werden, vor allem zur Zeit der Sommersonnenwende. Als Kraftorte gelten hierzulande aber auch der Blautopf in Blaubeuren, der Alatsee bei Füssen im Allgäu, der kleine Mummelsee an der Schwarzwald-Hochstraße, verschiedene Felsformationen in der Sächsischen Schweiz, das Quellenheiligtum Heidenfels bei Landstuhl, das norddeutsche Teufelsmoor, die Standorte der Hünengräber in der Lüneburger Heide und viele andere.

Was macht die heiligen Berge und all die anderen verehrten Plätze zu »Orten der Kraft«? Die Frage ist äußerst vielschichtig. Am sinnvollsten scheint es, zunächst einmal die Symptome aufzuspüren, die Menschen veranlassen, diese Plätze zu verehren. Systematisch beschäftigt haben sich in neuerer Zeit US-amerikanische Wissenschaftler der Fachrichtung »Transpersonale Psychologie«, aber auch der Geologie, der Physik und der Ingenieurwissenschaften mit derartigen Phänomenen. Diese Berichte enthalten viele merkwürdige Passagen. So zitiert der Psychologe Dr. Jim Swan von der Universität Michigan eine Texanerin: »Als ich nach Alpine, Texas, zog, fühlte ich einen inneren Zwang, hinauszugehen und diese wundervolle kleine Schlucht, den Ran-

Ein mystischer
Silberwolf

ger Canyon, zu erforschen. Nicht viel später hatte ich einen sehr lebhaften Traum von einem silbernen Wolf, der vor meiner Türe stand. Später, in der Bücherei, stieß ich auf einige alte Sagen über das Gebiet. Ranger Canyon, so scheint es, wird für den Platz gehalten, an dem ein mystischer Silberwolf lebt.«

Swan berichtet noch von anderen, ähnlichen Vorfällen, und er schreibt: »Wären das nur einige wenige, isolierte Vorkommnisse, dann könnte man sie übersehen, aber im Verlauf mehrerer Jahre habe ich mit weit über hundert Menschen gesprochen, die spezielle Erlebnisse an Orten hatten, von denen sie erst später erfuhren, daß sie als heilig oder ›besonders‹ gelten. Im Bereich einer Gruppe von 22 heißen Quellen in Texas – sie heißen Indian Hot Springs – verzeichnete der Volkstumsforscher Pat Taylor zahlreiche sehr lebhafte Träume, die Menschen hatten, während sie sich dort aufhielten. Besonders interessant ist, daß in mehreren Träumen große dunkelhäutige, fast nackte Menschen und Herden wilder Pferde vorkamen. Im allgemeinen bestätigen Menschen, die von solchen Träumen berichten, daß sie zuvor nicht erwarteten, Träume mit derartigen Motiven zu haben.«

Dr. Stanislav Grof vom kalifornischen Esalen Institute schreibt: »Ich selbst zweifle nicht an der Realität von ›Kraftorten‹ (er nennt sie ›power spots‹) . . . Einer davon ist mit Sicherheit der Platz, wo der Hot Springs Creek bei Esalen einen Wasserfall bildet und in den Pazifischen Ozean mündet. Mehrere mexikanische und nordamerikanische Schamanen, die wir zu unseren Seminaren einluden, erkannten ihn unabhängig voneinander als solchen.«

Manche Menschen haben an Orten der Kraft besondere Träume. Andere, spirituell erfahrene Personen, erkennen die Kraft intuitiv. Der Musiker Steven Halpern – und mit ihm zahlreiche andere Menschen – »hören« in ihrem Inneren besondere Musik an derartigen Plätzen. Manchmal erfahren sie dort regelrechte Kraftlieder – Melodien wie Texte –, die sich in ihrem späteren Leben als überaus hilfreich erweisen. Sie beruhigen beim Singen, sie wirken heilend, sie verhelfen zu Visionen und zu Kontakten mit Schutz- und Kraftgeistern. Wieder andere Menschen fallen an Orten der Kraft unmittelbar in Trance, haben Visionen, spüren gewal-

Seelische Stabilität, Gelassenheit, Ruhe

tige Energien in ihrem Inneren, fühlen sich geistig oder sexuell erregt. Ein Leser meines Buches »Die großen Rätsel unserer Welt«, ein deutscher Diplomingenieur, schrieb mir, daß er zusammen mit seiner Frau auf Anraten eines Einheimischen an einem stillen – das heißt touristenarmen – Abend durch die prähistorischen Menhirreihen von Carnac in der Bretagne ging, die Handflächen nach unten gerichtet. Der französische Informant hatte ihm das angeraten, ihm aber nicht gesagt, was er erwarten könne. An einer bestimmten Stelle der Steinreihen verspürten beide Ehepartner gleichzeitig ein Kribbeln in ihren Händen, das sie als »elektrisch« empfanden. Andere Besucher von Orten der Kraft berichten von einem Sausen in den Ohren oder einem Summen im Kopf, das sie als spürbaren Energiefluß interpretieren. Meistens vermitteln die Kraftplätze innere Ruhe, seelische Stabilität, Gelassenheit und Glücksgefühle. Doch es gibt auch Orte negativer Kräfte, die instinktiv als unangenehm empfunden werden. Gänsehaut macht sich breit, und viele Besucher reagieren beinahe automatisch mit einem Fluchtreflex. Sie beginnen, schneller zu gehen, zu laufen.

Die Naturwissenschaftler lehnten es lange ab, sich mit Orten der Kraft zu befassen. Sie stehen ihnen skeptisch oder negativ gegenüber, zuweilen auch verunsichert. Meist ignorieren sie derartige Phänomene einfach. Wie sollen sie schließlich damit umgehen? Wie kann sich ein Naturwissenschaftler – gleich welcher Fachrichtung – mit den Mitteln

seines Handwerks einem Meisterwerk von Rembrandt nähern? Er kann die Farben chemisch analysieren, den Pinselstrich unter dem Mikroskop betrachten, die Leinwand auf ihre physikalischen Eigenschaften untersuchen, die Lichtreflexions- und Absorptionseigenschaften aller Bildpunkte ermitteln oder das Bild unter dem Mikroskop betrachten. Erfassen wird er seine eigentliche Bedeutung, seine geistige Substanz, damit nicht. Die Quintessenz ist einfach: Ein Rembrandt ist kein Forschungsgegenstand für einen Naturwissenschaftler.

Kann ein Ort der Kraft es sein? Die Naturwissenschaftler haben diese Frage lange verneint. Genötigt, sich mit diesem Thema auseinanderzusetzen, sahen sie sich erst von den Esoterikern, mitunter auf eine ausgesprochen peinliche Weise. Die Esoteriker selbst begannen nämlich, pseudonaturwissenschaftliche Methoden zu erfinden und selbst anzuwenden, um die Existenz von Kraftorten zu »beweisen«. Dabei bedienen sie sich einer Terminologie, die bei den etablierten Naturwissenschaftlern blankes Entsetzen auslösen muß. Sie sprechen etwa von magnetischen Strahlen, was physikalisch gesehen purer Nonsens ist. Magnetismus äußert sich in Feldern, er strahlt nicht. Sie versuchen zuweilen sogar, Radiästhesie, die Mutung von Wasseradern

Die Existenz der Kraftorte »beweisen«

oder Bodenschätzen mit der Wünschelrute oder dem Pendel, als exakte Meßtechnik auszugeben und deren Ergebnisse in Skalen numerisch zu erfassen. In Wirklichkeit zeigen weder Rute noch Pendel irgendwelche physikalischen Größen an, sondern den Muskeltonus sensibler Menschen, die ihrerseits durchaus irgendeine Art instinktiven Gespürs für Dinge im Erdboden haben können. Radiästhesie als naturwissenschaftliche Meßtechnik zu betrachten ist nichts anderes, als wollte man die körperliche Erregung eines Kunstliebhabers angesichts eines bedeutenden Bildes als Körperzittern erfassen und aus dessen Stärke einen Wertmaßstab für das Kunstwerk ableiten.

Die Zunft der esoterischen Erdforscher gibt sich selbst den pseudowissenschaftlichen Namen Geomanten. Sie spricht von Erdstrahlen als Gegebenheit, ohne in der Lage zu sein, dieses Phänomen überhaupt physikalisch zu definieren. Da ist von kosmischen oder erdgebundenen Energien oder gar Energieströmen die Rede. Unter Energie versteht die Naturwissenschaft die potentielle Fähigkeit, meßbare Arbeit zu leisten. Aber welche Arbeit im physikalischen Sinne hätte die von den Geomanten erwähnte »Energie« jemals geleistet? Die spirituellen Erdforscher haben sich

14

15

durch den Anstrich der Naturwissenschaftlichkeit selbst erheblichen Schaden zugefügt. Sie haben sich ohne Not unglaubwürdig gemacht.

Welcher Kunstfreund käme auf die Idee, die geistige Kraft, die einem Bild innewohnt, etwa als geheimnisvolle Strahlenenergie auszugeben und diese sogar messen zu wollen? Selbst wenn ihm das gelänge, würde er dadurch nichts gewinnen, sondern viel verlieren. Messen bedeutet zerstückeln. Eine Gesamtwirkung läßt sich niemals messen, auch nicht in den exakten Naturwissenschaften. Messen lassen sich immer nur einzelne konkrete physikalische Größen, und die sind stets nur ein kleiner Teil des Ganzen.

Ein Analogiebeispiel soll die ganze Absurdität des pseudowissenschaftlichen Anspruchs mancher Geomanten belegen. Stellen Sie sich vor, ein gläubiger Christ wolle die Wissenschaft von der faktischen Existenz der göttlichen Offenbarung überzeugen und bediene sich dazu der Bibel. Er fordert die Physiker und Chemiker auf, das heilige Buch genauestens zu untersuchen. Das Ergebnis ist eine möglicherweise umfangreiche Datensammlung. Erfaßt werden Dimensionen, Masse, struktureller Aufbau aus Einband und abzählbaren Papierblättern, Schwärzungsgrad der einzelnen Seiten durch Druckerfarbe, Alter und chemische Zusammensetzung des Materials und so weiter. Von »heilig« bleibt da keine Spur. Der Christ hat sich in den Augen der Naturwissenschaftler lächerlich gemacht, vor allem, wenn er sich selbst zuvor bei der Beschreibung des Buches eines Vokabulars bedient hat, das zahlreiche physikalische

13 Maria-Magdalena-Kirche in Jerusalem, die Grabkapelle einer russischen Fürstin.

14 Bei den steinzeitlichen Dolmen handelt es sich um kultische Bestattungsplätze an heiligen Orten.

15 Vor etwa 4000 Jahren wurden die Steinkreise von Stonehenge errichtet.

Fachausdrücke sachlich falsch und in falschem Zusammenhang benutzt. Dennoch sind der Christ und sein heiliges Buch ernst zu nehmen.

Die Geomanten verärgerten die Naturwissenschaftler derart, daß einige unter ihnen auszogen, um die Störenfriede mit ihren »Orten der Kraft« meßtechnisch zu widerlegen. Die Ergebnisse waren jedoch verblüffend: An vielen dieser alten heiligen Plätze konnten tatsächlich deutliche Abweichungen der durchschnittlichen natürlichen geophysikalischen Größen gemessen werden. Unter den »Black Hills« von South Dakota, die den Lakota Sioux und anderen Indianerstämmen der großen Ebenen als Stätten der inneren Läuterung und der Vision gelten, lagern bedeutende Uranvorkommen. Die radioaktive Strahlung des Bodens ist hier erheblich höher als anderenorts. Auch der Ayers Rock, das bedeutendste Naturheiligtum der australischen Aborigines, erhebt sich über einem größeren Uranlager. In Großbri-

Radioaktive Strahlung als Ursache?

tannien fand Paul Devereux erhöhte Radioaktivität im Bereich einiger steinzeitlicher Menhirkreise. Zahlreiche radioaktive Quellen in aller Welt galten seit alters her als Heilquellen.

Das Vorkommen strahlender Nuklide ist nur ein Merkmal mancher Orte der Kraft. Die Physiker fanden noch zahlreiche andere. Das erdmagnetische Feld induziert dort, wo es im Boden geeignetes elektrisch leitendes Material findet, elektrische Ströme. Unangenehm trat das beim Bau der Alaska-Pipeline in Erscheinung. Man hatte nicht damit gerechnet und das lange Stahlrohr über weite Strecken ohne Zwischenisolatoren verlegt. Die Folge waren bei erdmagnetischen Turbulenzen, wie sie auch die Polarlichter auslösen, Ströme von lokal über 100 Ampere, die zur raschen Korrosion des Edelstahlrohrs führten. Die technische Abhilfe verschlang Millionen Dollar. Derartige Induktionsströme können an geeigneten Stellen auch in unterirdischen Wasserläufen – die ja ebenfalls elektrisch leitend sind –, in feuchten Sedimenten oder Erzgängen auftreten. Die Geologie spricht von »tellurischen Strömen«.

Im Bulletin of the Geological Society of America berichtet James Towle von einem starken regionalen Strom dieser Art im Bereich der San Francisco Peaks, einer Bergkette, die den Hopi und Navahos heilig ist. Welchen Einfluß diese Erscheinung auf biologische Organismen hat, wisse er nicht, schreibt Towle; aber er erwähnt, daß die erhöhte geoelektrische Aktivität in diesem Gebiet zu besonders heftigen Gewittern Anlaß gibt und daß bei trockenem Wetter die

Bergspitzen manchmal aufgrund elektrischer Entladungen in der Dämmerung regelrecht glühen. Der Effekt läßt sich mit dem Sankt-Elms-Feuer an den Mastspitzen von Schiffen vergleichen, einer elektrischen Lichterscheinung, die früher so mancher Seemann mit Aktivitäten des »Klabautermannes« verband.

In den Anden sind derartige Entladungen als »Andenlichter« bekannt und können meilenweit vor der Westküste Südamerikas von Schiffen aus auf Berggipfeln gesehen werden. Solches Leuchten erscheint bei geeignetem Wetter und geeigneter erdmagnetischer Konstellation an den Gipfeln zahlreicher heiliger Berge in aller Welt. Der Omei in China und der Sorte in Venezuela, beide von der lokalen Bevölkerung als heilig betrachtet, erstrahlen regelmäßig in »mysteriösem« Glimmlicht. Wer sich zu dieser Zeit auf ihrem Gipfel aufhält, empfindet innere Energie, Erregung und Inspiration. Manche Menschen berichten dabei auch von Geräuscherlebnissen. Sie hören ein Knistern oder Summen.

Joan Price, Direktorin des geophysikalischen Colorado Plateau Forschungsprojekts, berichtet von Meßdaten, die

Sonderbare Lichter in der Wüste

ungewöhnlich starke elektromagnetische Felder an manchen heiligen Orten der Hopi-Indianer ausweisen. Gleichzeitig erwähnt die Wissenschaftlerin einen beachtlichen Überschuß negativer Ionen in der Luft, die sich auf Geist und Körper beruhigend auswirken.

Stark negativ ionisierte Luft findet sich auch in der Nähe zahlreicher Heilquellen in aller Welt. Das Wasser der als Ort der Kraft und der Heilung bekannten Indian Hot Springs in West-Texas zeichnet sich durch einen ungewöhnlich hohen Anteil gelöster Substanzen aus. Besonders wichtig erscheint die beachtliche Menge von Lithium, das in der Medizin zur Stabilisierung bei geistiger Labilität Verwendung findet. Weil sich diese Quellen längs einer tektonisch unruhigen Grabenzone erstrecken, lassen sich hier zugleich elektrische Entladungserscheinungen erwarten. Sogar die US-Army berichtete von »sonderbaren Lichtern« in dieser Wüstenregion.

Bei Stonehenge und anderen der überaus zahlreichen britischen Steinkreise aus prähistorischen Zeiten wollen Physiker zu manchen Jahreszeiten ein eigenartiges akustisches Phänomen beobachtet und vermessen haben: Im nahen Umfeld der Kreise lassen sich angeblich starke Ultraschallwellen registrieren, während diese im Inneren der Kreise völlig fehlen.

16 In China gibt es viele
heilige Berge, oft zu Fünfergruppen zusammengefaßt.
Sie stehen symbolisch für
die Weltmitte und die vier
Himmelsrichtungen. Die
verschiedenen Religionen
hatten eigene Berge. Die
Huangshan-Berge werden
von den Konfuzianern ver-
ehrt.

17 Sehr einsam liegen die Ruinen des Puntsoling-Klosters am Tsanpo-Fluß in Tibet.

18 In den tibetanischen Bergen des Himalaya gibt es viele Kultstätten, heilige Berge und Klöster.

19 Der berühmteste japanische Götterberg ist der Fuji-Yama. Er gilt als Sitz des Lichtgottes Fudo. Im

Alles in allem scheinen die verschiedenen Meßdaten die Theorie jener zu unterstützen, die daran glauben, daß sich Orte der Kraft tatsächlich durch geophysikalische Anomalitäten auszeichnen. Dennoch ist Vorsicht geboten. Zum einen werden zu viele verschiedene physikalische Größen bemüht, neben radioaktiver Strahlung, elektrischen Strömen und magnetischen Feldern auch die Präsenz unterirdischer Wasseradern, von Gold oder Edelsteinvorkommen oder etwa von vulkanischem Gestein. Zum anderen gibt es Tausende, vielleicht sogar Hunderttausende derartige Orte der Kraft auf der Erde. Wer nur lange genug sucht, wird immer relativ rasch einige Dutzend derartiger Stätten finden, an denen die geomagnetischen Kennwerte deutlich von der Umgebung abweichen. Die Frage ist, ob das nicht auch für zahllose Plätze zutrifft, die niemand als »heilig« oder »besonders« empfindet. Und selbst wenn der Nachweis erbracht wäre, daß dem nicht so ist, bedeutet das noch keineswegs mit letzter Sicherheit, daß die physikalischen Anomalitäten direkt auf den Menschen einwirken.

Jedes geologische Geschehen hat seine Ursachen. Erhöhte elektrische Induktionsströme sind ebenso an besondere Bodenarten und Gesteine gebunden wie etwa Uranlager. Solche Bindungen prägen aber ihrerseits in charakteristischer Weise das Landschaftsbild. Sind es wirklich die elektrischen und magnetischen Phänomene, die den sensiblen Menschen veranlassen, einen Platz als Ort der Kraft zu empfinden, oder ist es der besondere Zauber einer bizarren Vulkanlandschaft, eines wilden Canyons, einer ver-

Sommer pilgern bis zu 50 000 Menschen täglich an den Kraterrand.

20 Zu den heiligen Bergen Nepals zählt der fast 7000 Meter hohe Machapuchare.

wunschen wirkenden Höhle oder eines geheimnisvollen, scheinbar grundlosen Quelltopfs? Gegen die physikalische Meßbarkeit heiliger Orte spricht schließlich, daß es weit mehr Stätten der Kraft gibt, an denen sich keinerlei geophysikalische Anomalitäten feststellen lassen, als solche, für die das zutrifft.

In den USA gibt es derzeit ein Projekt, alte Stammesheiligtümer unter Landschaftsschutz zu stellen. Das bisher zugrundegelegte Kriterium, dort Ausgrabungsfunde zu erwarten, trifft für viele heilige Orte nicht zu, denn sie galten oft als tabu und man ließ dort nichts herumliegen. Neuerdings verlangen Kultplatzschützer, das Gesetz solle heilige Orte mit meßbaren geophysikalischen Abweichungen einschließen. Dr. Emmett Alui, Leiter des Kaho'olawe Ohana Projekts zum Schutz heiliger Orte auf Hawaii, wendet sich entschieden gegen dieses Verfahren: »Was passiert, wenn Sie sich an einen heiligen Ort begeben und keine besonderen Luftionen oder chemischen Substanzen finden? Vielleicht ist der Geist des Ortes etwas, das sich nicht mit einem Meßgerät erfassen läßt.«

»Der Geist des Ortes«, das allein scheint eine angemessene Charakterisierung einer Stätte der Kraft zu sein; genauso, wie man vom Geist eines Buches, etwa vom Geist der Bibel, sprechen kann. Alejandro Zaffaroni, Gründer und Inhaber der ALZA-Gesellschaft in Kalifornien, die sich mit außergewöhnlichen pharmazeutischen Applikationsmethoden befaßt, gab mir einmal eine wundervolle Beschreibung seines persönlichen »Ortes der Kraft«, ohne damit im

21/22/23 In allen Religionen haben die Gläubigen ihren Göttern Tempel gebaut und dabei weder Kosten noch Mühen gescheut. Sie streben dem Himmel entgegen, Symbol für das Aufsteigen zu einer höheren Daseinsform und für die Verehrung der Gottheit.

entferntesten so etwas wie ein schamanisches Heiligtum zu meinen. Er erklärte, daß er seine wirklich phänomenale Schaffenskraft und zugleich Lebensfreude ganz einfach dadurch regeneriere, daß er in einem seiner Belegschaft unbekannten Gebäude unweit seiner Firma einen Raum unterhalte, der ihm lediglich der Entspannung diene, wenn er sich müde, verärgert oder einfach ideenlos und leer fühle. Sein Büro sei nicht der geeignete Ort zum Entspannen; denn wenn er zufällig auf dasselbe Bild blicke, das er vielleicht geistesabwesend betrachtet hatte, als er über ein geschäftliches Problem nachdachte, wenn er vor demselben Schreibtisch sitze, an dem er unliebsame Korrespondenz erledigte, dann assoziiere er damit ganz automatisch zu viele negative Gedanken. Seinen Entspannungsraum hält er davon frei. Ihn füllt er ganz bewußt nur mit positivem Denken. Er sagt, daß die psychische Wirksamkeit dieses Raumes auf ihn im Laufe der Zeit immer stärker wird.

Liegt hier eines der wichtigsten Geheimnisse aller Orte der Kraft? Sind es einfach harmonische Plätze, die noch nicht durch Negatives entweiht sind? Leben hier vielleicht

---

Wo ich bete, ist eine Moschee

---

sogar die positiven Gefühle und Gedanken einer Vielzahl von Menschen fort, die einen solchen Platz als heilig empfunden haben, und verstärken sie seine Kraft? Wo ich bete, sagte Mohammed einmal, dort ist eine Moschee. Von manchen alten Häusern heißt es, in ihnen wohne ein guter Geist. Braucht es dazu »Erdstrahlen« oder magnetische Felder, wenn liebevolle Bewohner den Platz im Laufe der Zeit ganz behutsam durch zahllose kleine Details zu dem gemacht haben, was er ist?

Die Erkenntnis, daß im Grunde keine physikalische Messung objektiv sein kann, stammt von Werner Heisenberg und wird heute von der Naturwissenschaft allgemein anerkannt. Immer wirkt die Messung selbst auf das Meßobjekt zurück. Immer entsteht eine Wechselwirkung zwischen Meßgegenstand und messender Person. Dieses Phänomen zeichnet sich bei der vorgeblichen physikalischen Erfassung der Eigenheiten von Orten der Kraft besonders ausgeprägt ab. Der Schweizer Ethnologe, Religionswissenschaftler und Psychologe Marco Bischof bemerkte in einem Referat zum Thema »Orte der Kraft« sehr zutreffend: »Warum finden Radiästheten (also Rutengänger, Pendler) nur im deutschen Sprachraum − wo ein gewisser Hang zum ordentlichen rechtwinkeligen Denken nicht zu leugnen ist − Gitternetze (gemeint ist die angebliche Verteilung von »Erdenergien«), im angelsächsischen aber nicht? Dort werden ganz andere

Strukturen festgestellt, die man wiederum bei uns nicht findet. Meine Erfahrung hat mich gelehrt, daß Erdenergien keine rein objektive, vom Menschen unabhängige Existenz besitzen und damit auch nicht in dieselbe Kategorie wie physikalisch meßbare elektromagnetische Felder fallen ... Wahrnehmung ist ein Auswahlprozeß, bei dem der Bewußtseinszustand des Wahrnehmenden über Resonanzphänomene bestimmt, welche Strukturen aus der Totalität der Wahrnehmungsmöglichkeiten ausgewählt und in die bewußte Wahrnehmung gerückt werden ... Bedenken wir einmal die Situation eines Pendlers oder Rutengängers, der zur Mutung schreitet. Er sucht mit einer ›anderen‹ Wirklichkeit in Kontakt zu kommen, auf die er sich gar nicht wirklich vollständig einlassen will, weil er deren Rückwirkung auf ihn nicht in Kauf zu nehmen bereit ist. So geht er wie ein messender Physiker an die Aufgabe heran, der sich selbst als fühlenden Menschen mit Ahnungen und Intuitionen aus dem Wahrnehmungsprozeß ausschließt.«

Dr. Jörg Purner, Diplomingenieur für Architektur und Lehrbeauftragter an der Universität Innsbruck für »Randgebiete der Baukunst«, faßte einen ähnlichen Gedanken bei einem Vortrag noch konkreter: »Ich bin selbst viele Jahre hindurch der Versuchung erlegen, die Wirksamkeit von sogenannten Reaktionszonen, wie sie auch an Orten der

---

Heilige Orte − physikalisch nicht meßbar

Kraft auftreten können, ausschließlich auf Kräfte im Sinne physikalisch interpretierbarer Strahlungsfelder zurückzuführen. Deshalb habe ich, wie viele andere auch, von einer ›elektronischen Wünschelrute‹ geträumt ... Im Laufe der Jahre systematischer Erforschung von radiästhetischen Phänomenen sowohl in Form ›krankmachender‹ als auch ›heilsamer‹ Zonen mußte ich allerdings erkennen, daß sich ein Ort der Kraft keineswegs durch besondere Strahlung oder besondere Kräfte im physikalischen Sinne von seiner Umgebung abheben muß, um wirksam zu sein. Vielmehr sehen ›heilige Orte‹ geophysikalisch meist wie ganz ›normale Orte‹ aus, und es ist ihnen meßtechnisch nicht anzusehen, warum sie heilsam auf Menschen zu wirken vermögen ... Vielleicht entdecken Sie eines Tages, daß Ihnen Ihre Mutungsverfahren und Meßmethoden zwar sehr hilfreich sein können, einen Ort der Kraft zu entdecken. Aber ein heiliger Ort wird sein wahres Geheimnis nur dann offenbaren, wenn Sie all Ihre forschende Neugier zum Schweigen gebracht haben. Dann werden Sie aus eigener Erfahrung erkennen, daß es vermessen wäre, Kräfte messen zu wollen, weil es nichts mehr zu vermessen gilt!«

Drogen verändern das Bewußtsein

Heute ist allgemein bekannt, daß sogenannte halluzinogene Drogen das Bewußtsein verändern können. Aber sind die Inhaltsstoffe mancher Kakteen, »heiliger« Pilze und gewisser südamerikanischer Lianen auch in der Lage, das Bewußtsein zu erweitern? Vermitteln chemische Substanzen durch ihre Wirkung im Gehirn eine Art von zweitem Gesicht? Erwirbt man durch sie metaphysische Fähigkeiten? Stammes-Schamanen zahlreicher Indiovölker Mittel- und Südamerikas benutzen Pflanzendrogen seit langem, um hellsichtig zu werden, um Weisheit zu erlangen, um Kontakte zu jenseitigen Welten zu knüpfen. Im alten Europa bereitete man damit Hexensalben und Hexentränke zu.

1/2/4/5 Der Haschisch-Raucher ist glücklich wie jemand, der eine gute Nachricht hört, wie der Geizige, der seine Schätze zählt, der Spieler, den das Glück begünstigt, oder der Ehrgeizige, den der Erfolg berauscht. Pflanzen, aus denen Rauschdrogen hergestellt werden, wachsen auf der ganzen Welt,

Nachdem sie nun ausgezogen war, hat sie sich ganz und gar – ich weiß nicht mit was für einer Salbe – eingeschmiert, was für uns durch ein Spältlein in der Türe wohl zu sehen war. Durch die kräftige Wirkung der schlafbringenden Salbe ist sie zu Boden gefallen und in einen tiefen Schlaf gesunken. Wir aber sind dazu gekommen, haben die Tür geöffnet und ihr die Haut ziemlich gebläut. Aber so tief hat sie geschlafen, daß sie keine Spur davon empfunden hat. Danach sind wir wieder hinausgegangen, um den Fortgang der Dinge abzuwarten. Sobald nun die Kraft der Salbung nachließ, erwachte sie auf einmal und erzählte viele seltsame Geschichten, wie sie über Berg und Tal gefahren sei. Wir verneinten es, sie wollte recht behalten; wir zeigten ihr die Striemen, aber es war vergeblich; in summa bewirkten bei ihr all unsere Worte und Taten nicht mehr, als würde man in einen kalten Ofen blasen.«

Diesen Bericht gab 1558 der neapolitanische Magier und Gelehrte Giambattista della Porta über seine Erfahrungen mit einer sogenannten Striga, einer »Nachtfahrenden« oder Hexe. Ähnliches hatte schon der 125 nach Christus geborene römische Dichter, Künstler und Gelehrte Apulejus, ein Mann, besessen von faustischem Wissensdrang, im ersten erhalten gebliebenen Roman der Weltliteratur erzählt. In seinem berühmten »Goldenen Esel« heißt es: »Allererst zieht sich Pamphile fasernackend aus. Nachher schließt sie eine Lade auf, woraus sie verschiedene Büchschen nimmt. Eines von diesen Büchschen öffnet sie und holt daraus eine Salbe, die sie so lange zwischen beiden Händen reibt, bis sie völlig

Peyote-Kakteen im mexikanischen Hochland, die Cannabis-Pflanze in Asien und Afrika.

3 Der Zaubermittelladen in La Paz bietet neben Rauschmitteln auch Glücksbringer an.

6 Die Alchemistenwerkstatt aus dem 18. Jahrhundert zeigt Destilliergeräte und Wunderdrogen.

7 Die grüne Eintönigkeit des Bildes täuscht: Hier wird harte Realität gezeigt, Opiumarbeiter auf dem Feld. In vielen der ärmsten Gebieten der Erde wird Schlafmohn, also Opium, angebaut. Die Ernte ver- spricht den Bauern weit höheren Gewinn als beim Anbau herkömmlicher Pflanzen erwirtschaftet

zergangen ist; alsdann beschmiert sie sich damit von der Ferse bis zum Scheitel. Nun hält sie ein langes, heimliches Gespräch mit ihrer Lampe. Darauf schüttelt und rüttelt sie alle ihre Glieder. Diese sind nicht sobald in wallender Bewegung, als daraus schon weicher Pflaum hervortreibt. In einem Augenblick sind auch starke Schwungfedern gewachsen; hornicht und krumm ist die Nase; die Füße sind in Krallen zusammengezogen. Da steht Pamphile als Uhu! Sie erhebt ein gräßliches Geheul und hüpft zum Versuch am Boden hoch. Endlich hebt sie sich auf ihren Flügeln in die Höhe, und in vollem Fluge hinaus aus dem Erker! Also ward Pamphile vorsätzlich durch ihre magische Wissenschaft verwandelt.« Neugierig geworden, beschafft sich der Romanheld Lucianus mit Hilfe Pamphilens Zofe nun selbst die Zaubersalbe, in der Hoffnung, durch ihren Gebrauch ebenfalls zum Vogel zu werden. Doch verwandelt ihn das Mittel statt dessen in einen Esel.

Vermutlich wußte Apulejus sehr wohl, wovon er in seinem Roman erzählte, denn ihm selbst hatte die römische

Dokumente aus alter Zeit

Justiz den Prozeß wegen Zauberei gemacht. Auch seine Erkenntnis, daß ein und dieselbe Salbe bei verschiedenen Personen zu sehr verschiedenen Transformationserlebnissen führen kann, spricht dafür.

Neben dem Bericht des römischen Literaten gibt es auch andere Dokumente aus alter Zeit, die auf den Gebrauch derartiger Salben und Öle schließen lassen, darunter solche aus dem indogermanischen Kulturkreis. Einen regelrechten Boom erlebten derartige »Zaubermittel« aber erst ab dem 6. und 7. Jahrhundert: Hexenkulte bildeten sich heraus, die bestimmte, auf dem religiösen Nährboden dieser Zeit basierende Rituale entwickelten. Wichtigstes Element jeder Hexenzeremonie war die Hexensalbe oder auch ein Hexentrank. Diese Zubereitungen enthielten Extrakte aus Bilsenkraut, Stechapfel, Alraune (Mondragora) und Tollkirsche (Belladonna), auch von Mohn, Schierling, Wolfsmilch und Taumellolch. Um dem Ganzen zusätzlich einen magischen, einen unheimlichen Anstrich zu verleihen, sahen manche Rezepte Beigaben von Insekten, Eidechsen, Schlangenfett, ja sogar Menschenblut und gesottenem Fett lebender oder toter Kinder vor. Die Wirkung dürften diese Zutaten allerdings nicht beeinflußt haben. Das war nur bei der Krötenhaut der Fall, denn sie enthält die halluzinogene Substanz Bufotenin. Rauschzustände mit mehr oder weniger starken Halluzinationen lösen auch verschiedene Bestandteile der genannten Pflanzen aus.

werden kann, ja, teilweise die einzige Verdienstmöglichkeit überhaupt. Aus der unreifen Fruchtkapsel des Schlafmohns wird das Opium gewonnen. Es wird zur Herstellung vieler Arzneimittel benötigt, aber auch als Rauschdroge in aller Welt vermarktet.

Charakteristisch für das mittelalterliche Hexentreiben war ein tranceartiger Schlaf mit äußerst lebhaften Träumen von Flugerlebnissen, sogenannten Hexenritten, die meist zu gemeinsamen Versammlungsorten der Hexen und Hexer führten. Der berühmte Besen oder die Heugabel, auf der die Hexen dabei ritten, waren insofern in der Tat »Reisevehikel«, als die Hexen oft nicht sich selbst mit der Zaubersalbe einschmierten, sondern diese Stöcke, die sie sodann zwischen ihren Beinen rieben. In manchen alten Schriften wird die Hexensalbe denn auch Besenschmalz oder ähnlich genannt. Ein Ende machte diesen Hexenkulten erst die massive Verfolgung durch die katholische Kirche während der Renaissancezeit. Erst in diesem Zusammenhang wurden die »Drogentrips« regelrecht verteufelt und als Satanskult hingestellt. Entsprechende Geständnisse entlockte man

Geständnisse durch Folter

ihren Anhängern durch die Folter. Interessanterweise erwähnen die Akten der Inquisition nur sehr selten irgendwelche Hexensalben. Das konnte auch gar nicht im Interesse des Klerus liegen, denn dadurch wäre die angeprangerte Macht Satans auf einen schlichten Drogenrausch zusammengeschrumpft.

Die geistliche Justiz war es, die dem Hexenwesen den Anstrich des Bösen gab, und sie ist es hier und da heute noch. So standen um 1980 in Rhodesien drei als Hexen angeklagte Shona-Frauen vor Gericht, die sich nach ihren eigenen Aussagen wiederholt in der Nähe dreier gewisser Bäume draußen im Busch splitternackt getroffen hatten und dort mit einer weißen Salbe (mushonga) ihre Hände und ihr Gesicht einrieben, »um nachtzufahren«. Sie ritten bei diesen nächtlichen Exkursionen auf Hyänen, Ameisenbären und anderen Tieren, die sie durch die Luft trugen. Eine der drei Hexen berichtete, sie erinnere sich daran, wie sie drei Krale besuchten.

Wo die Gerichtsbarkeit das Tun der Hexen nicht verurteilt, gewinnt es – was kaum überrascht – ein weitaus positiveres Gesicht. So reiben sich die Hexen des Normanby-Archipels im Südpazifik mit »Blättern und Magie« ein, bevor sie in der farbenprächtigen Gestalt von Paradiesvögeln in die Unterwelt Numu fliegen, um dort Huyowana zu holen. Huyowana ist das Wort dieser Eingeborenen für Glück.

Was unterscheidet die »Hexensalben« und »Hexentränke« von anderen Rauschmitteln? Niemand wäre schließlich im ausgehenden Mittelalter auf die Idee verfallen, einen chronischen Trunkenbold vor die Inquisition zu zerren und ihm unter Folter Geständnisse über magisches Treiben und

teuflische Pakte abzupressen. Und auch der zu allen Zeiten in vielen Teilen der Welt übliche Gebrauch der Rauschdrogen Haschisch, Opium, Kokain, Betel, Kath und so weiter führte zwar hin und wieder zu Verboten aus Besorgnis um die Volksgesundheit, nicht aber zur Verfolgung von »Zauberern« und »Hexen«. Die moderne Wissenschaft faßt die alten – und dazu einige neue – »Hexenmittel« als halluzinogene Drogen zusammen. Um es vorwegzunehmen: Auf welche Weise sie die Halluzinationen hervorrufen und was diese Halluzinationen ihrem Wesen nach sind, wissen wir nicht. Auffällig ist, daß diese Bewußtseinsveränderungen in vielfacher Hinsicht schamanischen Trancereisen, Nahtodeserlebnissen, Visionen unter Hypnose und so weiter ähneln und daß sie vom Anwender dieser Drogen fast durchweg als Realität, nicht als Traum oder lebhafte Phantasie empfunden werden. Das Erlebensspektrum reicht je nach Droge von bunten, leuchtenden Farbvisionen über das Hören einer Art Sphärenmusik bis zu Reise- und speziell Flugerfahrungen, zu Begegnungen mit mystischen Tieren,

Geborgenheit und Liebe

Menschen und Fabelwesen. Von Hellsichtigkeit wird ebenso berichtet wie von einer ungeheuren Sensibilitätssteigerung, von euphorischen Gefühlen allumfassender Geborgenheit und Liebe und vom Aufgehen im kosmischen Ganzen. Wie unter Hypnose lassen sich zuweilen längst vergessene Bilder aus der eigenen Vergangenheit zurückrufen und neu durchleben, bis zurück zur Geburt. Ist das alles pure Illusion oder eine Form von Bewußtseinserweiterung, wie besonders manche jugendliche Drogennehmer in den USA und Europa etwa seit den sechziger Jahren betonen?

Es fehlt nicht an wissenschaftlichen Untersuchungen auf diesem Gebiet, angefangen von den Studien der Ethnologen bis hin zu den Arbeiten von Psychiatern, Neurologen, Pharmakologen, Biochemikern und Chemikern. Es lohnt sich, die bisherigen Forschungsergebnisse unter die Lupe zu nehmen, denn sie führen in ein phantastisches Grenzgebiet zwischen Körperphysiologie und Seelenleben oder generell zwischen Materie und Geist. Betrachtet sollen dabei nur jene Drogen werden, denen ihre Anhänger wirklich bewußtseinserweiternde Eigenschaften nachsagen, also nicht etwa Haschisch, das zwar ebenfalls Halluzinationen hervorruft, aber im Grunde nichts anderes bewirkt, als die Wahrnehmungsmaßstäbe zu verändern. Rauschgiftforscher Hartwich: »Haschisch ist kein Neuschöpfer, sondern nur ein Vergrößerer. Die Farben im Haschischrausch wirken heller, die Gegenstände schöner, die Geräusche verstärkt

8 Dieses Porträtgefäß aus Peru zeigt einen Priester mit dem berauschenden heiligen Pilz Teonanactl an seiner Stirnbinde. Diese und ähnliche Pilze waren in Mittelamerika schon zur Zeit der Azteken bekannt und wurden später als Machwerk des Teufels verboten.

9 Präkolumbianische Ter-
rakotta: Schamane mit
Kopfschmuck. Die trichter-
förmig auslaufenden Arm-

bänder sollen heilige Pilze
darstellen. Die blicklosen
Augen deuten einen
Rauschzustand an.

10 Auch diese zylindri-
schen Kopfaufsätze der
beiden Schamanen stellen
heilige Pilze dar. Durch

10 oder verfeinert, und alle Beschränkungen von Zeit und Raum verschwinden.« In seinem Buch »Haschisch« schreibt Czerkis: »Der Haschisch-Raucher ist glücklich wie jemand, der eine gute Nachricht hört, wie der Geizige, der seine Schätze zählt, der Spieler, den das Glück begünstigt, oder der Ehrgeizige, den der Erfolg berauscht.«

Der deutsche Drogenexperte H. Wagner fügt hinzu: »Die Verfeinerung des Gehörsinns ist der Grund, warum viele Jazz-Musiker behaupten, daß sie unter dem Einfluß der Droge besser improvisieren, leichter Themen und Rhythmen einer Komposition aufnehmen und einzelne Stimmen des Orchesters besser verfolgen können.« Anders verhält es sich erst bei höheren Dosen. Dann führt der Haschischrausch zu Persönlichkeitsspaltung, Verlust der Selbstkontrolle, Brutalität und nicht selten zum Verbrechen. Aber auch hier ist er nichts anderes als ein Multiplikator individuell angelegter Eigenschaften.

Die Halluzinogene, die ihren Benutzern Zugänge zu mystischem Erleben verschaffen, wirken grundsätzlich anders. Um sie zu studieren, empfiehlt es sich, neben den Zutaten der alten Hexensalben und Hexentränke Europas

Andere Wirkung bei Tropenpflanzen

vor allem solche Drogen zu untersuchen, die in wärmeren Gefilden gedeihen, vor allem in Mittel- und Südamerika. Ihre Wirkung unterscheidet sich nicht grundsätzlich von den bekannten Hexenmitteln, ist aber ungleich größer, selbst bei geringsten Dosierungen. Zugleich haftet diesen »magischen Pflanzen« nicht der entscheidende Nachteil der meisten ihrer Pendants aus der Alten Welt an: Sie sind nicht so extrem giftig wie diese. Möglicherweise hängt das mit dem Klima zusammen. Rauschgiftforscher fanden heraus, daß beispielsweise unser einheimischer Faserhanf (Cannabis sativa), der hierzulande vereinzelt in Auwäldern wächst, in besonders heißen Sommern genau dieselben halluzinogenen Inhaltsstoffe produziert wie die »gefährliche« indische Abart. Ähnliches gilt für den Fliegenpilz, der offenbar im kühlen Mittel- und Nordeuropa vermehrt starke Giftstoffe aufbaut, während er in den wärmeren Ländern Südasiens offenbar weniger giftig, dafür aber stärker berauschend wirkt. Neben anderen halluzinogenen Substanzen enthält er dort vermehrt Bufotenin, das interessanterweise chemisch identisch ist mit der Rauschsubstanz in der Haut mancher giftiger Kröten.

Eine der bedeutendsten halluzinogenen Pflanzen in der Neuen Welt ist der Kaktus Lophophora williamsi, eine Pflanze, die der botanische Laie wohl eher für eine weiche

Drogen verschiedener Pilzarten versetzen sich die indianischen Zauberer Mittel- und Südamerikas auch heute noch in einen Wachschlaf, in dem sie traumhafte Gesichte als Wirklichkeit erleben.

11 Maya-Priester mit Federkrone, in deren Mitte ein stilisierter Peyote-Kaktus erkennbar ist.

graugrüne Kartoffel mit direkt angewachsener Rübenwur-
zel halten würde denn für eine Kaktee. Lophophora wächst
in den Wüsten Mexikos, besonders im Staate Cohahuila,
und heißt dort Peyote, Pellote oder Peyotl. Die Pflanze
enthält 44 Alkaloide, darunter das stark halluzinogene
Meskalin, und war bereits den Azteken als zauberkräftig
bekannt. Als mit den spanischen Konquistadores der Katholizismus nach Mittelamerika kam, stempelte dieser – wie
nicht anders zu erwarten – den dort verbreiteten Peyote-
Kult umgehend als Machwerk des Teufels ab und verbot ihn.
Nachdenklich stimmt allerdings eine Formulierung, die
bereits 1611 Pater Nicolas de León in seinem Werk
»Camino de Cielo« (»Weg des Himmels«) Beichtvätern als
Frage an ihre eingeborenen Beichtkinder empfahl: »Hast du
Peyote getrunken oder anderen zu trinken gegeben, um
Geheimnisse zu erfahren, die andere still verbergen, oder
Gestohlenes wiederzufinden oder Verlorenes wiederzu-
bringen?«

Glaubte auch der Pater daran, daß der Zauberkaktus
Verborgenes enthüllen kann? Mehr als drei Jahrhunderte
später verehrte der englische Schriftsteller Aldous Huxley in

---

Nie erlebte
Schönheit

---

seinem Buch »Die Pforten der Wahrnehmung« die Kaktus-
droge mit glühenden Worten. Huxley konnte sich zu dieser
Zeit bereits synthetisch gewonnenen Meskalins bei seinen
Selbstversuchen bedienen. Er schreibt: »In manchen Fällen
kommt es zu außersinnlichen Wahrnehmungen, andere
Menschen entdecken eine Welt, wie sie in ihrer Schönheit
bisher nie erlebt wurde, vielen anderen enthüllt sich die
Herrlichkeit, der unendliche Wert und die unendliche
Bedeutungsfülle der bloßen Existenz und des Gegebenen,
nicht in Begriffe gefaßte Erkenntnis. Im letzten Stadium der
Hilflosigkeit kommt es zu einer dunklen Erkenntnis, daß das
All in allem, daß es tatsächlich jedes ist. Weiter kann vermutlich ein endlicher Geist nicht dahin gelangen, alles wahrzu-
nehmen, was irgendwo im Weltall geschieht.«

Besonders stark verändert Meskalin den Gesichtssinn.
Hierzu ein Bericht von Havelock Ellis: »Die Luft schien mit
einem unbestimmten Parfüm erfüllt ... Ich sah prächtige
Felder, dick mit Edelsteinen besät, einzelnen und ganzen
Trauben, zuweilen von funkelndem Glanz, manchmal von
schwacher mattroter Glutbahn. Sie entfalteten sich dann
unter meinem Blick hoch auf zu blütengleichen Formen und
schienen sich in prächtige Schmetterlingsgestalten zu verwandeln, oder in endlose Falten glitzernder, bunt schillern-
der, faseriger Flügel wunderhübscher Insekten. Ich war

12/13 Der Genuß man-
cher Rauschdrogen –
gekaut oder geraucht –
führt zur Verfeinerung der
Wahrnehmung und zu
Glückszuständen. Höhere
Dosen führen bei einigen
Drogen zu Persönlichkeitsspaltung und Verlust der
Selbstkontrolle, zu Brutalität und nicht selten zu Verbrechen.

erstaunt, nicht nur über die enorme Fülle der Bilder, die sich meinen Augen boten, sondern mehr noch über ihre Vielfalt.«

Die immer wieder beschriebenen optischen Visionen, die auch im völlig verdunkelten Raum oder bei geschlossenen Augen erlebt werden, brachten Wissenschaftler auf den Gedanken, Meskalinversuche mit von Geburt an blinden Testpersonen durchzuführen. Bei ihnen blieben die bildhaften Erlebnisse aus. Statt dessen stellte sich bei einigen ein schwer beschreibbares, verändertes Raumempfinden ein, und manche erklärten, sie hätten ganz klar und deutlich die Gegenwart eines übernatürlich großen Mannes gespürt. Das ist interessant, denn die mexikanischen Indios verehren den heiligen Kaktus als mystische Person, als Übermenschen, als einen mächtigen Geist, einen großen Mann.

Zahlreiche Stämme Mittel- und Nordamerikas verehren den Peyote-Kaktus. Einen ganz besonderen Stellenwert nimmt diese Pflanze bei den Huichol-Indianern des mexikanischen Berglandes »Sierra de los Huicholes« ein. Sie nennen den Kaktus Híkuri und unternehmen alljährlich eine tagelange anstrengende Wallfahrt nach Wirikuta, in das

<hr>

Mythische Heimat
der Ahnen

<hr>

unwirtliche Hauptwachstumsgebiet des Peyote. Dieses heilige Land gilt ihnen zugleich als die mythische Heimat ihrer Ahnen. Dort »jagen« sie den Peyote nach uralten Zeremonien und bringen volle Körbe davon mit in ihre Dörfer. Gemäß einer Schöpfungslegende der Huicholes entstanden sowohl der Mais, der ihnen ebenfalls heilig ist, wie der Peyote vor langen Zeiten aus dem Rotwild. Und Rotwildcharakter besitzen beide Pflanzen noch heute. Deshalb gilt das Peyote-Sammeln als Jagd. Prem Lélia de Haan, eine deutsche Huichol-Kennerin, berichtet: »Die erste Peyote-Pflanze, die der Mara'akame (Schamane) als Leiter der Jagdgemeinschaft entdeckt, erscheint ihm in Form ›unseres Älteren Bruders‹ Káujumari. Ohne daß die Pflanze beschädigt wird, wird die Heilige Rotwildperson, deren Essenz im Peyote enthalten ist, mit Pfeil und Bogen geschossen, bevor sie aus der Erde gegraben und rituell verteilt wird . . .« Nach der Rückkehr der Peyote-Pilger feiern die Huicholes das große Peyote-Fest, Híkuri Neirra, das den zeremoniellen Höhepunkt in ihrem Kalender darstellt.

Der Schamane Ramón Media Silva beschrieb die Wirkungsdauer des Peyote: »Die Wirkung hält bis zu vier Stunden an. Das ist das äußerste, und während dieser Zeit ißt man nichts. Alles hängt davon ab, wieviel man nimmt. Um eine echte Wirkung zu erzielen, muß man einen ganzen Peyote nehmen. Mit einer größeren Menge geht es einem besser. Man sieht mehr Dinge. Mit zwei oder drei kleinen Stücken sieht man nicht sehr viel. Es mag sein, daß man nur einschläft, aber es ist kein richtiger Schlaf. Man schläft, aber kann die Dinge trotzdem noch hören und sehen. Und danach, wenn man einen ganzen Peyote gegessen und viele Dinge gesehen und gehört hat, kann man sich an alles erinnern. Es ist eine sehr persönliche Sache, es ist eine sehr private Sache. Es ist wie ein Geheimnis, denn die anderen haben nicht dieselben Dinge gesehen oder gehört. Deshalb ist es nicht gut, anderen davon zu erzählen.«

Später nahm Lélia de Haan selbst Peyote und erlebte eindrucksvolle Visionen, die sie in ihrem Buch »Bei Schamanen« beschreibt. Sie ähneln stark jenen, die aus Nahtodeserlebnissen bekannt sind. Auch Lélia de Haan sah ein gelb gleißendes Licht, ein Licht, das sie »mit irrsinniger Kraft« anzog. »Und plötzlich«, schreibt sie, »wußte ich, daß der Tod

<hr>

Der Tod wird
bedeutungslos

<hr>

bedeutungslos war, weil ich immer noch war, bewußt geblieben war, weiterhin sein würde, bis in alle Ewigkeit . . .« Und: »Mit jeder Faser meines Körpers fühlte ich die Wirklichkeit dessen, was ich wahrnahm. Die Details waren von so unglaublicher Schärfe und Fülle, daß sie wirklicher waren als alles, was ich bisher gesehen hatte. Mir war bewußt, daß ich die Grenzen des gewöhnlichen Sehvermögens überschritten hatte und erkannte, ohne die Ursache dieser Grenzen zu begreifen, welch unvollkommene, oberflächliche Ansicht der Dinge das bloße Auge vermittelt.«

Wenn Lélia de Haan davon spricht, sie habe im Peyote-Rausch die Grenze des gewöhnlichen Sehvermögens überschritten, dann ist das zwar eine subjektive Empfindung, doch läßt sie sich erstaunlicherweise objektivieren. Ein dem Meskalin von seiner Molekülstruktur her verwandter, aber komplexer aufgebauter Stoff ist Psilocybin, eine halluzinogene Substanz, die sich in gewissen mexikanischen Pilzen findet. In einem wissenschaftlichen Versuch während der sechziger Jahre erhielten 17 Studenten orale Gaben von 10 bis 12 Milligramm Psilocybin. Auf dem Höhepunkt der Drogenwirkung, die sich erst dann einstellt, wenn der Körper bereits den größten Teil des Wirkstoffs wieder ausgeschieden hat, legte man den Studenten Zeitungstexte vor, in denen man in einem Fall 43 Prozent, in einem zweiten Fall 74 Prozent vom oberen Teil jeder Zeile gelöscht hatte. Vier Studenten konnten von diesen verstümmelten Texten wesentlich mehr lesen als ohne die Psilocybinwirkung. Bei den weniger unkenntlich gemachten Texten entzifferten sie

bis zu 95 Prozent, bei den stärker gelöschten Texten bis zu 42 Prozent mehr als bei ihrem normalen Bewußtseinszustand. Der Drogenforscher H. Wagner ergänzte: »Vier Testpersonen gaben sogar an, daß sie die fehlenden Buchstabenteile ›tatsächlich‹ sehen konnten. Sie erschienen ihnen in hellem Grau, und sie waren überzeugt, daß sie nicht völlig gelöscht worden waren.«

Wie das Meskalin vermittelt auch das Psilocybin ein Gefühl von überwältigender Liebe, Freude und Religiosität. Wissenschaftler der berühmten Harvard-Universität versuchten, diesem Phänomen auf den Grund zu gehen und gaben Theologiestudenten etwa eine Stunde vor Beginn eines Freitagsgottesdienstes Psilocybin. Etwa fünf Stunden später – der Drogenrausch war abgeklungen – wurden die Studenten nach ihren Erfahrungen befragt. Alle berichteten von visionären Erlebnissen, die sie mit denen der großen christlichen Mystiker des Mittelalters verglichen. Besonders intensiv empfanden sie ein Gefühl von Einheit, von Aufgehen des Einzelnen im Ganzen, vom Aufgehen des Relativen im Absoluten. Das Subjekt wurde für sie mit dem Objekt identisch, das Ich mit dem Du, und der Mensch ging für sie im Göttlichen auf.

Die kleinen rötlichen Hutpilze, die das Psilocybin produzieren, wurden von den Indiostämmen Südmexikos bis hin nach Guatemala ebenso göttlich verehrt wie der Peyote-Kaktus im Norden des Landes und bei den Stämmen der

14–19 Schlafmohn, Bilsenkraut, Stechapfel, Blaue Trichterwinde und Tollkirsche sind Pflanzen, aus denen Heilmittel, aber auch Rauschmittel hergestellt werden. Im mittelalterlichen Europa wurden damit Hexensalben und Hexentränke zubereitet, die in tranceartigen Schlaf versetzen. In sehr lebhaf-

Vereinigten Staaten. Schon Steinplastiken der Mayas besitzen die Form dieser heiligen Hutpilze, und in ihrem Stiel ist der Kopf oder die ganze Gestalt einer mystischen Figur eingemeißelt. Diese Pilzsteine gehen auf die Zeit zwischen 500 und 200 Jahren vor Christus zurück. Bekannt ist der Pilz, dessen wissenschaftlicher Name Psilocybe mexicana ist, bei Indianerstämmen als Teonanacatl, was soviel bedeutet wie »das Fleisch der Götter«. Über ihren Gebrauch bei den Chichimeken informiert ein alter Bericht des Franziskaner-paters Bernardino de Sahugun: »Sie verwenden eine Pilzart, Teonanacatl genannt, aus der sie ein Gebräu herstellen. Sie betrinken sich damit, steigen auf die Berge, schreien, singen und tanzen ... Er (der Pilz) wirkt berauschend, erzeugt Visionen und reizt zu unzüchtigen Handlungen ... Wenn sie sich mit ihnen (den Pilzen) trunken gemacht haben, beginnen sie erregt zu werden. Sie haben Visionen, in denen sie sich selbst sterben sehen, und das tut ihnen bitterlich leid. Andere wiederum erschauen Szenen, wo sie von wilden Tieren überfallen werden und glauben aufgefressen zu werden ...« Der längere Bericht zielt deutlich darauf ab, ein Negativbild zu zeichnen und den Pilzkult als Teufelswerk anzuprangern. Dennoch kommen darin einige Charakteristika der Teonanacatl-Trance gut zum Ausdruck, zum Beispiel das Erleben des eigenen Todes. Auch dies ist im Grunde ein Erleben der Unsterblichkeit der menschlichen Seele.

Der Schweizer Industriechemiker und Pharmazeut Albert Hofmann, dem es in den Labors der Firma Sandoz gelang,

ten Träumen wurden Flug-erlebnisse und Hexenritte zu gemeinsamen Versammlungsplätzen wahr.

In Mittelamerika werden solche Drogen auch heute noch, u. a. als Wahrheitsdroge, verwendet. Der

Rauschtrank soll das Erinnerungsvermögen erweitern.

die Molekülstruktur des Psilocybins zu erkennen, berichtete [20] über einen Selbstversuch mit dieser halluzinogenen Droge: »Nach einer halben Stunde begann sich die Außenwelt fremdartig zu verwandeln. Alles nahm einen mexikanischen Charakter an. Da ich mir voll bewußt war, daß ich aus dem Wissen über die mexikanische Herkunft dieser Pilze mir mexikanische Szenerien einbilden könnte, versuchte ich bewußt meine Umwelt so zu sehen, wie ich sie normalerweise kannte. Alle Anstrengungen des Willens, diese Dinge in ihren altvertrauten Formen und Farben zu sehen, blieben jedoch erfolglos. Mit offenen und bei geschlossenen Augen sah ich nur indianische Motive in Farben. Als der den Versuch überwachende Arzt sich über mich beugte, um den Blutdruck zu kontrollieren, verwandelte er sich in einen aztekischen Opferpriester, und ich wäre nicht erstaunt gewesen, wenn er ein Messer aus Osidian gezückt hätte. Trotz des Ernstes der Lage erheiterte es mich, wie das alemannische Gesicht meines Kollegen einen rein indianischen Ausdruck angenommen hatte. Im Höhepunkt des Rausches, etwa 1½ Stunden nach der Einnahme der Pilze, nahm der Ansturm der inneren Bilder, es waren meist

Wirbel von Formen und Farben

abstrakte, in Form und Farbe rasch wechselnde Motive, ein derart beängstigendes Ausmaß an, daß ich fürchtete, in diesen Wirbel von Formen und Farben hineingerissen zu werden, um mich darin aufzulösen. Nach etwa sechs Stunden ging der Traum zu Ende. Subjektiv hätte ich nicht angeben können, wie lange dieser ganz zeitlos erlebte Zustand gedauert hatte. Das Wiedereintreten in die gewohnte Wirklichkeit wurde wie eine beglückende Rückkehr aus einer fremden, aber ganz real erlebten Welt in die altvertraute Heimat empfunden.«

Das Grundgerüst des Psilocybin-Moleküls bezeichnet der Chemiker als Tryptamin. Das ist eine Molekülpartie mit einer ganz bestimmten Atomstruktur. Chemisch zwar völlig anders zusammengesetzt sind halluzinogene Substanzen, die in zwei mexikanischen Trichterwinden (Rivea corymbosa und Ipomoea violacea) vorkommen; aber auch sie enthalten in ihrem Molekül die Tryptamin-Struktur. Die Früchte beider Winden sind den mexikanischen Indianerstämmen seit langem bekannt. Bei den Azteken hießen sie coatl-xoxouhqui, die »grüne Schlange«. Heute nennen sie die Eingeborenen Ololiuqui. Um mit ihnen allerdings eine »bewußtseinserweiternde« Wirkung zu erzielen, müssen die harten Samen auf besondere Art und Weise zubereitet werden. Die Indios zerreiben oder zerquetschen sie zu

20/21/22/23 Um bewußtseinserweiternde Wirkungen zu erzielen, müssen einige Pflanzen bearbeitet werden. Wurzeln oder Samen werden zerrieben, zerstampft, eingeweicht und ausgepreßt. Der dadurch gewonnene Rauschtrank wird oft in geselliger Runde genossen. Vielen Drogen

22

23

Pulver, geben dieses zum Aufquellen in das Agavenbier Pulque und filtrieren das Gebräu später.

Ololiuqui gilt als Wahrheitsdroge: Zum einen lassen sich Menschen im Ololiuqui-Rausch leicht ausfragen. Sie verraten Geheimnisse. Zum zweiten steigert der Rauschtrank das Erinnerungsvermögen und erweitert es sogar bis weit in die Kindheit hinein, ganz so wie etwa hypnotische Trance. Zum dritten aber führt die Einnahme von Ololiuqui weit über tiefenpsychologisch erreichbare Resultate hinaus: Sie enthüllt Fakten, die auch der Berauschte selbst nicht kennt. Gibt man Kranken die Droge, dann erfahren sie in Visionen Ursache und Art der Krankheit und auch die geeigneten Behandlungsmethoden. Der spanische Konquistador Hernando Ruiz de Alarcón berichtete dazu: »Es ist verwunderlich, welches Vertrauen die einfältigen Indios zu ihm (dem eingenommenen Samen) haben. Sie schreiben ihm Wunderkräfte zu. Sie befragen ihn wie ein Orakel und halten Zwiesprache mit ihm, um zu erfahren, was sie zu wissen begehren, oft Sachen, die man mit dem menschlichen Verstande gar nicht zu erkennen vermag, wie den Verlauf ihres zukünftigen Lebens oder den Ort, wo sich verlorene oder

Blick in
die Zukunft?

gestohlene Gegenstände befinden...« Medizinmänner benutzten die Droge auch dazu, Verbrechen aufzuklären.

Ebenfalls für Orakel und Prophezeiungen verwenden Indianerstämme in den Urwäldern am Orinoco und Amazonas im nördlichen Südamerika das Rauschmittel »hakudufha«. Es wird aus der Rinde von verschiedenen Urwaldbäumen der Gattung Virola gewonnen und meist in Pulverform geschnupft. Die Droge fördert aber nicht nur Halluzinationen, sie wirkt zugleich extrem anregend. Hakudufha-Schnupfer brechen in wilde Zuckungen aus und stoßen unartikulierte Schreie aus. Schon geringe Überdosierungen können sogar zum Tode führen. Bezeichnend für den Hakudufha-Rausch ist ein tiefer, an Fieberdelirien erinnernder Schlaf mit lebhaften Träumen, an die sich der betreffende Schamane später aber kaum erinnert. Deshalb wird er im Rausch von einem Gehilfen bewacht, der die oft nur schwer verständlichen Selbstgespräche und Stammeleien sorgfältig verfolgt und im Sinne von Weissagungen deutet.

Eine andere Schnupfdroge ist ebenfalls im Orinoco- und Amazonasgebiet, daneben aber auch auf Trinidad zu Hause. Sie heißt auf dem Kontinent Yopo und auf den Westindischen Inseln Cohoba und wird aus zwei Baumarten gewonnen, die zu den Hülsenfrüchtlern (Leguminosen) und innerhalb dieser zur Gattung Piptadenia gehören.

gemeinsam ist die Wirkung, daß sie den Bewußtseinszustand und das Erinnerungsvermögen erweitern. Zeitgenössische Wissenschaftler, die selbst solche Drogen eingenommen haben, bestätigen die Wirkung und erzählen von abstrakten Formen, Farben und rasch wechselnden Bildern.

Auch dieses Schnupfpulver löst starken Bewegungsdrang aus, bevor es zu einem Schlaf mit lebhaften Träumen, zuweilen aber auch zu einer tiefen Bewußtlosigkeit führt. Es ist noch heute in Kolumbien und Venezuela in Gebrauch und wird regional fast von der gesamten Bevölkerung verwendet. Das ist problematisch, denn die Substanz ist sehr giftig und zerstört auf die Dauer den Organismus. Früher nahmen es Indios nur in äußerst geringen Mengen, die nicht einmal für Visionsträume ausreichten. Sie versetzten sich mit der Droge vor Stammeskriegen oder vor der Jagd in euphorische Stimmung und zugleich in einen Zustand geschärfter Sinneswahrnehmungen. Wirksubstanz ist auch hierbei eine chemische Verbindung mit Tryptamin-Struktur. Sie ähnelt dem Krötengift Bufotenin und ist in abgewandelter Form auch in zahlreichen Nahrungspflanzen enthalten, allerdings in äußerst geringen Mengen. In Gestalt des Serotonin findet sie sich zum Beispiel in reifen Bananen. Aber man müßte diese Früchte schon kiloweise konsumieren, um eine Rauschwirkung zu erzielen. Immerhin: Versucht haben das US-amerikanische Jugendliche, und sie haben die Schalen gleich mitgegessen!

Eine äußerst merkwürdige halluzinogene Droge ist schließlich das Telepathin oder Banisterin. Schon der Name, den ihr die Pharmakologen gaben, deutet auf ihre Eigentümlichkeit: Man sagt, daß sie im Rausch telepathische Fähigkeiten verleiht. Und noch etwas ist merkwürdig. Die in ihrem Molekülaufbau recht eigenwillig strukturierte Substanz wird in gleicher Form von zwei miteinander botanisch in keiner

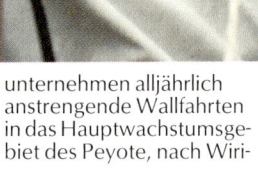

24/25/26 Zahlreiche Stämme Mittel- und Nordamerikas verehren den Peyote-Kaktus. Manche unternehmen alljährlich anstrengende Wallfahrten in das Hauptwachstumsgebiet des Peyote, nach Wirikuta. Dort wird der Kaktus »gejagt« und dann in Körben in die Dörfer getragen.

Weise verwandten Pflanzen produziert, die noch dazu in geographisch völlig voneinander getrennten Gebieten wachsen: einer südamerikanischen Liane der Gattung Banisteria und der Steppenraute (Peganum harmala), die in den Wüstengebieten südlich des Mittelmeers wächst und auch im südlichen Asien weit verbreitet ist. Nur im nördlichen Südamerika wird die Droge, die dort Caapi, Ayahuasca oder Yale heißt, für die Visionssuche verwendet. Der Ethnologe Goldmann beschreibt den Caapi-Rausch so: »Am Anfang . . . wird das Sehvermögen verschwommen. Gegenstände erscheinen weiß und das Sprachvermögen verschwindet. Die weiße Vision wird rot, wie ein mit roten Federn kreiselnder Raum. Das vergeht und man sieht Personen in den glänzenden Farben des Jaguars . . . Dann beginnt die Halluzination eine aufgeregte und furchtbare Form anzunehmen. Man nimmt gewalttätige Menschen wahr, die sich schreiend und weinend in Kreisen bewegen und zu töten drohen. Die Furcht erfaßt einen, daß man kein Heim mehr hat. Die Balken der Häuser und Baumstämme werden

Die Erde kreist,
der Boden bebt

lebendig und nehmen menschliche Formen an. Man hat den lebhaften Eindruck, von einem Tier in das Hinterteil gebissen zu werden. Man fühlt sich wie festgebunden. Die Erde kreist und der Boden erhebt sich zum Kopf. Es gibt auch euphorische Augenblicke, in denen man Musik . . . singende Menschen, . . . Wasser fließen hört.«

Die gewalttätigen Menschen und Tiere, die im Drogenrausch auftreten, sind offenbar sehr charakteristisch. Sogar Hunde, denen Pharmakologen die Droge unter die Haut spritzten, begannen die Zähne zu fletschen, laut zu bellen und hochzuspringen, als wollten sie sich gegen unsichtbare Angreifer zur Wehr setzen.

Natürlich hat die Frage, wie halluzinogene Drogen wirken, Chemiker, Pharmazeuten, Mediziner – besonders Neurologen –, Psychologen und Psychiater gleichermaßen beschäftigt. Von den heute weit über 20 000 verschiedenen chemischen Substanzen, die in Pflanzen nachgewiesen wurden, sind nur etwa 50 als halluzinogen wirksam bekannt. Viele von ihnen besitzen die erwähnte Tryptamin-Struktur in ihrem Molekülaufbau, aber längst nicht alle. Gibt es andere Gemeinsamkeiten? Interessanterweise fand man heraus, daß all diese Substanzen starke Elektronenspender sind, das heißt, daß sie in ihren Molekülen sehr energiereiche Elektronen besitzen, die sie leicht an ihre Umgebung abtreten. Hat das eine unmittelbare Auswirkung auf die elektrischen Vorgänge im menschlichen Gehirn? Offenbar,

denn je größer ihre Elektronenenergie (die Wissenschaftler sprechen von HFMO-Energie) ist, desto stärker ist ihre halluzinogene Wirkung. Produzieren diese Substanzen also nur elektrochemisch ausgelöste Störungen im Gehirn, die diesem als phantastische Bilder bewußt werden? Diese Erklärung befriedigt nicht, denn die Visionen, die diese Substanzen hervorrufen, sind individuell sehr unterschiedlich, und nicht selten kommt es in der Tat zu objektiv kontrollierbarer Bewußtseinserweiterung. Ob dabei Informationen von außerhalb des Drogennehmers eine Rolle spielen oder nur solche, die – wie Erinnerungen bis zurück zum Geburtsvorgang – tief in seinem Unbewußten latent vorhanden sind, ist umstritten.

Der deutsche Drogenexperte und Co-Direktor des Instituts für Pharmazeutische Arzneimittellehre der Universität München, Professor Dr. Hilbert Wagner, schreibt über ein Selbstexperiment mit LSD, einer halbsynthetisch aus dem Mutterkorn gewonnenen halluzinogenen Substanz, er bemerkte »bald nach der Einnahme des Stoffes, wie sich auch die Gesichter der Anwesenden in charakteristischer Weise veränderten. Sie verloren ihre natürliche Farbe, wurden wächsern und bekamen einen zarten pastellartigen Teint. Dadurch wirkten sie wie Masken. Das Belustigende war dabei, daß man sich von diesen Masken bald mitleidig, bald hämisch grinsend und lauernd beobachtet fühlte. Jedes Gesicht schien einer völlig fremden Person anzugehören. Meine eigene Frau verwandelte sich in eine Puppenfee, ein Freund in einen englischen Grafen und der kontrollierende Arzt in einen Gerichtsvollzieher mit strengem, drohendem Blick. Nachträglich schien es mir, als würden unter LSD-Einwirkung die Sinne geschärft und Eigenschaften eines Mitmenschen offenbar, die bei üblicher Beobachtung unentdeckt bleiben. Vermittelt das LSD eine Art von zweitem Gesicht? Erwirbt man mit LSD metaphysische Fähigkeiten? Umfangreiche Untersuchungen mit LSD haben dies nicht bestätigt.« Allerdings hat auch kein Versuch diese Mutmaßungen ein für allemal widerlegen können. Am wahrscheinlichsten ist, daß die sogenannten halluzinogenen Drogen von sich aus überhaupt keine Visionen oder ähnliches verursachen, sondern lediglich die Dominanz des Alltagsbewußtseins so weit in seine Schranken weisen, wie das auch Meditation, Schamanentrommeln, Nahtoderlebnisse und so weiter vermögen. Was in diesem Zustand dann wirklich geschieht, gehört zu den großen Rätseln des Menschseins. Ist es »nur« das Bewußtwerden des Unbewußten im Sinne der Psychotherapie? Schafft es der Seele einen neuen Freiheitsgrad? Oder vermittelt es Zugänge zu Informationen, die im Kosmos allgegenwärtig sind, gleichsam als eine Art Informationsfeld? Im Kapitel über Telepathie soll der Versuch unternommen werden, Antwortmodelle auf diese erregenden Fragen zu finden.

Reiseführer für das Jenseits

Totenbücher verschiedener alter Kulturen vermitteln dramatische Bilder der jenseitigen Welt. Sie schöpfen diese Erkenntnis aus Nahtodeserlebnissen, die über die Schwelle des Todes führen. Erstaunlich ist, wie weit sich solche Berichte, die oft zeitlich wie räumlich unabhängig voneinander entstanden sind, decken. Besonders wichtig scheint die allgemein verbreitete Erkenntnis, daß sich die Seelen schon im irdischen Leben auf ihre Jenseitsreise nach dem Tode vorbereiten können, ja sogar müssen, um sich in dieser anderen Welt zurechtzufinden und dort nicht unsäglich zu leiden. Besonders die tibetanischen Totenbücher erweisen sich als regelrechte Jenseitsführer.

1 Sitzender Grabwächter mit hohen Flügelohren aus dem China der T'ang-Zeit (618–906).

2 Hölzerne ägyptische Totenbarke aus dem Mittleren Reich (2100–2000 v. Chr.).

3 Ägyptischer Papyrus: Der Tote und seine Frau opfern vor Osiris (1400 v. Chr.).

»Alsdann ist dein Herz ein finsteres Tal; arbeitest du nicht bald wieder zur Geburt des Lichtes, so zündet er (Gott) dir das Zornfeuer darin an . . . und du kannst mit deiner animalischen Geburt nicht die Pforten des Himmels erreichen.« Diese dunklen Worte stammen von dem bekannten deutschen Philosophen und Mystiker Jakob Böhme, der im 16. Jahrhundert lebte. Ein anderer, wohl noch bedeutenderer deutscher Mystiker, Meister Eckehart, formulierte: »Wenn ich alles hinauswerfe, was selbstisch an mir ist, dann kann ich in das reine Wesen des Geistes hineinversetzt werden.«

Beides klingt in mehrfacher Hinsicht vertraut. Es erinnert an jene Selbstüberwindung, die viele Gottesmänner predigten. Es erinnert aber auch an die Selbstaufgabe im Augenblick des Todes, die zur Vereinigung mit dem hellen Licht Gottes führen kann und zum Verständnis seines Geistes. Selbstlosigkeit im Leben und geistige Wiedergeburt im Tode fließen hier in mystischer Weise ineinander. Aber es schwingt zugleich mehr mit als etwa das im Kapitel über Nahtoderlebnisse Gesagte. Hier ist von echter Transformation die Rede, gleich ob im Leben oder im Tode. Böhme spricht von der »Geburt des Lichtes« und deren Bedeutung für die Erlangung der Pforten des Himmels, eine Formulierung, die eindeutig über das irdische Leben hinausweist. Und Meister Eckehart gelangt bereits im Diesseits zum »reinen Wesen des Geistes«, indem er aber zugleich alles Selbstische, also alles Irdische, »hinauswirft«, denn er sagte auch: »Alle Liebe in dieser Welt ist auf Eigen-Liebe gebaut.

4 Auch in Indien werden dem Gott Blumen und Münzen geopfert, um Gnade zu erlangen.

5 Lebensgroße Holzfiguren mit Kleidern und Gesichtszügen der Toten vor einer Gruft in Indonesien.

6 In Nigeria verkörpert diese hölzerne Figur, die Schmucknarben zeigt, einen Ahnengeist.

Ließest du die Eigen-Liebe, so ließest du leicht die ganze Welt.« Er sieht dieses Sich-von-der-Welt-Loslösen durchaus positiv. Liegt demnach die Erlösung von allem irdischen Übel in der Abkehr von der Welt und damit letztlich im Tode? Wenn dem so wäre, dann müßte die Abfolge »Sterben – Erleben des hellen Lichtes der Liebe – Heimkehr zu Gott« ein nachgerade zwangsläufiger Mechanismus sein. Doch bleibt Böhmes Drohung im Raume stehen: »... so zündet er dir ein Zornfeuer darin (im Herzen) an ...«

Genau dort, wo diese Drohung einsetzt, gehen die Vorstellungen vom Jenseits, vom Leben nach dem Tode, weit über Nahtodeserlebnisse, über die nur Berichte von reanimierten »Toten« vorliegen, hinaus. Hier ist vom tatsächlichen Jenseits die Rede. Sofort stellt sich die Frage: Gibt es dieses Jenseits überhaupt, und wenn ja, wie können wir davon wissen? Der einzige Zugang ist die Vision. Aber an Jenseitsvisionen fehlt es nicht. Zwar sind sie weitaus seltener als Nahtodeserlebnisse und auch rarer als alle anderen Arten von visionärem Erleben, aber zu allen Zeiten und in allen Kulturen gab es Menschen, denen derartige mystische

Nahtodeserlebnisse als Jenseits-Karthographie

Einsichten zuteil wurden. Zwei Fakten sprechen dafür: die große Zahl solcher Berichte und die erstaunliche Übereinstimmung im Inhalt der Aussagen. Vergleicht man die vielen unabhängig voneinander gefundenen Jenseitsvorstellungen aller möglichen Kulturkreise miteinander, dann läßt sich daraus eine regelrechte »Jenseits-Kartographie« aufstellen. Interessant ist, daß die Übereinstimmungen um so beeindruckender sind, je näher der Aufenthalt des Verstorbenen im Jenseits zeitlich noch dem Augenblick seines Todes ist. Das heißt, die diesseitsnahen Regionen der Welt nach dem Tode sind offenbar besser bekannt als die diesseitsfernen Gebiete.

Eine ergiebige Quelle hinsichtlich Aussagen über das Jenseits ist die deutsche Mystikerin Hildegard von Bingen. Ihre Visionen sind keineswegs generell rosig. Mit plastischen Worten schildert sie Höllenabgründe, die auf jene warten, die im Leben Unrecht getan haben. Hildegard: »Deshalb eilen auch, während die Seele sich loslöst, lichte und finstere Geister herbei, die Genossen ihres Wandels, je nach den Bewegungen, die sie in ihrem Wohnsitz vollzogen hat; denn, wenn die Seele des Menschen ihre Wohnstätte verläßt, so sind ... gute und böse Engel zugegen, die Zeugen all der Werke ...« Die bösen Engel beschreibt Hildegard näher: »Ihr Schlund öffnet sich wie eine Grube. Feurigen, stinkenden Rauch atmet sie aus. Denn die verschlingt

gefräßig die Seelen, hält ihnen verlockende Reize vor und zieht sie durch gottlosen Betrug hinab an den Ort der Qualen, wo das Feuer brennt, der Rauch sich erschreckend zusammenballt.«

Diese bösen Engel sind aber – wie auch ihre guten Gegenstücke – nach Hildegard von Bingen nichts anderes als Projektionen der menschlichen Psyche. Eine selbständige Existenz haben sie nicht. Das steht im Einklang mit Böhmes Wort, daß Gott ein Zornfeuer »im Herzen« anzündet. Die Schreckvisionen sind demnach eine innere Angelegenheit, und die Welt des Jenseits wird viel mehr zu einer inneren, höchst persönlichen Welt als zu einer äußeren. Gleichwohl ist es eine objektive und keine subjektive Welt; denn einerseits ist das Subjekt, der körperlich lebende Mensch, ja erloschen, und andererseits gelten auch im Jenseits feste Spielregeln. Zu diesen Spielregeln gehört die Wechselwirkung von Gut und Böse. Böhme geht so weit zu behaupten, daß Gott selbst, der Urgrund aller Dinge, sich aus der ihm gegebenen Gegensätzlichkeit von Gut und Böse erzeugte. Denn nur vor dem Hintergrund des Bösen ist für ihn das Gute überhaupt denkbar.

Die Drohungen mit Höllenqualen im Jenseits sind weit mehr als ein Mittel der Kirchen, ihre Anhänger gesetzestreu und gefügig zu machen. Ob sie aber nur als Archetypen tief

...keine Erfindung von Kirchenmännern

im menschlichen Unbewußten verankert sind und dort von Mystikern unter den Visionären gleichsam hervorgekratzt werden, oder ob sie ein Bestandteil kosmischer Gesetze sind, die sich – weil universell gültig und allgegenwärtig – auch von der menschlichen Seele erfahren lassen, mag dahingestellt bleiben. Sicher ist, daß die Scheidung von Gut und Böse im Leben nach dem Tode keine bloße Erfindung von Kirchenmännern ist.

Wenn nun der Seele nach dem Tode gute und böse Engel als Verkörperungen der eigenen Taten gegenübertreten, wie finden sie zu einem Urteil? Das Christentum arbeitet sehr bildhaft mit dem Begriff der Waagschalen, in die die guten und bösen Taten des Verstorbenen geworfen werden, bevor die Seele – je nach dem Ergebnis dieser Gewichtung – zu himmlischen Freuden gelangt, zu ewiger Verdammnis verurteilt wird oder zur Läuterung ins Fegefeuer befördert wird.

Faßt man die entscheidenden Punkte des Jenseitsglaubens der christlichen Mystiker zusammen, dann läßt sich daraus eine Art Abfolge konstruieren. Unmittelbar nach dem Tode stellen sich die charakteristischen Nahtodes-

7 Kere trägt eine Seele ins Jenseits. In der griechischen Mythologie müssen die Seelen Verstorbener zahlreiche gefährliche Unterweltflüsse überwinden, bevor sie ins Totenreich gelangen. Es wurde ein Sündenregister geführt. Rächende und vergeltende Götter erschienen.

erlebnisse ein: die Gegenwart eines gleißend hellen Lichtes allumfassender Liebe, die Rekapitulation aller eigenen Handlungen, das Erscheinen guter und böser Engel als Zeugen für diese Taten, die Beurteilung mittels einer Waage und schließlich Belohnung oder Strafe in himmlischen oder infernalischen Gefilden. Manche Visionäre gaben dazu noch ausführlichere bildhafte Beschreibungen, etwa über die Art des himmlischen oder höllischen Szenarios, über Grenzflüsse, die beide Bereiche voneinander oder von der Welt der Lebenden trennen und die die Seelen überqueren müssen.

Exakt die gleichen Jenseitsbilder finden sich in anderen Religionen. Daß sie im Islam vorkommen, scheint naheliegend, denn das Judentum und das Christentum haben zumindest im Alten Testament gemeinsame Wurzeln. Andererseits haben sich aber die christlichen Jenseitsvorstellungen in ihrer Mehrzahl erst lange nach Mohammeds Lehre, nämlich bei den Mystikern des Mittelalters, herausgebildet, und zwar völlig unabhängig von der Welt des Islam. Was erwartet den Muslim nach dem Tode? Der Islam kennt zwei Welten, Dunya und Akhira. Dunya ist die materielle Welt, in der wir leben, zugleich aber auch eine Scheinwelt, die die Sinne des Menschen fesselt und den Menschen damit von Akhira, der »wirklichen«, nichtstofflichen Welt, ablenkt. Akhira ist in etwa das, was die Naturreligionen als die nichtalltägliche Wirklichkeit bezeichnen. Akhira ist aber auch das Jenseits, also jene Welt, die die Seele erwartet, wenn sie sich vom Körperlichen losgelöst hat. Der Koran legt dem gläubigen Muslim Dunya nahe, denn schließlich handelt es sich um Gottes Schöpfung, zugleich aber warnt er ihn vor der diesseitigen Welt, denn sie ist in ständigem Wandel, sie ist vergänglich, und wer sich nur an sie klammert, hat keinen Anteil an der allein beständigen Welt Akhira. Dennoch ist Dunya für den Menschen existenznotwendig, denn Dunya ist die Welt der Taten, während Akhira die Welt der Bedeutungen und damit der Wertungen ist. In Akhira werden die Taten des Menschen beurteilt. Zugleich werden die zweifelhaften Kenntnisse, die der Mensch in Dunya gesammelt hat, in Akhira durch Wissen ersetzt.

Die Zweiheit Dunya/Akhira ist eingebunden in eine viel umfassendere Kosmologie. Sie reicht bis zur Schöpfung zurück. Und diese begann nach den islamischen Mystikern mit Gottes Frage an alle Geschöpfe: »Bin ich nicht dein Herr?« Ein jedes Selbst antwortete mit »ja«. Diese grundlegende Frage und die Antwort darauf stellen eine Art Grund-

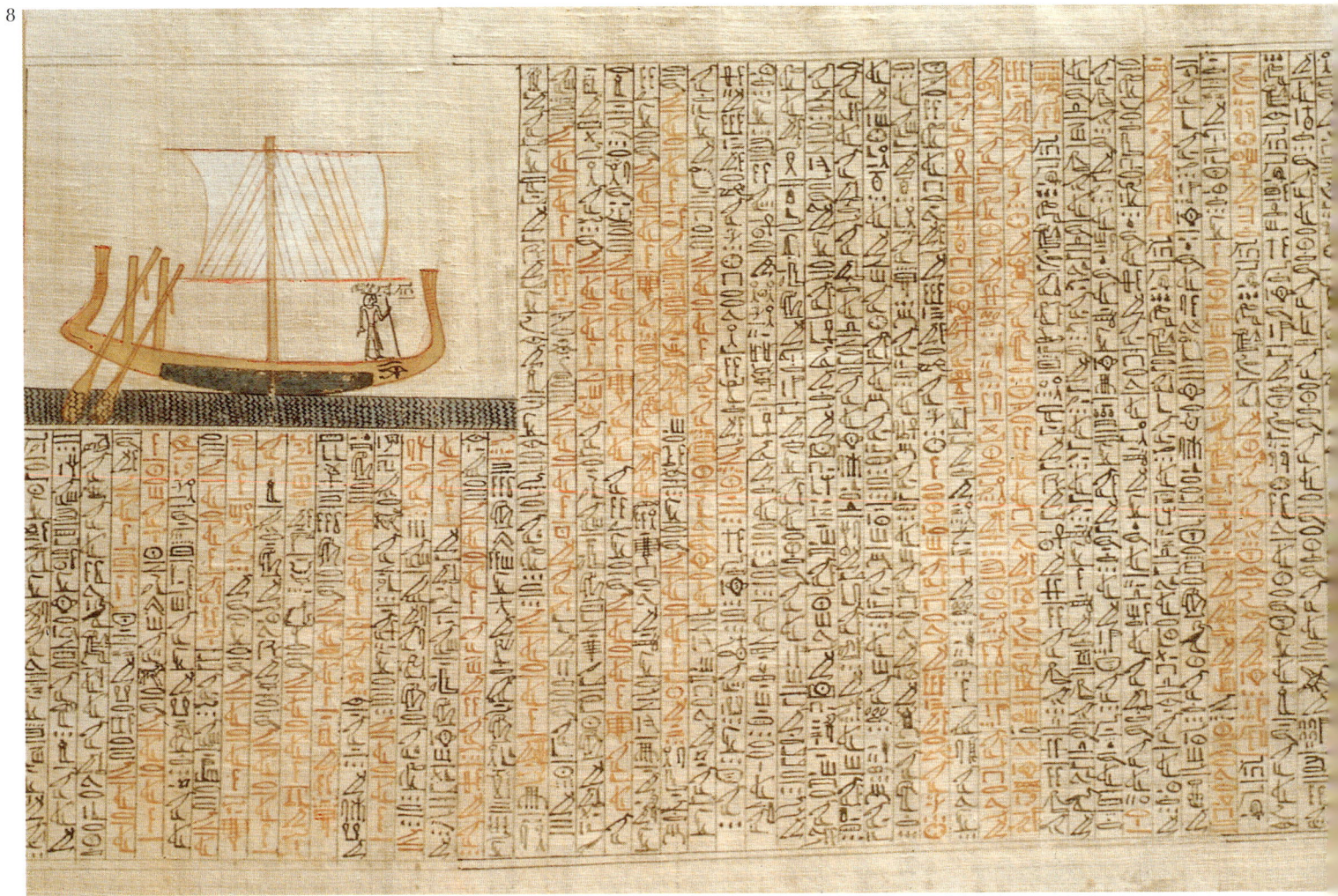

8

8/9 Die Jenseitsvorstellungen des Alten Ägyptens sind in den Totenbüchern dokumentiert. Nach dem Tod erfährt die Seele »das volle Licht des Tages«, ein Reich des Sonnengottes Ra. In der Barke des Sonnengottes muß der Verstorbene den unterirdischen Nil befahren, der zahlreiche große Gefahren

geheimnis dar, das tief im Inneren jedes einzelnen Menschen nachhallt. Es verursacht die ruhelose innere Suche nach dem Transzendenten. Auf dieser Schöpfungsbasis beginnt jeder individuelle Mensch sein Leben als eine Reise mit sieben Etappen. Zunächst hält er sich in Arwah auf, einem Zustand der Ruhe, bis er in das »Reich des Mutterschoßes« gelangt. Von dort aus bringt ihn die Geburt in das

Die eigene Zukunft beeinflussen

»Reich der Mitte«, das Dasein auf der Erde. Fest und zeitgebunden lebt er hier an einem Ort für Absichten und Taten, an dem er in der Lage ist, selbst die eigene Zukunft zu beeinflussen. Der Tod führt die Seele in das Zwischenreich Bar'zakh, in dem sie mit gewaltigen metakosmischen Dimensionen konfrontiert wird, die dem Menschen im irdischen Leben nur gelegentlich in luziden Träumen und Visionen bruchstückhaft bewußt werden. In diesem Zwischenreich macht die Seele entweder erleuchtende oder entsetzliche Erfahrungen, je nachdem, wie sie sich in ihrem irdischen Dasein darauf vorbereitet hat. Anders als im Christentum spielen dabei nicht nur gute und böse Taten eine Rolle, sondern das Beherrschen gewisser Verhaltensmaßregeln, gleichsam einer »Etikette« des Todes. Gut und Böse im irdischen Leben wirken sich erst später aus. Nach dem Verlassen des Zwischenreichs nämlich wird die Seele zum Jüngsten Gericht gerufen, wo ihre Taten im Beisein von Engeln auf die Waage gelegt werden. Erst dann entscheidet sich, ob die Seele in die Hölle (das Feuer) oder in den Himmel (den Garten) gelangt. Wiederum sind beide durch große Gewässer, breite Flüsse oder Ozeane, von den anderen Welten getrennt. Die mythologische islamische Kosmologie geht schließlich aber noch über Himmel und Hölle hinaus:

Jenseits dieses zwiespältigen Bereichs nämlich steht der Lote-Baum, dessen Frucht Ohnmacht und Ekstase verursacht. Wer davon ißt, gelangt nach Sukun, in das Reich des großen Schweigens, in dem nichts mehr existiert als das Antlitz Gottes.

birgt. Erst im Gefilde der Seligen müssen sich die Seelen in Gegenwart tierköpfiger Gottheiten dem Totengericht stellen. Der schakalköpfige Anubis und der falkenköpfige Horus wägen die irdischen Taten auf der Waage der Gerechtigkeit.

Beglückende oder entsetzliche Erlebnisse, verbunden mit den sie repräsentierenden guten und bösen Engeln beziehungsweise Geistern in einem Zwischenreich nach dem Tode, ein Richten über die irdischen Taten mit einer Waage, auf der diese gegeneinander abgewägt werden, Paradies und Hölle, all dies haben die Jenseitsvorstellungen des Christentums und des Islam gemeinsam; doch nicht nur diese beiden ohnehin miteinander nahe verwandten Religionen. Im Farsismus des alten Persien, der auch als zoroastrische Religion bekannt ist, gab Zarathustra um 600 vor Christus eine Beschreibung vom Weg der Seele nach dem Tode: Für drei Tage hält sie sich noch in der unmittelbaren Nähe des Verstorbenen auf. Während der ersten Nacht erlebt sie »ebensoviel Freude wie in der ganzen Nacht des Lebens«. Von »Nacht des Lebens« ist die Rede, weil die Seele nach dem Tode den Aufstieg in das unendliche Reich des Lichts beginnt, für das es im irdischen Bereich keinen Vergleich gibt. Am Morgen nach der dritten Nacht gelangt die Seele an einen Fluß. Dort stehen die anklagenden Dämonen Mithra, Sraoša und Rašnu. Rašnu hält die Waage der Gerechtigkeit in der Hand und wägt die guten und die bösen Taten gegeneinander ab. Danach entscheidet sich der Verlauf des weiteren Weges über die Cinvat-Brücke, die als dünner Faden den Fluß überspannt. Die Seelen der guten

Bösewichte stürzen
in die Hölle

Menschen überqueren sie problemlos und gelangen in den Himmel, jene der Bösewichter geraten in Panik und stürzen unmittelbar in die Hölle hinab.

Älter noch ist die babylonisch-assyrische Religion. Sie reicht in das frühe zweite vorchristliche Jahrtausend zurück. Nach ihr muß die Seele im Jenseits den Hubur-Strom überqueren, die Wasser des Todes, um erst danach den Berg des Gerichts zu erreichen, wo die Totengottheiten warten. Wiederum haben sie gute und böse Aspekte, denn sie sind zugleich Herrscher über das Leben wie über den Tod, der die bösen Seelen nach altbabylonischer Auffassung in ein Schattenreich führt, während den guten neues Leben beschieden ist.

Im alten Ägypten finden sich noch weitere Parallelen zu den Jenseitsvorstellungen der jüngeren Religionen. In besonderen Totenbüchern, etwa dem sogenannten Zweiwegebuch, sind sie dokumentiert. Nach dem Tode erfährt die Seele des verstorbenen Altägypters »das volle Licht des Tages«, ein Reich des Sonnengottes Ra. Doch ist das nur eine Durchgangswelt, ein Zwischenreich. In der Barke des Sonnengottes muß die Seele des Verstorbenen, eingeklei-

det in den ätherischen Seelenkörper BA, den engen unterirdischen Nil befahren. Dieser Fluß birgt zahlreiche große Gefahren: einen Feuersee, die bedrohliche Höhle des Sokar, oder etwa die Sandbank mit dem fürchterlichen Apopis-Dämon und seinem Gefolge von Schlangen, Skorpionen und anderen gefährlichen Wesen. Wie im islamischen Jenseits entscheiden nicht in erster Linie die guten oder bösen Taten über die glückliche Passage oder deren Scheitern, sondern das Beherrschen gewisser schon zu Lebzeiten gelernter Rituale, zu denen auch bestimmte Bannformeln gehören. Erst später, nach dem Erreichen der Gefilde der Iaru, der Seligen, müssen sich die Seelen in Gegenwart des großen Gottes Osiris und zahlreicher tierköpfiger Gottheiten – Sechmet mit dem Löwenkopf, Chephri mit dem Käferkopf, Thot mit dem Ibiskopf – dem Totengericht stellen. Der schakalköpfige Anubis und der falkenköpfige Horus wägen die Taten der Verstorbenen auf der Waage der Gerechtigkeit. Das weitere Procedere kann nicht verblüffen: Die Bösen werden zum endgültigen Tode in Höllenwelten verurteilt, die guten Seelen entwickeln einen ACH

In der Nähe
der Götter

genannten »Verklärungsleib« und dürfen nach dieser Art jenseitiger Wiedergeburt in der Nähe der Götter weilen.

Schon nach diesen wenigen Religionsvergleichen fällt auf, daß das Erleben des hell strahlenden Lichtes der Liebe unmittelbar nach dem Tode nicht das Ende und schon gar nicht den dramatischen Höhepunkt der jenseitigen Reise darstellt. Danach kommen die Schrecken und die Gefahren der Seelenwanderung, und erst ihnen folgt das Gericht, über das die Waage der Gerechtigkeit im Angesicht jenseitiger Richter entscheidet. Und immer ist vor dem endgültigen jenseitigen Aufenthaltsort irgendwo eine Art Zwischenreich eingeschaltet.

Doch sehen wir uns noch bei anderen Religionen um. Im alten Griechenland ist das Reich der Toten, der Erebos oder Hades, etwa seit der Zeit Homers unterteilt in die glücklichen Gefilde von Elysion für die guten Seelen und den schrecklichen, düsteren Tartaros für die Bösen. Doch bevor die Seelen der Verstorbenen in den Hades gelangten, mußten sie verschiedene gefährliche Unterweltflüsse überwinden, den Styx, den Acheron, den Kokytos oder den brennenden Feuerstrom des Pyriphlegeton. Eingeschaltet in diese Reise war auch ein Aufenthalt in dem Zwischenreich der Asphodeloswiese, auf der gute und böse Seelen gleichermaßen ihren Schatten verloren. Wie schon in den anderen erwähnten Religionen fehlte es im altgriechischen Jenseits auch keineswegs an schrecklichen Todesdämonen, etwa dem Höllenhund Kerberos, dem Thanatos oder dem Pluton, der das Sündenregister der toten Seelen führte. Daneben erschienen zahlreiche rächende und vergeltende Götter und Halbgötter und andere Plagegeister wie die furchteinflößenden Erinyen, die Chimären, Harpyen und Hydren. Die römischen Jenseitsvorstellungen entsprachen im Prinzip weitgehend den griechischen.

Auch in den Religionen der alten nordischen Völker, der Germanen und der Kelten, gelangten die Seelen der Verstorbenen über einen Fluß ins Reich der Toten, nach Utgard oder bei den Kelten zum »Haus der Donn«. Auch hier wurden die Taten während des Lebens gegeneinander aufgerechnet, worauf die Seelen in einen Höllengrund oder in eine Ruhmesstätte, zum Beispiel Wallhall, gelangten.

In der im 3. Jahrhundert von Mani gestifteten asketischen Religion der Manichäer kommt der Unterschied zwischen Diesseits und Jenseits, entsprechend den islamischen Begriffen Dunya und Akhira, besonders gut zum Ausdruck. Nach dieser Lehre entstand die irdische Welt durch eine Vermischung von Licht und Materie. Die Aufgabe des Menschen während seines körperlichen Lebens ist es nun, diese Weltordnung in einem Akt der Erkenntnis zu durchschauen. Gelingt ihm das, so muß er sich als nächstes darum bemü-

Die Seele muß wandern

hen, seinen eigenen Lichtanteil von der Materie seines Leibes zu befreien, denn nur dann kann sich seine Seele nach dem Tode mit der himmlischen Lichtwelt vereinen. Anderenfalls muß sie weiter wandern und ein neues Erdenleben auf sich nehmen. Der Manichäismus, der den Rang einer Weltreligion besaß, bis er 382 im Römischen Reich bei Todesandrohung verboten wurde, folgt mit dieser Wiedergeburtslehre den alten asiatischen Religionen. Voraussetzung für ein gutes Ergehen im Jenseits war auch in dieser Religion, daß der Mensch im Diesseits Zusammenhänge verstehen lernt und diese Lehren befolgt. Auch der Seele des verstorbenen Manichäers begegnen gleich nach dem Ableben verschiedene gute und böse Gestalten. Die guten heißen Isa und sind Abgesandte des Lichtgottes. Zu ihnen gesellen sich noch drei weitere Figuren, kenntlich an Wassergefäß, Stirnbinde, Krone und Lichtglanz. Die bösen Gestalten sind Dämonen aus der Hölle, die allerdings den Isa unterlegen sind, denn nur die lichten Geister betätigen sich als jenseitige Führer.

Bis heute erhalten hat sich im Gebiet des Persischen Golfes die mandäische Religion, eine komplizierte Misch-

form aus Manichäismus mit babylonischen, farsischen, jüdischen und christlichen Elementen. Sie sieht die Erlösung der Seele ebenfalls in einer Trennung des Lichtes von der Materie, kennt aber keine Seelenwanderung für die bösen Seelen. In der »Mattartâ des Abatur«, einem »bewachten Ort« im Jenseits, werden alle Seelen vor die Waage der Gerechtigkeit geführt und je nach ihren Verdiensten in heiße oder kalte Höllen geschickt oder – nach einer erneuten Vereinigung von Geist und Seele – zum Licht geleitet.

Über besonders ausführliche Schilderungen des Jenseits verfügen die alten heiligen Schriften Indiens, die Upanischaden und Veden. Nach diesen Lehren verfällt beim Sterben des Menschen zuerst der Körper, den sodann der Geist verläßt. Vom Herzen aus beginnt anschließend die Wanderung des Âtman, der Seele, aus dem Körper hinaus. Was ihr im Jenseits begegnet, deckt sich wieder erstaunlich mit den Vorstellungen in anderen Weltreligionen. Die Seele findet sich im Anblick des Klaren Lichtes und gelangt schließlich irgendwann wiederum vor die berühmte Waage der Gerechtigkeit, über die der Satapatha-Brâhmana sagt: »Die

Gutes und Böses auf der Waage

rechte Hand der Vedi (Feuerstätte) ist die Waage. Was einer Gutes tut, das ist innerhalb der Vedi, und was er Böses tut, das ist außerhalb der Vedi. Darum sollte man den rechten Rand der Vedi berührend dasitzen. In jener Welt nämlich legen sie (beides) auf eine Waage. Welches von beiden – sei es das Gute, sei es das Böse – ziehen wird, dem wird er folgen. Aber wer also (um dieses) weiß, der besteigt schon in dieser Welt die Waage, der kommt in jener Welt um das Wägen herum. Sein gutes Werk zieht, nicht sein böses.« Andere altindische Totenbücher beschreiben im Detail, wie die Seele des Bösen von den Handlangern des Höllenfürsten Yama abgeführt, die des Guten aber von himmlischen Führern geleitet wird. Die bösen Seelen müssen nach zahlreichen Leiden den Strom Vaitarani überqueren, der die Hölle einschließt. Im eigentlichen Höllenreich verliert die Seele ihren »Pinda-Leib« und erhält einen besonderen feinstofflichen »Peinigungsleib«. Nach zahlreichen schrecklichen Höllenqualen ist die Seele endlich bereit für eine irdische Wiedergeburt, allerdings unter schlechteren Voraussetzungen als während ihres letzten Erdendaseins. Die Seelen der guten Menschen dagegen erlangen gute Wiedergeburten, entweder auf Erden oder in der himmlischen Welt der Götter.

Die Beispiele ähnlicher Jenseitsbeschreibungen ließen sich ohne Schwierigkeiten fortsetzen, bis hinein in die

Naturreligionen Hunderter von Stammesvölkern. Woher auch immer das Wissen um jenseitige Welten kommen mag, eines wird deutlich: Die Vorstellungen darüber, was der Seele nach dem Tode begegnet, sind meist sehr konkret. Und noch etwas: Hat sie erst einmal den irdischen Körper verlassen, dann hat sie kaum noch Einfluß auf das weitere Geschehen, es sei denn, sie hat bereits im Diesseits gelernt, sich im Jenseits sicher zu bewegen und allen Gefahren und Schrecken, die dort auf sie lauern, furchtlos zu begegnen. Furchtlos, das bedeutet freilich meist zugleich frei von Schuld; denn die Furcht vor den verschiedenen höllischen Gestalten, ja deren Erscheinen selbst, werden fast immer als eine unmittelbare Folge irdischen Fehlverhaltens geschildert.

Bei alledem kann es nicht überraschen, daß manche Religionen über besondere Totenbücher verfügen, geheime oder auch offene »Reiseführer« für die Seelen durch die jenseitigen Welten. Solche Bücher, die zum Beispiel das alte Asien ebenso kannte wie das alte Ägypten, aber auch die geheimen Bruderschaften des Judentums, des Christen-

Die Seele des Toten betreuen

tums und des Islam, sind keine reinen »Gebrauchsanweisungen« für die Verwendung durch jedermann. Nicht selten verschlüsselt formuliert, sind sie Anleitungen für Geistliche, den Seelen der von ihnen betreuten Sterbenden bei ihrer Reise ins Jenseits zu helfen. Oft lesen die Geistlichen den Todkranken, vielfach aber erst den Seelen der bereits Verstorbenen, geeignete Texte vor. Dabei geht man im allgemeinen davon aus, daß die Seelen sich noch einige Stunden oder Tage lang in der unmittelbaren Umgebung ihrer ehemaligen irdischen Körper aufhalten. Bei den Naturreligionen übernimmt der Schamane diese Aufgabe. Er geht dabei weit über die Funktionen des Vorlesers hinaus. Er selbst begibt sich auf einer Trancereise ins Jenseits, trifft dort die Seele des Verstorbenen und geleitet sie persönlich durch die Fährnisse der Welt nach dem Tode.

Diese Jenseitsarbeit kannten auch die alten Griechen. Sie nannten den Seelenführer Psychopompos, und dieser Begriff hat sich heute in der Religionswissenschaft allgemein eingebürgert. Die Funktion des Psychopompos muß aber nicht unbedingt ein lebender Mensch, also zum Beispiel ein Schamane, ausüben. Auch mythische Gestalten kommen dafür in Frage: etwa der Götterbote Hermes bei den Griechen oder der Gott Thor, der in der nordischen Unterwelt im Totenschiff die Seelen begleitet. Bei den Manichäern übernahmen die Lichtwesen Isa diese Rolle.

Die ausführlichsten Totenbücher, die wir kennen, stammen aus dem alten Tibet. Es hat sich eingebürgert, von dem tibetischen Totenbuch zu sprechen; in Wirklichkeit gibt es eine größere Anzahl aus verschiedenen Epochen, zurückreichend bis in die Zeit der alten, noch stark schamanisch geprägten Bon-Religion bis hin zu Schriften, die vollkommen auf buddhistischen Vorstellungen fußen. Die tibetischen Totenbücher gehen nicht vom Begriff »Seele« aus. An ihre Stelle setzen sie das »Bewußtseinsprinzip«. Es unterscheidet sich von der Seele anderer Religionen dadurch, daß ihm keine Individualität zukommt. Eine »persönliche« Seele, auch des lebenden Menschen, kennt der Buddhismus nicht. Allerdings hängen die Jenseitserlebnisse des Bewußtseinsprinzips trotzdem von dem individuellen guten oder bösen Charakter des Verstorbenen während seines vorhergehenden Lebens ab. Das Jenseits der tibetischen Totenbücher heißt Bar-do, was soviel bedeutet wie Zwischenwelt, und die Bücher verstehen sich als Führer durch diesen Bar-do, in dem das Bewußtseinsprinzip genau 49 Tage weilt, bevor es in einer irdischen Wiedergeburt Besitz von einem neuen Lebewesen nimmt.

Die Reise durch den Bar-do ist sehr komplex und kann nur erfolgreich absolviert werden, wenn dem Bewußtseinsprinzip dabei durch rituelle Lesungen aus den Totenbü-

42 friedvolle Gottheiten aus dem Licht

chern geholfen wird. Diese Lesungen dauern wenigstens 14 Tage lang. Oft werden sie aber auf die vollen 49 Tage ausgedehnt. Die Führungen des Bewußtseins beginnen jeweils morgens um sechs bis sieben Uhr und dauern etwa vier Stunden. Weitere vier Stunden folgen an den Nachmittagen. Dabei wird ein genauer »Fahrplan« eingehalten: Unmittelbar nach dem Tode erfährt das Bewußtseinsprinzip das Helle Licht. Nach drei bis vier Tagen hat sich der Bewußtseinskörper dann als »Yid-kyi« neu organisiert und seinen irdischen Körper vollkommen verlassen. Der Yid-kyi ist mit allen den irdischen Sinnen entsprechenden Wahrnehmungsorganen ausgestattet, kann also den Bar-do in jeder Beziehung erleben. Ihm begegnen zwischen dem vierten und elften Tag nacheinander 42 friedvolle Gottheiten, die aus dem Licht hervorgehen. Vom zwölften bis zum neunzehnten Tag wird das Bewußtseinsprinzip mit 58 zornvollen Gottheiten konfrontiert, die aus einem Meer von Flammen heraufdämmern. Sowohl die fried- wie die zornvollen Gottheiten gelten aber nicht als mythologische Gestalten, sondern als Personifizierungen der guten und bösen Taten des Verstorbenen. Sie sind gleichsam Projek-

tionen aus der Psyche. Vom zwanzigsten Tag an durchwandert das Bewußtseinsprinzip dreimal sieben Tage lang den sogenannten Sridpa'i bar-do, in dem ihm die schrecklichen Erlebnisse der Höllenwelten offenbar werden. Und vom 42. bis 49. Tag schließlich sucht das Bewußtseinsprinzip einen geeigneten Ort für die irdische Wiedergeburt. Dieser freilich hängt wiederum stark von den guten und bösen Taten im vergangenen Erdenleben ab. Nur ein von allen irdischen Bindungen freies Bewußtsein braucht nicht auf die Erde zurückzukehren, sondern geht in das »Nirvana« ein, in die Stufe der Leerheit oder das Reich der Todlosigkeit, wo es weder ein Kommen noch ein Gehen gibt.

Deutlich sprechen die tibetischen Totenbücher das aus, was auch in anderen Religionen zum Ausdruck kommt: Unmittelbar nach dem Tode erlebt das Bewußtseinsprinzip die ganze Fülle des Klaren Urlichts. Erst danach werden die Erlebnisse zunehmend negativer. Die tibetischen Schriften erklären diese Reihenfolge: Das vollkommen reine, von allen irdischen Bindungen losgelöste Bewußtseinsprinzip findet direkt aus dem Erlebnis des Hellen Lichtes heraus endgültige Befreiung. Danach verblaßt für alle anderen Bewußtseinskörper das erste Urlicht und ein zweites Urlicht erscheint, schwächer und von längerer Dauer. Auch von ihm aus findet der Bewußtseinskörper noch zur Befreiung, wenn ihn nur geringe Verfehlungen im vergangenen Leben belasten. Gelingt auch in dieser Phase keine Befreiung, dann erst beginnen zunächst die friedvollen Gottheiten heraufzudämmern, und das weitere Geschehen nimmt seinen Lauf,

10 Auf dieser Zeichnung werden die Höllenqualen dargestellt, die japanische Tote erwarten.

11 Prunkvoll geschmückte, mit Gold verzierte Statuen von Jenseitsfiguren bewachen die Tempel in China.

12 Geschmückter, zurechtgemachter toter Schamane im Sinja-Tal in Nepal.

13

13 Ein unbekannter Künstler des 19. Jahrhunderts hat den viergesichtigen Mahakala mit Schwert, Hackmesser, Dreizack und Schädelschale dargestellt. Die verzerrten menschlichen Gesichter und farbenprächtigen überirdischen Wesen kommen unserer Vorstellung von Hölle sehr nahe.

je nach den Vorbelastungen des Bewußtseinsprinzips. Nur jene Bewußtseinskörper, die ihre Taten vor dem Totenrichter Yama Dharmarâja zu vertreten haben, gelangen vor dem 42. Tag bis tief in den Abgrund der Hölle. Dort hält der affenköpfige »Karmaführer« die Waage der Gerechtigkeit in den Händen. Ein Schreiber mit einem Tigerkopf und ein vogelköpfiger Ankläger sind ebenfalls zugegen, wenn der Totenrichter schließlich sein Urteil spricht. Er bemißt es nach der Zahl der weißen und schwarzen Steine, die für gute und böse Taten zu Lebzeiten stehen und die beiden Waagschalen beschweren. Bei seinem Richtspruch helfen ihm 13 dämonische »Geschworene«, durchweg Gestalten mit verschiedenen Tierköpfen.

Soweit ähneln die tibetischen Totenbücher inhaltlich in den wichtigsten Zügen prinzipiell den Jenseitsvorstellungen anderer Religionen. Doch geben sie darüber hinaus eine äußerst aufschlußreiche Erklärung über die gesamte mythische Kosmologie, in die auch die Jenseitswelt des Bar-do

Brücke zwischen Diesseits und Totenwelt

eingebettet ist. Und diese Kosmologie, die Trikâya- oder Dreikörper-Lehre, ist es, die die Brücke zwischen dem Totenreich, dem Diesseits und der gesamten Schöpfung schlägt. Nach dieser Lehre durchdringt als höchstes geistiges Prinzip, als kosmische Ordnung das »Gesetz der Wirklichkeit« die ganze Welt des Seins. In der Ebene des Vergänglichen, also in der irdischen Welt, in der wir leben, manifestiert sich dieses Gesetz in physischer Gestalt als Nirmânakâya. Aufgrund seiner Vielgestaltigkeit ist es aber auf dieser Ebene vom Menschen nicht unmittelbar erkennbar. Erst durch Visionen, Traumreisen, Offenbarungen oder ähnliches wird das Gesetz der Wirklichkeit in seiner strahlenden Gestalt als Sambhogakâya erfahrbar. Diesen Erkenntnisvorgang kennen praktisch alle Religionen in irgendeiner Form, sei es als »Erleuchtung«, »Gnosis«, »mystische Erkenntnis«, »Satori«.

Unabhängig von der Welt des Stofflichen und von der Erkenntnis durch den Menschen existiert das Gesetz der Wirklichkeit aber auch in zeitloser Selbstsetzung. Als Dharmakâya (Körper des Gesetzes) ist es immer und überall gegenwärtig. Der Dharmakâya ist gleichbleibend, tief, dauernd, einheitlich, harmonisch, rein, strahlend und beseligend. Er ist die Grundlage aller Erscheinungen des Gesetzes, er ist zugleich die höchste Idee wie auch die Möglichkeit ihrer Verwirklichung. Das irdische Leben des Menschen unterliegt dem Gesetz der Wirklichkeit zunächst in Gestalt des Nirmânakâya. Da dieser nur einen Teil des ganzen Gesetzes − nämlich seine materielle Manifestation − dar-

stellt, gibt er dem Menschen Anlaß zu Täuschungen und Wahn. Der Mensch kann sich einseitig an diesen Teil klammern, ohne das Ganze jemals zu erkennen. Diese Bindungen können offensichtlich negativer Natur sein, etwa in Form von Haß, Zorn oder Neid, sie können aber auch scheinbar positiver Natur sein, wie Freude an persönlichem Erfolg, Besitz oder etwa die völlige Hingabe an ein Hobby. Erst die visionäre Erkenntnis des Ganzen ermöglicht die richtige Einstufung des ständig sich wandelnden, vergänglichen und daher trügerischen materiellen Aspekts und damit die innere Loslösung von diesem. Durch einen solchen Erkenntnisprozeß und dem daraus resultierenden Verhalten wird der Weg des Bewußtseinsprinzips im Jenseits, im Bardo, bestimmt. Dieser Weg ist deshalb so schwierig zu meistern, weil der Bar-do nichts anderem entspricht als dem ewigen Gesetz der Wirklichkeit ohne dessen materielle Komponente.

Übersetzt in die Sprache der modernen westlichen Pychologie bedeutet das: Im Bar-do kann sich nur das Unbewußte orientieren und dieses auch nur anhand der Projektionen aus seinem eigenen Inneren, die in Gestalt der friedvollen und zornvollen Gottheiten erscheinen. Irgendeine Orientierung an äußeren Gegebenheiten wie in der materiellen Welt ist hier ebenso unmöglich wie das helfende Eingreifen des Alltagsbewußtseins, das ja an der Schwelle zum Tode abgelegt wurde. Hat das gesamte Bewußtsein (Alltagsbewußtsein plus Unbewußtes) nicht schon aus dem irdischen Alltag heraus in visionärer Sicht Zugang zur Erkenntnis des Gesetzes der Wirklichkeit gefunden, also Sambhogakâya erfahren, dann ist ihm das im Bar-do auch nicht mehr möglich. Die Folge ist im tibetischen Glauben die unvermeidliche irdische Wiedergeburt, in anderen Religionen sind es höllische Strafen.

Die tibetische Dreikörper-Lehre (die drei »Körper« sind dabei die beschriebenen Erscheinungsformen des Gesetzes der Wirklichkeit) entstammt völlig der rätselhaften Welt des Übersinnlichen. Dem westlich orientierten Leser mag sie wie eine reichlich komplizierte theoretische Konstruktion auf dem Boden der Mystik erscheinen. Aber wie keine andere mystische Kosmologie erklärt sie die in allen Kulturkreisen heimischen Vorstellungen vom Leben nach dem Tode, gleich ob dieses nun zu einer irdischen Wiedergeburt führt oder nicht. Wie im folgenden Kapitel gezeigt wird, erklärt diese Lehre aber zugleich umfassend alle bisher in diesem Buch behandelten übersinnlichen Phänomene, und erstaunlicherweise deckt sie sich weitgehend mit den naturwissenschaftlichen Ansichten mancher prominenter Pioniere eines neuen physikalischen Weltbildes.

Gedanken im Raum

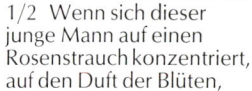

G edankenübertragung ohne den Gebrauch der Sinne – ist das möglich? Die Ergebnisse parapsychologischer Experimente an Universitätsinstituten und anderen Forschungsstätten beantworten diese Frage positiv. Doch wie spielen sich solche übersinnlichen Vorgänge ab? Hier tappt die Wissenschaft heute noch im dunkeln. Allerdings fehlt es in jüngster Zeit nicht an Hypothesen, die dieses Phänomen erklären könnten. Dabei spielen weltweite Informationsfelder eine Rolle. Erstaunicherweise stammen derartige Denkmodelle nicht von Parapsychologen, sondern von Naturwissenschaftlern: Biologen, Physikern und Mathematikern. Sie haben erkannt, daß die alten Gesetze der Kausalität allein nicht gültig sind.

1/2 Wenn sich dieser junge Mann auf einen Rosenstrauch konzentriert, auf den Duft der Blüten, wird dann der Empfänger tatsächlich unverhofft an Rosen denken, ihren Duft riechen können?

3 Warum organisieren sich unabhängige Individuen zu einem Ganzen, wenn die Umwelt es erfordert?

Einer der Sketche des bayerischen Humoristen Karl Valentin heißt »Der Radfahrer«. Valentin erzählt seiner Sketch-Partnerin Liesl Karlstadt, er habe sich mit einem Freund auf einer belebten Straße der Münchener Innenstadt gerade über einen Radfahrer unterhalten, als plötzlich ein solcher an ihnen vorbeifuhr. Er schildert diesen Vorfall als etwas ganz Außergewöhnliches; aber Liesl Karlstadt kann dem nicht folgen und meint nur, die Wahrscheinlichkeit, daß gerade kein Radfahrer vorbeigekommen wäre, sei doch auf dieser Straße viel größer gewesen. Valentin besteht beharrlich darauf, hier seien paranormale Kräfte im Spiel gewesen, obgleich er das mit anderen Worten ausdrückt. Der Komiker überspitzt satirisch eine Situation, die wohl jeder schon einmal erlebt hat: »Gerade dachte ich an Onkel Karl, als das Telefon klingelte und er mich anrief«, oder »Ich weiß nicht warum, aber ich habe deinen Besuch heute irgendwie erwartet, und wirklich, du bist gekommen«. Natürlich kann bei solchen Ereignissen der Zufall eine Rolle spielen. Aber ist es ein Zufall, wenn zwei Menschen jahrelang nichts mehr voneinander gehört haben, der eine plötzlich lebhaft an den anderen denkt und am nächsten Tag Post von ihm bekommt? Ist es ein Zufall, wenn jemanden auf einmal das unangenehme Gefühl beschleicht, einem Verwandten oder einem guten Freund sei irgend etwas Schlimmes widerfahren und er wenig später von dessen plötzlichem Tod erfährt?

Eine nicht von der Hand zu weisende Theorie besagt, daß man wahrscheinlich tausendmal spontan an irgend jeman-

4/6 Warum rollt ein Wasserberg mit großer Geschwindigkeit und unveränderter Form über weite Entfernungen? Warum ordnen sich unzählige Wassertropfen zu einem Wolkenwirbel?

5 Hat der Schriftsteller Mansfield den Untergang der »Titanic« schon Jahre vorher beschrieben?

7 Gibt es telepathische Phänomene wirklich? Ist es Zufall, wenn zwei Menschen jahrelang nichts mehr voneinander gehört haben, der eine plötzlich lebhaft an den anderen denkt und am nächsten Tag Post von ihm bekommt? Ist es Zufall, wenn man auf einmal das Gefühl hat, ein Verwandter

den denkt, ohne gleich darauf Post von ihm zu bekommen oder von seinem Tod zu hören. In all diesen Fällen beschäftigt man sich nicht weiter mit den flüchtigen Gedanken. Treffen Gedanke und Ereignis aber wirklich einmal zusammen, dann fällt das auf; man staunt und merkt sich dieses Zusammentreffen. Im Laufe der Zeit sammelt das Gedächtnis mehrere solche Zufälle, während es alle »normalen Fälle« gar nicht registriert. Wird der Gedächtnisspeicher etwas voller, glaubt man allmählich an okkulte Phänomene wie Telepathie oder Gedankenübertragung. Erzählt man im Bekanntenkreis davon, dann wird der eigene Verdacht zumeist rasch bestätigt. Immer findet sich jemand, der von ähnlichen merkwürdigen Erlebnissen berichten kann.

Gibt es telepathische Phänomene wirklich? Glaubwürdig werden sie in der Tat erst, wenn ihre Beobachtung nicht dem Zufall überlassen bleibt, sondern sich unter wissenschaftlichen Bedingungen mit statistisch deutlich über-

Testmethoden für telepathische Phänomene

durchschnittlicher Trefferquote reproduzieren läßt. So erstaunlich es klingen mag, genau das ist möglich! Wohl die erste und heute sicher eine der weltweit kompetentesten Forschungsgruppen auf diesem Gebiet ist die schon Mitte des 19. Jahrhunderts gegründete British Society for Psychical Research (Britische Gesellschaft für Psychologische Forschung). Unter den Gründungsmitgliedern der Gesellschaft waren Professor Sidgwick, Frank Podmore und der seinerzeit bedeutende Gelehrte und Schriftsteller F. H. Myers. Der letztere prägte den Begriff Telepathie aus den griechischen Wörtern »fern« und »fühlen«. Er bezeichnete damit nach seinen eigenen Worten die »Kommunikation von Eindrükken jeder Art von einem Gehirn zum anderen, unabhängig von den anerkannten Sinneskanälen«. Die Gesellschaft entwickelte schon damals, später besonders gegen Mitte des 20. Jahrhunderts, Testmethoden zur Überprüfung telepathischer Phänomene. Heute befassen sich zahlreiche Institutionen mit derartiger Forschung, vor allem in den USA und in Rußland. Die Tatsache der Telepathie wird derzeit nur noch von einer sehr kleinen Gruppe von Psychologen angezweifelt. Generell gilt sie als erwiesen.

Eine klassische Methode des Nachweises bedient sich der nach ihrem Urheber benannten Zener-Karten. Das sind spielkartengroße Pappblätter mit jeweils verschiedenen geometrischen Symbolen: einem Kreuz, einem Kreis, einem Quadrat, einem Dreieck, einer Wellenlinie. Das telepathische Experiment besteht darin, daß eine Testperson, ein »Sender«, versucht, die Symbole auf den ihr vorgelegten

oder ein guter Freund brauche Hilfe, und dann erfährt man von dessen plötzlichem Tod, gerade zu diesem Zeitpunkt? Ist es möglich, eine Botschaft über weite Entfernungen zu empfangen, ganz ohne die uns heute vertrauten technischen Hilfsmittel?

Karten mental einer zweiten Testperson, dem »Empfänger«, zu übermitteln. Beide Personen befinden sich bei diesem Experiment in verschiedenen Räumen, haben also weder Blickkontakt noch akustische Kommunikationsmöglichkeiten.

Bei ungeübten Testpersonen sind die Ergebnisse im allgemeinen negativ, das heißt, die Treffer entsprechen der normalen Zufallsstatistik. Wie aber schon die Forscher der British Society for Psychical Research herausfanden, lassen sich telepathische Fähigkeiten erlernen und ständig verbessern, sowohl beim »Sender« als auch beim »Empfänger«. Wichtig ist, daß beide Personen gründlich entspannt sind, was sich zum Beispiel durch bestimmte Atemübungen, Yoga-Übungen oder auch durch Meditation erreichen läßt. Wichtig ist ferner, daß möglichst wenig äußere Ablenkungen wie Geräusche, Gespräche anderer Personen im Raum,

Empfang mit zeitlicher Verzögerung

aber auch atmosphärische Einflüsse wie Gewitter, störende Hitze oder gar Schwüle vorhanden sind. Von großer Bedeutung ist ferner die Art, wie sich der »Sender« auf das ihm vorgelegte Symbol konzentriert. Dieser Vorgang soll weder mit körperlicher noch mit geistiger Verkrampfung oder Anstrengung verbunden sein und nicht länger als etwa eine halbe Minute pro Symbol dauern. Auch läßt sich nicht in direkter Folge ein Symbol nach dem anderen übertragen, denn der »Empfänger« reagiert nicht zeitgleich mit dem »Sender«. Zwar empfängt sein Unbewußtes das Bild offenbar genau in dem Moment, in dem es das Unbewußte des »Senders« an ihn übermittelt, doch wird sich der »Empfänger« darüber oft erst mit zeitlicher Verzögerung bewußt. Das kann einige Minuten, in extremen Fällen sogar einige Stunden dauern.

Wenn man all diese Erfahrungswerte berücksichtigt und außerdem einem Testpersonenpaar von »Sender« und »Empfänger« die Gelegenheit gibt, sich aufeinander einzuspielen, dann steigt die Trefferquote ganz markant und reproduzierbar über jeden statistischen Zufall hinaus. Dabei spielen auch psychische Komponenten eine große Rolle. Beide Personen müssen »ganz bei der Sache« sein. Machen sich Müdigkeit, Desinteresse oder gar Langeweile breit, dann sinkt die Trefferquote rapide. Moderne Experimentatoren lehnen deshalb die in Fachkreisen allgemein bekannten Zener-Karten mit ihren nicht gerade fesselnden geometrischen Zeichen ab und verwenden andere zu übertragende Bilder. Bewährt haben sich dabei besonders solche Motive, die sich nicht nur als optische Formen übermitteln

lassen. So kann sich der »Sender« etwa beim Motiv eines blühenden Rosenstrauches außer auf dessen Gestalt auch auf den Geruch der Blüten, die kühle Frische des Taus darauf oder das Stechen der Dornen konzentrieren. All diese Eigenschaften können dem »Empfänger« ebenfalls bewußt werden und seinen gewonnenen Bildeindruck verstärken. Überhaupt kann es vorkommen, daß der »Empfänger« gar kein eigentliches Bild vor seinem geistigen Auge sieht, sondern nur Rosengeruch wahrzunehmen vermeint oder lediglich urplötzlich an einen Rosenstrauch denkt. Manchmal empfindet er solche Gedanken als eine Art unumstößliches inneres Wissen.

Eine andere Art des »Empfangens« bedient sich des sogenannten automatischen Schreibens, das in der Literatur über psychische Forschung in Grenzgebieten vielfach dokumentiert ist. Es gibt sogar einfache technische Hilfsmittel, um der Hand willkürliche Schreibbewegungen zu erleichtern, zum Beispiel ein Brettchen, das auf Rollen nach allen Seiten beweglich über das Papier läuft und auf dem die Hand des Schreibers ruht. Ein Stift oder eine Feder reicht

Überraschende Botschaft

vom Brettchen auf die Schreibfläche. Der Journalist W. T. Stead, der beim Untergang der Titanic sein Leben verlor, beherrschte diese Fähigkeit des automatischen Schreibens genauso wie etwa der Altmeister parapsychologischer Forschung und Unterweisung, Walter E. Butler. Dieser hielt sich in London auf, wo auch sein Lehrer auf dem Gebiet der Telepathie lebte. Er berichtet: »Eines Tages folgte ich einem Impuls, ganz ohne vorher darüber nachgedacht zu haben. Ich nahm Papier und Bleistift und bereitete mich auf eine paranormale Botschaft vor. Zu meiner großen Überraschung schrieb ich: ›Ich bin in der Schweiz und wohne in einem Hotel hoch oben in den Alpen. Ich sitze auf der Terrasse und betrachte den Sonnenuntergang über den Schneebergen.‹ Es war mein Lehrer! Diese Botschaft kam als völlige Überraschung, da ich nicht wußte, daß er die Stadt verlassen hatte. Um der Sache nachzugehen, rief ich seine Londoner Telefonnummer an. Die Haushälterin war am Apparat und sagte mir, der Herr des Hauses würde sich in der Schweiz aufhalten. Als ich meinen Lehrer das nächste Mal sah, fragte ich ihn nach der Botschaft. Er sagte, alles würde haargenau stimmen, doch sei er sich nicht bewußt gewesen, etwas ausgesandt zu haben.«

Das Beispiel Butler eignet sich gut, um den Unterschied zwischen Telepathie und Gedankenübertragung zu erklären. Telepathie gilt als der übergeordnete Begriff, Gedankenübertragung setzt eine bewußte mentale Aktivität des

8 Es gehört nicht viel Phantasie dazu, sich vorzustellen, daß Eisberge, die sich von gigantischen Eismassen trennen, ein Schiff in den Untergang reißen. Ominös wird es erst, wenn ein Roman den Untergang eines Schiffes mit Namen »Titan« beschreibt, das mit vielen reichen Passagieren an Bord den Atlantik über-

quert, mit einem Eisberg kollidiert und sinkt. Vierzehn Jahre später passiert die beschriebene Katastrophe. Über 1500 Menschen finden den Tod. Der Name des Schiffes: »Titanic«.

Jitanic No5

Der Magier W.T. Stead fuhr mit
Zu den Opfern beim Untergang des Ozeandamp
kannte Magier u. Schriftsteller W.T. Stead. Der von ihm vor
Rekordfahrt um das "Blaue Band" kam dadurch nicht mehr zus
Bereits i.d. auf d. Katastrophe folgende Nacht auf medialem U
lermitzten festgestellt werden konnten. Er diktierte nun aus dem Jens

Hrdelmaier
1975

Titanic i. d. Ewigkeit
Titanic gehörte der be-
ene Tatsachenbericht über die
. Anstelle dessen meldete er sich
i seiner Tochter, lange bevor die
n Buch über den Untergang d. Titani

Senders voraus. Gedankenübertragung eignet sich deshalb besser für reproduzierbare Experimente. Die wirklich spektakulären Fälle von Telepathie ereignen sich aber meist, ohne daß der »Sender« um die Aktivitäten seines Unbewußten weiß. Es fragt sich allerdings, ob überhaupt ein »Sender« erforderlich ist oder ob ein »Empfänger« nicht auch durch außersinnliche Wahrnehmung Fakten erfahren kann, die überhaupt niemand mental ausgesandt hat.

Ominös ist in diesem Zusammenhang ein im Jahre 1898 von M. F. Mansfield verfaßter Roman, in dem der Autor von einem gewaltigen Dampfschiff namens Titan erzählt, dem größten, das je gebaut wurde. Dieses Schiff überquert in Mansfields Buch mit vielen reichen und berühmten Passagieren an Bord den Atlantik, kollidiert dabei mit einem Eisberg und sinkt. Zahlreiche Passagiere kommen ums Leben, denn der Dampfer hat zu wenig Rettungsboote an Bord. 14 Jahre später, am 14. 4. 1912, ereignet sich dann genau die von Mansfield beschriebene Schiffskatastrophe. Nur daß der von der britischen White Star Line betriebene

Titanic-Katastrophe vorausgesehen

Schnelldampfer, das seinerzeit größte Schiff der Welt, nicht Titan, sondern Titanic heißt. 1517 Menschen finden den Tod. Handelt es sich um einen Fall von Telepathie mit Menschen, die 1898 schon lebten und ihr eigenes späteres Schicksal im Unbewußten bereits kannten, oder beherrschte Mansfield die Gabe der Präkognition, des Hellsehens? Erklärungsversuche beider Phänomene werden zeigen, daß sie möglicherweise gar nicht sehr unterschiedlicher Natur sind.

Offensichtlich kann der mental geschulte Mensch auf der Ebene seines Unbewußten nicht nur mit anderen Menschen kommunizieren, sondern auch mit anderen Lebewesen. Zahlreich sind die Berichte von Haustieren, die deutlich darauf reagierten, wenn ihrem Frauchen oder Herrchen an einem entfernten Ort ein Unglück zugestoßen ist. Laborexperimente mit Pflanzen in den siebziger und achtziger Jahren ergaben, daß sich ihr Zelldruck meßbar änderte, wenn Menschen in ihrer Nähe allein mit dem Gedanken spielten, die Pflanzen in irgendeiner Weise zu verletzen. Deutsche Entwicklungshelfer, die in Südamerika neue Nutzpflanzen einführen wollten und dabei nach jahrelanger Arbeit herausfanden, daß diese im Gegensatz zu den alten Kulturpflanzen der dort lebenden Indios unter den herrschenden Klima- und Bodenbedingungen nicht recht gediehen, stellten ihre Versuche auf die altbewährten Pflanzen um. Dabei zeigte sich, daß auch diese Pflanzen in den von den Europäern angelegten Kulturen zu Mißernten führten, während sie unter exakt den gleichen äußeren Bedingungen bei den Indios gut wuchsen und reich fruchteten. Nach weiteren Jahren landwirtschaftlicher Forschung ließ sich ein einziger Unterschied feststellen: Die Indianer sprachen mit ihren Pflanzen nach der Aussaat und sangen auf den Feldern kultische Lieder. Selbst deutsche Agrikulturexperten bestätigten später die Wirkung dieser eigenwilligen Methode.

Viele Naturvölker praktizieren Telepathie zwischen Menschen, aber auch zwischen Mensch und Tier, Mensch und Pflanze. Und zahlreiche Stämme besitzen regelrechte mentale Ausbildungsprogramme, die oft den Charakter des Spielerischen haben. Das ist sehr wichtig, denn es gilt auch bei den europäischen Telepathieforschern als erwiesen, daß die Experimente um so besser gelingen, je größer das Interesse der Beteiligten daran ist. Und was würde schließlich die Aufmerksamkeit mehr fesseln als ein spannendes Spiel? Der Ethnologe Alan P. Merriam beschreibt ein derartiges Spiel bei den Flathead-Indianern, das in ganz ähnlicher Form aber auch bei den Salish und anderen Stämmen im Nordwesten der USA bekannt ist und sich dort noch heute großer Beliebtheit erfreut.

Die Spielregeln sind nicht ganz einfach. Es werden zwei Mannschaften von je fünf bis zehn Spielern gebildet, und es

Trefferquote von
100 Prozent

können auch Wetten abgeschlossen werden. Der eigentliche Sinn des Spieles liegt darin, daß jeweils eine Person der einen Mannschaft zwei unterschiedlich geformte oder angemalte Knöchelchen in ihren Händen verborgen hält und daß ein Spieler des zweiten Teams erraten muß, in welcher Hand sich welcher Knochen befindet. Für gut eingespielte Mannschaften, die jeweils ihren Rater mental durch entsprechende Konzentration unterstützen, ist das offenbar nicht allzu schwer, so daß sich unter fortgeschrittenen Spielern die Technik herausgebildet hat, daß die Mitglieder der Gegenmannschaft ebenfalls auf mentale Weise, aber auch durch Lärmen, Grimassenschneiden, Herumtoben und so weiter versuchen, die telepathische Übertragung zu behindern. Es heißt, daß versierte Schamanen bei diesem Spiel Trefferquoten von annähernd hundert Prozent erzielen. Gute Erfolge stellten sich aber auch bei Gruppen westlich orientierter Schamanismusforscher ein, die sich in diesem Spiel übten.

Läßt sich das Phänomen Telepathie erklären? Obgleich das bisher nicht mit den Mitteln der klassischen Naturwissenschaften möglich ist, fehlt es nicht an Versuchen. Ein

origineller Ansatz geht von einer neurologischen Betrachtung aus. Nehmen wir einmal an, ein gut geländegängiger Bergsteiger renne mit großen Schritten über einen Hang mit grobkörnigem Schotter hinab. Er soll dabei etwa Jogging-Geschwindigkeit erreichen, was bei Gefälle trotz des unebenen Geländes kein Problem darstellt. Sein Tempo wird also in etwa 12 Kilometer pro Stunde betragen. Umgerechnet auf kurze Distanzen bedeutet das, daß er pro Sekunde 3,3 Meter oder etwa vier Schritte zurücklegt. Jeder Schritt nimmt demnach 25 Hundertstelsekunden in Anspruch. Das eigentliche Auftreten und Fußfassen ist wesentlich kürzer und mag etwas mehr als ein Drittel dieser Zeit ausmachen. Wir wollen es mit einer Zehntelsekunde annehmen.

Bei diesem Vorgang geschieht folgendes: Zunächst tastet der Bergsteiger mit den Augen das Gelände danach ab, wo er den nächsten sicheren Tritt findet. Wir wollen davon ausgehen, daß er seinen Fuß auf einen größeren Stein setzt, der im Geröll stabil genug verankert erscheint. Unmittelbar beim ersten Fußkontakt spürt er, daß der Stein seitlich

Informationsfluß von
10 Metern

wegzukippen droht. Sofort korrigiert der Bergsteiger die Fußstellung und zugleich auch die gesamte Körperbalance. Reicht das nicht oder korrigiert er zu stark, dann berichtigt er diesen körperlichen Ausgleichsvorgang nochmals. In seinem Körper müßte sich dabei folgender Informationsprozeß abspielen: 1. Mitteilung des gesehenen Steines vom Auge an das Gehirn. 2. Mitteilung des Gehirns an die Bein- und Fußmuskulatur, dort aufzutreten. 3. Mitteilung des Fußes an das Gehirn über das Wackeln des Steines. 4. Erneuter Befehl des Gehirns an den Fuß und andere Muskelgruppen im Körper, die Haltung zu korrigieren. 5. Erneute Rückmeldung des Fußes an das Gehirn. 6. Gegebenenfalls Wiederholung einer Korrekturanweisung seitens des Gehirns an den Fuß. 7. Erneute Rückmeldung vom Fuß zum Gehirn.

Von der kurzen Strecke Auge–Gehirn einmal abgesehen, deren Informationsfluß ohnehin in die Zeit vor dem Auftreten fällt, fließen also während etwa einer Zehntelsekunde dreimal Informationen vom Gehirn zum Fuß und ebensooft Rückmeldungen vom Fuß zum Gehirn. Sechsmal muß also nacheinander eine Leitungsdistanz von rund 170 Zentimetern überwunden werden. Zusammen sind das reichlich 1000 Zentimeter oder 10 Meter. Wir wissen aber, daß Nervenströme, wie sie zum Steuern der Körpermotorik erforderlich sind, nur mit einer Geschwindigkeit von 40 bis maximal 60 Metern pro Sekunde fortgeleitet werden, in einer Zehntelsekunde als höchstens vier bis sechs Meter zurücklegen können. Verkürzt wird diese Strecke noch dadurch, daß an den Nervenenden jeweils elektrochemische Informationsumwandlungen stattfinden, die ebenfalls Zeit in Anspruch nehmen. Rein neurologisch betrachtet, ist die Leistung des bergab rennenden Bergsteigers höchst erstaunlich. Mehr noch: Sie scheint unmöglich zu sein. Und doch läßt sie sich durchaus noch steigern, denn wir haben in unserem Beispiel keine Extrembedingungen angenommen.

Wie meistert der Körper diese Aufgabe? Es gibt neuere Erklärungsversuche, die berücksichtigen, daß sowohl das Gehirn wie auch jeder Muskel nicht nur Nervenströme abgeben, sondern mit ihnen zugleich auch ein Feld aufbauen, das sich in Form elektromagnetischer Wellen im Raum – also auch außerhalb des Körpers – ausbreitet. Es handelt sich um jene Signale, die sich zum Beispiel im Elektroenzephalogramm messen lassen. Elektromagnetische Schwingungen breiten sich mit Lichtgeschwindigkeit aus. Gibt es beispielsweise im Fuß geeignete Empfänger für

Übertragung außerhalb
des Körpers

diese Wellen, dann ließe sich die Distanz Gehirn – Fuß ohne nennenswerten Zeitverlust überbrücken. Einige US-amerikanische Ärzte vermuten solche Empfänger in jeder einzelnen Körperzelle, nämlich in Gestalt der Desoxyribonucleinsäure (DNA), die zugleich Träger der Erbsubstanz ist. Ihr Aufbau als gewendelter Molekülfaden legt die Vermutung nahe, daß sie mit den Hirn- oder Muskelwellen in Schwingungsresonanz treten und damit die elektromagnetischen Signale empfangen könnte. Die aufregende Folge wäre eine mögliche Informationsübertragung außerhalb des Körpers. Natürlich müssen dabei Sender und Empfänger frequenzmäßig exakt aufeinander abgestimmt sein.

Diese rein medizinisch-neurologischen Überlegungen verführten natürlich sofort zu dem Gedanken, daß sich auf ganz ähnliche Weise auch telepathische Phänomene erklären lassen könnten, nämlich dadurch, daß ein »Empfänger« unmittelbar die elektromagnetischen Wellen eines »Sender«-Gehirns auffängt. Diese Überlegung erwies sich aber bald als unhaltbar, denn Telepathie ist nicht nur im Nahbereich, sondern auch über extrem weite Distanzen möglich, die sich gewiß nicht durch elektromagnetische Felder der erwähnten Art überbrücken lassen. Phänomenale Beispiele dafür liefert das Gebiet der sogenannten Fernheilung. Über ganze Länder hinweg tritt dabei ein Geistheiler mental in Kontakt mit einem Patienten, den er nicht einmal persönlich

zu kennen braucht, und diagnostiziert telepathisch dessen Leiden. Auf gleiche Weise kuriert er es anschließend. An erwiesenen Fällen dieser Art fehlt es nicht. Doch gehen die Meinungen über den Wirkungsmechanismus weit auseinander. Manche Fernheiler nehmen telepathische Fähigkeiten für sich in Anspruch. Andere sind überzeugt davon, daß bei den Vorgängen Hilfsgeister, etwa die typischen Krafttiere des Schamanismus, eine wichtige Übermittlerrolle spielen. Wieder andere behaupten, ihre Kräfte und Fähigkeiten direkt von Gott zu erhalten. Was die letztere Aussage anbelangt, so trifft sie wohl auf alle Fernheiler zu. Ob es sich aber um rein telepathische Vorgänge oder die Intervention von Hilfsgeistern handelt, ist wahrscheinlich von sekundärer Bedeutung. Vielleicht ist es ja in beiden Fällen genau derselbe Mechanismus, der lediglich von den Beteiligten unterschiedlich wahrgenommen wird. Es handelt sich stets um Prozesse, die sich primär im Bereich des Unbewußten abspielen und erst durch das Alltagsbewußtsein in irgendeiner Weise interpretiert werden, um sich überhaupt vom Verstand erfassen zu lassen.

Festzuhalten ist jedenfalls, daß Telepathie unabhängig von räumlichen Entfernungen funktioniert. Als gesichert kann auch gelten, daß das Unbewußte dabei beteiligt ist, denn telepathische Phänomene lassen sich immer genau

Phänomene des
Unbewußten

dann besonders gut beobachten, wenn auch sonst das Alltagsbewußtsein seine eigenen normalen Aktivitäten einschränkt und das Unbewußte ungestört in den Vordergrund treten kann. Das ist nicht nur in tiefer Entspannung oder Trance möglich, sondern auch in Hypnose, im Schlaf oder unter dem Einfluß halluzinogener Drogen. Sie alle fördern telepathische Fähigkeiten. Als Schaltzentrale unbewußter Prozesse im Gehirn ist den Neurologen heute das sogenannte limbische System bekannt, das auch als Mittelhirn bezeichnet wird. Dieses nur etwa fingernagelgroße Gebilde ist nichts anderes als eine Drüse, die Hypophyse, mit autonomer Steuerung. Es kontrolliert die menschlichen Gefühle wie Freude, Haß, Leid und jede sonstige Erregung. Es bestimmt aber auch Vorgänge wie die Fortpflanzung, das Körperwachstum, den Haarwuchs oder die Ausbildung der Geschlechtsorgane. Von den Sinnen hat nur der Geruchssinn direkt Zugang zu diesem limbischen System. Kein Wunder, daß bei mystischen Kulten aller Art Räucherwerk eine so bedeutende Rolle spielt.

Dieses limbische Gehirn ist zwar eine wichtige Steuerungszentrale unbewußter Vorgänge und wird deshalb von manchen Parapsychologen auch als Sitz der telepathischen  Fähigkeiten angenommen, aber allein repräsentiert es den ganzen Bereich des Unbewußten offenbar nicht. Einige moderne Physiker und Neurologen haben eine viel weitergehende Vorstellung entwickelt. Um sie zu verstehen, ist es hilfreich, sich zunächst mit einem physikalischen Denkmodell zu befassen. Nach diesem gibt es Formen, die von einer äußeren (expliziten), und solche, die von einer inneren (impliziten) Ordnung strukturiert sind. Zu den ersteren gehört zum Beispiel jeder feste Gegenstand: ein Stuhl, ein Buch oder etwa ein Felsen. Zu den letzteren gehören Formen wie ein Wasserwirbel, eine dahinlaufende Meereswelle, die Fontäne eines Springbrunnens oder eine Windhose. Sie haben immer das gleiche Aussehen, bauen sich aber fortwährend aus anderen Partikeln auf. Ihr wesentlichstes Merkmal ist ein inneres Informationsfeld, das sich an jedem Ort der Struktur in Kräften bestimmter Größe und Richtung ausdrückt. Solche Informationsfelder scheinen, das beweist die moderne physikalische Forschung zuneh-

Geordnete Strukturen
aus Chaos

mend, in der Natur eine bedeutende Rolle zu spielen, vor allem auf der subatomaren Ebene der Elementarteilchen. Offenbar sind sie dafür verantwortlich, daß sich aus Chaos wie von selbst geordnete Strukturen entwickeln. Ohne sie – davon sind heute mehr und mehr Wissenschaftler überzeugt – hätte auch kein lebender Organismus entstehen können, denn wir wissen seit kurzem, daß sich bereits in der Vorstufe zum Leben anorganische Moleküle auf wundersame Weise zu Strukturen zusammenfinden können, wie sie sonst nur durch das organisatorische Programm des Lebens selbst erzeugt werden. Aber was ist Leben überhaupt? Vielleicht nichts anderes als eine weitere Ausdrucksform eines allumfassenden Informationsfeldes.

Ab und zu treten in der unbelebten Natur Phänomene auf, die der moderne Physiker Solitone nennt und deren Entstehung erst in allerjüngster Zeit mathematisch verstanden wurde. Bekannt ist die Erscheinung allerdings schon länger. Erstmals berichtete 1845 der Brite J. Scott Russell in der Zeitschrift einer wissenschaftlichen Gesellschaft von einem Soliton: »Da rollte ein abgerundeter, glatt fließender und wohl abgegrenzter Wasserberg in der Form einer großen einzelnen Erhebung mit großer Geschwindigkeit voran, der seinen Weg den Kanal entlang anscheinend ohne Wechsel seiner Form und ohne eine Verminderung seiner Geschwindigkeit fortsetzte.« Russell verfolgte diese »einsame Welle«, wie er sie nannte, zu Pferde ein oder zwei

10/11 Unverständlich ist uns das kollektive Verhalten großer Vogel- oder Fischschwärme. Oft bewegen sich die einzelnen Tiere wie ein einziger Körper. Nicht ein Vogel macht plötzlich eine Wendung und alle anderen folgen, nein: Ohne ersichtlichen Grund führen alle simultan die gleiche Wendung aus.

Meilen weit. Dann verlor er sie in den »Windungen des Kanals« aus den Augen. Solche Einzelwellen oder eben Solitone, wie sie heute heißen, ließen sich inzwischen in zahlreichen komplexen physikalischen und biologischen Systemen entdecken, zum Beispiel in elektrischen Stromkreisen, als Schwingungen im atomaren Bereich oder als Nervenimpulse im lebenden Organismus. Ein mathematisch und physikalisch ungeschulter Beobachter könnte ein solches Soliton leicht für eine von der Umgebung völlig unabhängige Erscheinung halten, denn nichts in seinem Umfeld weist auf Voraussetzungen für seine Existenz hin.

Der Mathematiker weiß es besser. Er ist in der Lage, ein Soliton als sogenannte Singularität in der Lösung nichtlinearer Gleichungen zu beschreiben. Neuere wissenschaftliche Spekulationen gehen davon aus, auch die Lebewesen in gewisser Weise als Solitone zu betrachten, die ihrerseits aus sich allein heraus gar nicht existenzfähig wären, sondern nichts anderes sind als für den äußeren Beobachter isoliert erscheinende Ausformungen eines allumfassenden Informations-

Unverständliche Phänomene

mationsfeldes. Diese Theorie mag zwar sehr gewagt erscheinen, sie hat aber den ungemeinen Vorteil, daß sich mit ihr mühelos zahlreiche Phänomene erklären lassen, die sonst völlig unverständlich wären.

Der Begriff des Lebens selbst erfährt hierdurch eine völlig neue Dimension, denn er verschiebt sich vom lebendigen Individuum auf die Ebene eines globalen Informationsfeldes – das man gerne kosmische Ordnung oder göttlichen Willen nennen darf –, das in den einzelnen Lebewesen punktuell Ausdruck findet. Wenn dem so ist, dann erklärt das unmittelbar, warum es so etwas geben kann wie das von Jung erkannte kollektive Unbewußte, das weit über die persönlichen Erfahrungen und Erinnerungen eines Einzelmenschen hinausreicht. Es würde nämlich bedeuten, daß das Unbewußte kein isolierter Teil des Individuums ist, sondern ein Bestandteil jener universellen göttlichen Ordnung des allumfassenden kosmischen Informationsfeldes. Greift das Alltagsbewußtsein in Momenten der Trance, der Hypnose, des luziden Traumes auf das Unbewußte zurück, dann hätte es demnach einen unmittelbaren Zugriff nicht nur auf tiefere psychische Schichten des Ego, sondern auf so etwas wie eine generelle kosmische Weisheit. Ist es das, was religiöse Menschen als Offenbarung empfinden? Ist es das, was Meditierende ebenso wie manche Drogenkonsumenten als Bewußtseinserweiterung erleben, was Schamanen als Kontakte mit Krafttieren oder geistigen Lehrern in »anderen Welten« erfahren? Manches spricht dafür. So gelang es Neurologen bisher nicht, einen konkreten Sitz des Bewußtseins, ja nicht einmal einen Sitz der persönlichen Erinnerungen im Gehirn zu lokalisieren. Man glaubt heute sogar, daß sich diese menschlichen Qualitäten überhaupt nicht lokalisieren lassen, weil sie wie ein Informationsfeld generell über das ganze Gehirn verteilt sind.

Auch hierfür bietet sich ein Bild aus der Physik an. Der Ungar D. Gábor entwickelte 1948 ein Verfahren zur fotographischen Abbildung des Lichtwellenfeldes, das unter bestimmten Umständen von einem beleuchteten Gegenstand ausgeht. Solche Aufnahmen sind als Hologramme bekannt. Ihre Eigenart besteht darin, daß jeder Punkt einer holographischen Bildplatte die gesamte Information des Bildes enthält. Das scheint schwer verständlich, wird aber klar, wenn man an einen zersplitterten Spiegel denkt. Auch bei ihm gibt jeder beliebige einzelne Scherben das ganze Gesicht des Betrachters wieder.

Moderne Neurologen glauben, daß das menschliche Gedächtnis nach der Art eines solchen Hologramms gespeichert ist. In großen Teilen des Gehirns enthält jeder Punkt die gesamte Gedächtnisinformation. Dieses Modell bedingt, daß hier keine Einzeldaten wie in einem Computer

Gespeicherte Informationsfelder

registriert sind, sondern eine Art Informationsfeld gespeichert wird. Diese Vorstellung erklärt zugleich, warum es oft so schwer ist, gezielt auf ganz bestimmte Gedächtnisinhalte zurückzugreifen. Andererseits wird jetzt verständlich, daß das Unbewußte, das ja die Gedächtnisebene verwaltet, zugleich auch mit anderen Informationsfeldern kommunizieren kann, die außerhalb des menschlichen Organismus liegen.

Doch was hat das alles mit Telepathie zu tun? Nichts ist einfacher als das: Wenn das Unbewußte einer Senderperson eine Information in das kosmische Informationsfeld absetzt, dann ist diese in der Art des Hologramms augenblicklich an jedem einzelnen Punkt des gesamten Feldes präsent, das heißt an jedem Punkt auch vom Unbewußten einer geeigneten Empfängerperson abrufbar.

Das alles ist natürlich wissenschaftliche Spekulation, aber ohne sie blieben viele Fakten unerklärlich, mit denen sich die Schulwissenschaften bisher nicht einmal zu befassen wagten, die aber dennoch zum Alltag gehören. Einige Beispiele sollen das belegen:

Als in den fünfziger Jahren in Ungarn eine neue Eisenbahnstrecke durch die Pußta, ein ausgedehntes Gänsezuchtgebiet, gebaut wurde, fanden die Tiere schnell heraus, daß der Bahndamm besonders nach langen Regenfällen trockener und wärmer war als das umliegende schlammige Gelände, und stellten sich in großer Zahl dort ein. Natürlich wurden viele von ihnen überfahren. Doch noch bevor man ein Konzept zur Abhilfe fand, mieden die Gänse plötzlich ganz von selbst den Bahnkörper. Aber warum? Die Opfer konnten ihre Erfahrungen weder genetisch noch durch direkte Kommunikation mit allen anderen Pußta-Gänsen weitergegeben haben. Dennoch kannten diese bereits nach wenigen Wochen ganz offensichtlich das Gefahrenpotential des Bahndamms und mieden diesen. Eine andere Erklärung als jene mittels eines Informationsfeldes, das eine für jede Gans abrufbare neue Erfahrung übermittelte, fällt schwer.

Bisher unverstanden ist auch das kollektive Verhalten von großen Tierschwärmen, etwa von Tausenden fliegender Vögel oder im Verband schwimmender Fische. Oft bewegen sie sich wie ein einziger großer Körper. Es ist nicht so, daß etwa ein Leitfisch eine plötzliche Wendung macht, der dann alle anderen Fische folgen; denn das müßte sich als eine Art Kettenreaktion im Schwarm beobachten lassen. Nein, alle Fische führen ohne ersichtlichen äußeren Anlaß die gleiche Wendung simultan durch. Werden auch sie von einem Informationsfeld gesteuert, möglicherweise von

Der Fischschwarm – eine Einheit?

einem Feld, das zwar ein einzelner Leitfisch beeinflußt, das aber alle anderen Fische selbst über einen größeren Raum zeitgleich erreicht?

Noch verblüffender ist dieses Phänomen bei gewissen Schleimpilzen. Die mikroskopisch kleinen Organismen vermehren sich durch einfache Zellteilung und bilden schließlich dichte Bestände voneinander unabhängiger Individuen. Wird das Nahrungsangebot knapp, dann ändern alle Einzelorganismen auf einmal ihr Verhalten und organisieren sich zu einem einzigen Ganzen, das, einer schleimigen Schnecke ähnlich, über den Waldboden kriecht und sich einen neuen Aufenthaltsort sucht. Auch hier blieb die Art und Weise der Informationsübertragung lange umstritten.

Aber es kommt noch rätselhafter: In der Mikroelektronik benötigen die Techniker zur Herstellung bestimmter Halbleiter neuartige Kristalle, die in der Natur nicht vorkommen. Und in der organischen Chemie experimentieren die Forscher ständig mit neuen, bisher noch nie dagewesenen Molekülen. Immer wenn zum ersten Mal ein neuer Kristalltyp wächst oder in irgendeiner Retorte ein neues Molekül

entsteht, benötigt dieser Vorgang eine bestimmte Zeitspanne. Wiederholt man diesen Prozeß, dann spielt er sich erstaunlicherweise schneller ab. Je öfter er wiederholt wird, um so rascher verläuft er, bis schließlich in etwa eine bestimmte Endgeschwindigkeit erreicht wird. Um diese eigenartige Erscheinung zu erklären, argumentierten Wissenschaftler bisher mit Verunreinigungen. Winzige Mikrokristalle oder vereinzelte Moleküle, die vom ersten Experiment übrigblieben, könnten in die neue Versuchsanordnung gelangt sein und dort als Zentren für die Neubildung gleichartiger Strukturen fungiert haben. Aber es sind zahlreiche Fälle bekanntgeworden, bei denen der Wiederholungsprozeß an einem ganz anderen Ort vorgenommen wurde als das Grundexperiment. So züchtete man beispielsweise neue Kristalle in Oxford und wiederholte den Vorgang in Chicago. Auch in diesem Fall verlief das Kristallwachstum im zweiten Durchgang deutlich schneller.

Zahlreiche ungeklärte Beobachtungen dieser Art führten den Biologen Robert Sheldrake zu seiner Hypothese von den morphogenetischen (das heißt gestaltgebenden) Feldern, die wir hier etwas weiter gefaßt als Informationsfelder bezeichnet haben. Er behauptet, daß das erste Wachstum

12 Die indianische Bevölkerung spricht mit den Pflanzen und singt kultische Lieder. Ist das der Grund, warum die gleichen Pflanzen unter denselben Bedingungen besser gedeihen als von Europäern ausgesäte?

eines neuen Kristalls irgendwo auf der Welt die neu entstandene Struktur als Informationsmuster in das globale morphogenetische Feld einspeichert und daß diese Information ab sofort überall zur Verfügung steht. Dadurch haben es nachfolgende Atome von Mal zu Mal leichter, sich nach diesem Vorbild zu orientieren und zu gleichartigen Gittern zusammenzufinden. Dieser Vorgang wäre so etwas wie Telepathie unter Atomen!

Sheldrake erklärt mit seiner Theorie aber noch etwas anderes: die Anordnung der verschiedenartigen Zelltypen in jedem Organismus zu einem sinnvollen, lebendigen Ganzen. S. J. Snyder von der John-Hopkins-Universität hat dieses Problem in der renommierten Wissenschaftszeitschrift Science so dargestellt: »Eine der wichtigsten ungelösten Fragen in der Biologie lautet: Wie kommt es, daß die einzelnen Teile des Körpers sich genau dort entwickeln, wo sie sind, und wie nehmen sie ihre charakteristische Erscheinung und Funktion an? Was befiehlt einer Gruppe von Zellen in einem Embryo, einen Arm auszubilden? Warum entwickeln sich einige Zellgruppen zu einer Leber, andere wiederum zu den Nebennieren und andere zu Keimdrüsen? – Das Gehirn

Geheimnisvolle genetische Informationen

ist ein Einzelorgan, das in vieler Hinsicht eine größere Komplexität aufweist als der gesamte Rest des Körpers. In der Entwicklung des Embryos müssen sich Tausende von einzelnen Nervenbahnen auf verschlungenen Wegen vorwärtsschlängeln, bis sie ihre endgültigen Standorte im ausgewachsenen Körper erreichen.«

Die übliche Antwort auf Snyders Frage lautet, daß die genetischen Baupläne der DNA in jeder einzelnen Zelle enthalten seien und durch chemische Prozesse genau im richtigen Zeitpunkt und am richtigen Ort aktiviert oder inaktiviert werden. Aber diese Antwort befriedigt nicht, denn sie sagt gar nichts darüber aus, wodurch dieser Mechanismus ausgelöst wird. Und die genetische Information ist in allen Körperzellen zunächst völlig identisch. Sheldrake sieht den Auslöser in seinen morphogenetischen Feldern.

Wie jede grundlegend neue Idee ist auch das Modell von allumfassenden Informationsfeldern heftig umstritten. Dabei hat sich die Wissenschaft doch darauf geeinigt, eine neue Hypothese, die in der Lage ist, bisher Unverstandenes zu erklären, so lange als Arbeitsgrundlage zu verwenden, bis sie sich als falsch erweist oder durch ein einfacheres oder auch umfassenderes Modell abgelöst werden kann. Mathematiker haben nachgewiesen, daß sich die Annahme eines

Informationsfeldes in ihrer Formelsprache nicht nur geschlossen und in sich widerspruchsfrei darstellen läßt, sondern zugleich die Aussagen sowohl der Einsteinschen Relativitätstheorie wie der Quantenphysik bestätigt und schließlich sogar deren in den bisher gängigen Formulierungen auftretenden Widersprüchlichkeiten auflöst.

Wenn man wirklich von der Existenz eines generellen Informationsfeldes ausgehen kann, dann ist natürlich auch die Erklärung der telepathischen Phänomene ein leichtes. Aber ist diese Hypothese nicht doch zu gewagt? Nun, im Grunde hat sie nur für die wissenschaftlich geprägten Menschen der westlichen Welt den Reiz des Neuen und damit des Gewöhnungsbedürftigen. Doch das Zeitalter der Naturwissenschaften ist schließlich noch sehr jung. Die alten Weisheitslehren, die in Jahrzehntausenden gewachsenen Naturreligionen und auch die Offenbarungsschriften der Hochreligionen kennen den Begriff des Sheldrakeschen

Teil eines großen Ganzen

morphogenetischen Feldes längst. Sie nennen es kosmisches Prinzip, göttliche Ordnung oder ähnlich, und sie hören nicht auf zu betonen, daß jedes Lebewesen im Grunde keine eigene Existenz besitzt, sondern nur ein Teil eines großen Ganzen ist. Andersherum formuliert: Der göttliche Wille oder die Weisheit des Universums durchdringt alles. Keine einzige noch so kleine Tat ist denkbar, deren Auswirkungen nicht für ewig und alle Zeiten erhalten blieben und alles andere Existierende beeinflussen würden, sagen manche Lehren bedeutender Mystiker. Am klarsten kommt die Vorstellung eines alles durchdringenden morphogenetischen Feldes wohl in den alten tibetischen Totenbüchern zum Ausdruck: Es ist nichts anderes als der »Körper des Gesetzes«, der Dharmakâya, der als höchste kosmische Ordnung die ganze Welt des Seins durchdringt, der als Nirmânakâya allen materiellen Dingen ihre Gestalt verleiht und der als Sambhogakâya in einem Akt der Erkenntnis vom Menschen erfahren werden kann. Ist er im Begriff, sich in Zukunft auch den Naturwissenschaftlern zu erschließen? Sollte das der Fall sein, dann findet die Wissenschaft auch einen Zugang zur Erforschung der sogenannten übersinnlichen Phänomene, die wir heute noch aufgrund mangelnder Erkenntnis als paranormal bezeichnen.

Wenn der Wille Berge versetzt

Gleichsam als neueste Erkenntnis haben Wissenschaftler der Max-Planck-Gesellschaft jüngst konstatiert, daß allein der gute Vorsatz genügt, um neue Fakten zur Verbesserung einer Situation zu schaffen. Den »Rest«, so fanden sie heraus, besorgt das Unbewußte. Das heißt nicht mehr und nicht weniger, als daß Wille und Geist in der Lage sind, materielle Veränderungen herbeizuführen. Wie weit können diese reichen? Wenn es zutrifft, daß das Unbewußte Zugriff zu Ebenen außerhalb der eigenen Persönlichkeit besitzt, wie Jung und andere Vertreter der »transpersonalen« Psychologie behaupten, dann läßt sich auch die direkte Beeinflussung der Materie durch den Geist nicht länger ausschließen. Dafür sprechen auch die Ergebnisse von parapsychologischen Experimenten und die zahlreichen Augenzeugenberichte etwa von Regenmachern bei Naturvölkern.

1/4/5/6 Schamanen und Medizinmänner der Naturvölker sind davon überzeugt, in das Geschehen der Natur eingreifen zu können. Eskimos bannen durch überliefertes Zeremoniell den seit Tagen wütenden Sturm, der das Leben bedroht. Indianer »machen« Regen mit den

Anfang der zwanziger Jahre unseres Jahrhunderts durchquerte der berühmte Polarforscher Knud Rasmussen die amerikanische Arktis bis zur Beringstraße. Dabei verbrachte er auch längere Zeit bei den Copper-Eskimos. Einer seiner Berichte aus dieser Zeit liest sich wie ein Märchen und ist zugleich spannend wie eine Kriminalgeschichte:

»Es ist der dritte Tag des Sturmes. Für Morgen gibt es kein Fleisch mehr, nichts zu essen, nichts das sie warm halten könnte, und es scheint, als ob die Bedrohung plötzlich leibhaftiges Leben annimmt. Das Sturmkind weint, die Frauen weinen, die Männer murmeln unverständliche Worte.«

Rasmussen befindet sich in einem Zeremonialbau der Eskimos, die sich hier trotz des mit eisiger Gewalt tobenden Schneesturmes in großer Zahl versammelt haben, um das lebensbedrohende Unwetter zu bannen. Das »Sturmkind« ist nach einer alten Sage Narssuk, der kleine Sohn zweier Riesen, dessen Eltern von den Menschen umgebracht wurden. Jetzt rächt sich das Baby, indem es durch die Himmel fliegt und mit seinem Weinen und Schreien Unwetter hervorruft. Soweit die Legende. Doch das infernalische Toben des Sturmes und das unaufhörliche Peitschen des Schnees sind bittere Realität. Seit Tagen können die Eskimos nicht auf die Jagd gehen, und das bedeutet: kein Fleisch, kein Tran und Fett für die Heizung, kein Öl für die Lampen. Verzweiflung macht sich breit. Als Wetterbanner erscheinen zwei Schamanen, der junge Baleen und der alte Kigiuna. Erst

Ritualen ihrer Stämme. Können diese Weisen tatsächlich die Natur beeinflussen?

2 Seance mit Tischrücken und drei andere kleine Zauberszenen aus dem 19. Jahrhundert.

3 Selbst der zarte Flügelschlag eines Schmetterlings kann entscheiden, ob ein Unwetter ausbricht.

nach längerer Zeit gelingt es Baleen, sich in die für die beabsichtigte Zeremonie notwendige Trance zu versetzen, während Kigiuna in seinem normalen Alltagsbewußtsein bleibt.

Rasmussen berichtet: »Die Sitzung dauert schon eine Stunde, eine Stunde des Heulens und der Beschwörung unbekannter Kräfte, als etwas geschieht, das uns, die wir niemals sahen, wie ein Sturmgott gezähmt wird, bestürzt. Baleen springt vorwärts und ergreift den gutmütigen alten Kigiuna, der gerade ein frommes Lied für die Mutter der Meeressäugetiere singt. Er faßt ihn schnell an der Kehle und schleudert ihn brutal vor und zurück, hin und her inmitten der Menge. Zuerst stoßen beide klagende, kehlige Schreie aus, aber nach und nach wird Kigiuna gewürgt und kann keinen Laut mehr hervorbringen. Doch plötzlich kommt ein Zischen von seinen Lippen, und auch er ist von Ekstase ergriffen. Er wehrt sich nicht mehr, sondern folgt Baleen, der ihn noch immer an der Gurgel gepackt hält, und beide taumeln geistesabwesend herum ... So geht es für kurze

Zeit weiter, bis Baleen alles Leben aus seinem Gegner herausgepreßt hat, den er jetzt wie ein lebloses Bündel hinter sich herschleift. Dann erst läßt er ihn los, und Kigiuna fällt schwer zu Boden. – Symbolisch wurde der Sturm umgebracht. Die Revolte in der Luft fordert Leben, und Baleen

Symbolisch den Sturm umbringen

faßt Kigiuna hinten am Nacken und schüttelt ihn mit der ganzen Kraft seiner Kiefer, wie ein Hund, der einem anderen überlegen ist. – Im Haus herrscht Totenstille. Nur Baleen setzt seinen wilden Tanz fort, bis endlich seine Augen irgendwie ruhig werden und er vor dem Toten niederkniet und beginnt, dessen Körper zu reiben und leicht zu schla-

7

7 Eine alte Eskimo-Sage berichtet vom »Sturmkind«. Seine Eltern, zwei Riesen, wurden von den Menschen getötet. Der kleine Sohn rächt sich, indem er durch den Himmel fliegt und mit seinem Weinen Unwetter hervorruft, die die Menschen in Angst und Schrecken versetzen.

gen, um ihn wiederzubeleben. Langsam kommt neues Leben in Kigiuna, äußerst schwankend wird er auf die Füße gestellt; aber kaum ist er wieder zu Sinnen gekommen, als sich das gleiche Spiel wiederholt – derselbe heftige Griff an die Kehle, derselbe wilde Tanz im Haus, dasselbe Schnappen nach Luft, bis der arme Mann erneut wie ein lebloses Fellbündel auf den Schneeboden geschleudert wird. Dreimal wird er auf diese Weise ›getötet‹! Der Mensch muß seine Überlegenheit über den Sturm zeigen. Aber als Kigiuna zum dritten Mal ins Leben zurückfindet, ist er es, der in Trance fällt, während Baleen zusammenbricht. Der alte Seher erhebt sich in seiner eigenwilligen, durch viel zu große Korpulenz unterstrichenen Kraft, aber er beherrscht uns durch die Wildheit seiner Augen und den erschreckend rotblauen Schimmer, der sein Gesicht nach all der Gewalt, die man ihm angetan hat, zeichnet. Alle spüren, daß da ein

Hört ihr diesen Lärm?

Mann steht, den soeben der Tod berührt hat, und jeder tritt unbewußt zurück, als er sich – den Fuß auf Baleens Brust – an die Zuschauer wendet und mit erstaunlicher Beredsamkeit von den Visionen berichtet, die er sieht. Mit einer vor Erregung zitternden Stimme schreit er durch den ganzen Saal: ›Der Himmel ist voll nackter Wesen, die durch die Luft rauschen. Nackte Leute, nackte Männer, nackte Frauen, die dahinfahren und Stürme und Blitze auslösen. Hört ihr nicht den Lärm? Es rauscht wie der Schwingenschlag großer Vögel oben in der Luft. Das ist die Angst nackter Menschen, das ist die Flucht nackter Menschen! Der Wettergeist bläst den Sturm heraus, der Wettergeist treibt den wirbelnden Schnee fort über die Erde, und das hilflose Sturmkind Narssuk erschüttert die Lungen der Luft mit seinem Weinen. Hört ihr nicht das Weinen des Kindes im Geheul des Sturmes? Und schaut! Inmitten der Menge nackter Fliehender ist einer, ein einzelner Mann, den der Wind völlig durchlöchert hat: Tju, tju-u, Tju-u-u! Hört ihr ihn? Er ist der Mächtigste aller Windreisenden. Aber mein Hilfsgeist wird ihm Einhalt gebieten, wird sie alle aufhalten. Ich sehe ihn ruhig und siegessicher auf mich zukommen. Er wird gewinnen, er wird gewinnen! Tju, Tju-u! Hört ihr den Wind? Sst, sst, ssst! Seht ihr die Geister, das Wetter, den Sturm, die über uns hinwegfegen mit dem Rauschen des Flügelschlages großer Vögel? – Bei diesen Worten erhebt sich Baleen vom Boden, und beide Schamanen, deren Gesichter jetzt nach diesem ungeheuren Sturm-Sermon völlig verändert sind, singen mit einfachen heiseren Stimmen ein Lied für die Mutter der Seetiere:

Frau, große Frau dort unten, schick es fort, schick es weg von uns, das Übel! Komm, komm, Geist der Tiefe! Einer deiner Erdenbewohner ruft dich, bittet dich, Feinde totzubeißen. Komm, komm, Geist der Tiefe!‹

Als die beiden die Hymne gesungen hatten, fielen alle anderen Stimmen ein, als rufender, beschwörender Chor verzweifelter Menschen . . . Da plötzlich schien es, als ob die Natur um uns herum lebendig würde. Wir sahen den Sturm über den Himmel fahren und die nackten Geister bedrohen. Wir sahen das Gewimmel fliehender Toter durch die Wogen des Blizzards fegen, und alle Bilder und Geräusche vereinten sich im Flügelschlag der großen Vögel, auf den Kigiuna unsere Ohren gelenkt hatte. – Damit endete der Kampf der beiden Schamanen gegen den Sturm, und alle kehrten beruhigt und mit innerer Sicherheit zu ihren Schneehütten zurück und legten sich schlafen. Denn der nächste Tag würde gutes Wetter bringen. Und es kam.«

Dieser klassische Bericht Rasmussens ist eine der eindrucksvollsten Schilderungen, wie Naturvölker mit den Unbilden des Wetters umgehen, wenn es bedrohlich für sie

Regen und Gewitter machen

wird. Meistens geschieht das mit spektakulären Ritualen, doch nicht immer nehmen diese so dramatische Formen an wie in dem hier geschilderten Fall.

Ein ganz anderes Bild zeichnet zum Beispiel der US-amerikanische Wissenschaftler Doug Boyd, Erforscher paranormaler Phänomene bei asiatischen Meistern und bei indianischen Schamanen. Er beschreibt, wie Rolling Thunder, ein indianischer Medizinmann und Schamane, in seiner Gegenwart Regen und Gewitter machte: »Als wir die Straße fast erreicht hatten, sah ich ihn plötzlich neben einem kleinen Salbeistrauch niederknien. Obwohl er sich offensichtlich sehr intensiv auf etwas konzentrierte, ging ich ohne zu zögern zu ihm und kniete mich neben ihn. Rolling Thunder hielt einen winzigen Stock in der Hand und stupfte damit einen ganz gewöhnlichen Stinkkäfer. Er sah mich an, und sein Gesicht entspannte sich für einen Augenblick. ›Der wird uns den ersehnten Regen bringen.‹ Er trieb den schwarzen Käfer umher, indem er ihm auf den Rücken tippte, um ihn zum Vorwärtslaufen zu bringen, oder aber auf den Kopf, damit er sich wieder umdrehte. ›Jetzt schau her!‹ Er machte mit dem Stock eine schnelle, geschickte Bewegung, so daß der Käfer auf dem Rücken landete und sich wieder aufzurichten versuchte, wobei er fast auf dem Kopf stand und sein Hinterteil senkrecht in die Luft streckte. Es gab einen lauten, scharfen Knall: ein Blitz, eine klar abgehobene Zickzack-

Linie. ›Siehst du, so entsteht der Blitz!‹ Wieder und wieder machte er das gleiche, und immer wieder blitzte es aufs neue. Es war unglaublich. Niemals zuvor hatte ich einen solchen Blitz gesehen: Laut und klar sichtbar, genau über uns und immer wieder an der gleichen Stelle zuckte er in rascher Folge über den Himmel. Es schien genau auf die Bewegungen des Käfers abgestimmt zu sein, als würde jemand mit dem Schraubenzieher über die Pole einer Batterie fahren oder zwei Leitungen, die unter Strom stehen, zusammenhalten. Mir wurde nach und nach klar, daß dies ein ungewöhnliches, aber durchaus natürliches Phänomen war, das aufgrund des Wechselspiels von Ursache und

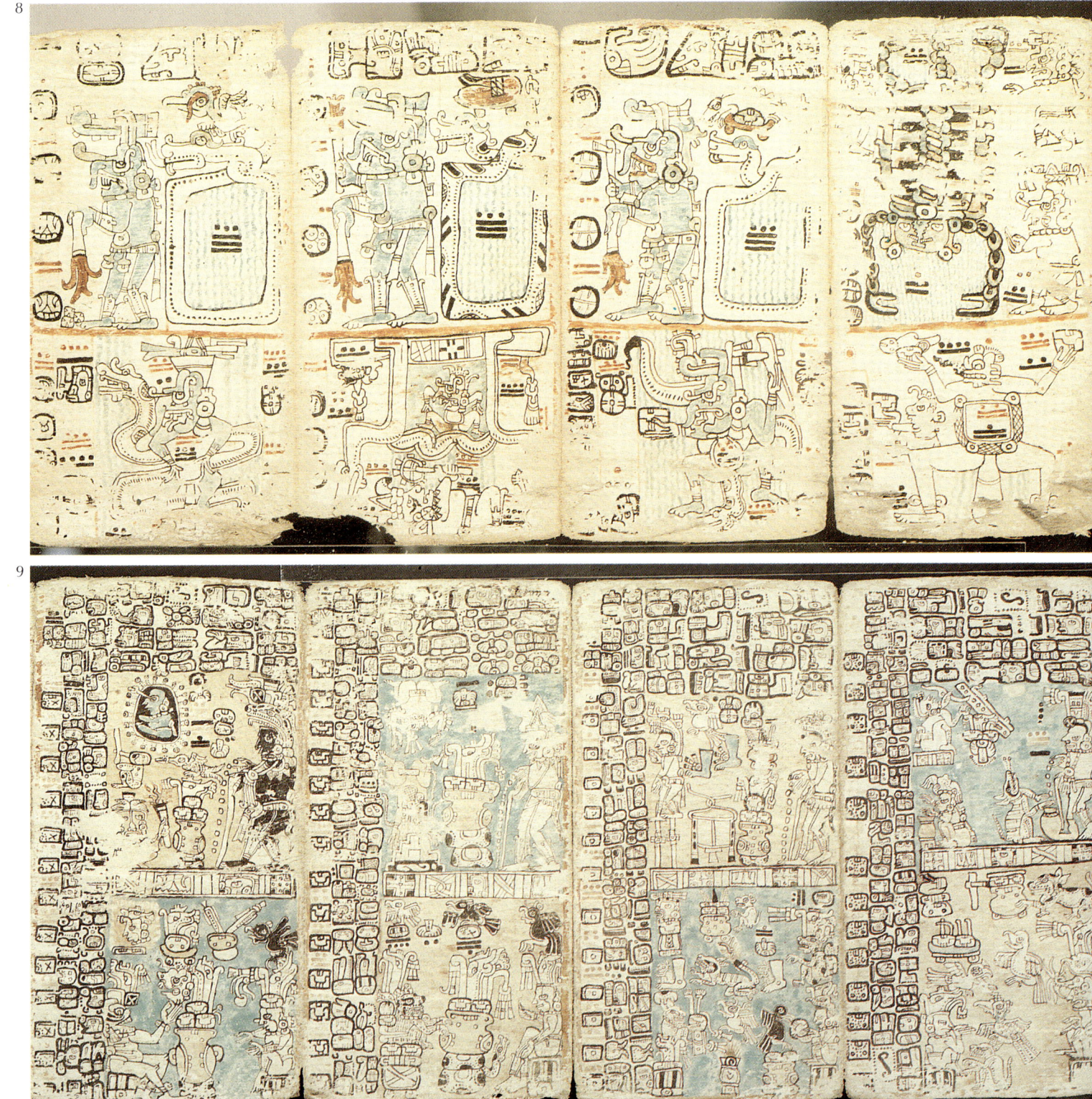

8/9 Ausschnitte aus der Maya-Handschrift »Codex Tro Cortes«, einem Wahrsagekalender, mit dem die guten und die bösen Tage vorherbestimmt werden konnten. Dieses Leporello aus dem 14. Jahrhundert wurde aus Feigenbast gefertigt.

Wirkung hervorgerufen wurde. ›Das erzeugt den Blitz. Man ärgert den Käfer, und diese Reizung bringt den Blitz hervor, dem wiederum der Regen folgt.‹ Ein Blitz nach dem anderen durchzuckte den Himmel.« Wenig später folgte ein ungeheurer Wolkenbruch.

Was den ganzen Vorgang so bemerkenswert macht, ist einerseits, daß es in der Wüstengegend zu dieser Jahreszeit normalerweise niemals regnet, daß der Regen ganz lokal nur dort niederging, wo Rolling Thunder den Käfer reizte, und daß der Schamane dieses Experiment zu anderen Zeiten ebenso erfolgreich wiederholen konnte. Und nicht nur er allein vermochte es. Berühmt für seine Fähigkeit, Regen zu machen, wenn das Land ihn brauchte, war unter anderen auch der bedeutende Schamane Madbear, der bis vor kurzem im Tuscarora-Reservat lebte.

Regenmacher und andere Wetterbeeinflusser gibt es nicht nur unter den Indianern und Eskimos. Die Kunst ist bei Naturvölkern in aller Welt verbreitet, und auch manche buddhistischen Mönche im Himalaya beherrschen sie. Natürlich ist es aberwitzig anzunehmen, daß in der Tat ein gewürgter alter Eskimo oder ein mit einem Stöckchen gereizter Stinkkäfer irgendeinen Einfluß auf das Wettergeschehen nehmen könnten. Der Glaube ist es, der hier Wolkenberge versetzt. Wenn Rolling Thunder davon überzeugt ist, daß das Käferritual Gewitterregen bringt, dann ist diese

Der Geist beeinflußt
die Materie

Überzeugung ausschlaggebend. Genauso hätte er mit derselben inneren Beteiligung Salbeiblätter verbrennen oder magische Symbole in den Erdboden scharren können. Kein Regenritual auf der Welt gleicht dem anderen. Und nicht jeder, der ein bestimmtes Ritual minutiös ausübt, erreicht damit das gewünschte Ergebnis. Allein der Geist ist es, der die Materie – in diesem Fall die Regenwolken – beeinflußt.

Aber ist eine derartige Beeinflussung tatsächlich möglich? Die Fakten sprechen dafür. Bleibt die Frage nach dem Wie. Um sie zu beantworten, ist es nützlich, einige grundlegende Überlegungen zum Thema Geist und Materie anzustellen. Der indische Yoga-Meister Swami Kaivalyanada faßt es so: »Nichts geschieht ohne Absicht. Die Natur bewegt sich nicht zufällig. Physikalische Materie und Energie sind lediglich blinde Potentiale. Sie können nicht einfach von selbst handeln. Eine Macht, vielleicht eine unsichtbare Macht, steht hinter jeder Bewegung, hinter jedem Vorgang.« Dieser Gedanke ist für uns, die wir mit einem naturwissenschaftlich geprägten Weltbild groß geworden sind, ungewohnt.

Betrachten wir die Dinge einmal von der streng wissenschaftlichen Ebene aus. Ein Haus wird gebaut oder eine ganze Stadt. Eine Eisenbahn fährt. Kernkraft wird freigesetzt. Physikalisch lassen sich all diese Vorgänge exakt beschreiben. Verfolgen wir sie aber zu ihren Anfängen zurück, dann ist das Primäre immer menschliche Muskelkraft. Bauarbeiter mischen Beton und schichten Steine übereinander. Maschinen arbeiten, ursprünglich von Menschenhand gebaut und sinnvoll so gestaltet, daß sie die Energien der Natur nutzen können. Ohne einen primären menschlichen Eingriff wäre das alles nicht möglich. Wie aber kommt es zur Ausbildung der Muskelkraft? Ihr Energiereservoir liegt in Zucker- und Fettdepots des Körpers, die durch innere Verbrennung Leistung freimachen, die der Muskel in Bewegung umsetzen kann. Doch warum tut er das? Der Befehl dazu kommt aus dem Gehirn. Und auch er läßt sich streng biophysikalisch erklären: Chemische Veränderungen erzeugen einen elektrischen Reiz, der, von Nervenbahnen fortgeleitet, schließlich den entsprechenden Muskel erreicht und dort die Arbeitsleistung auslöst.

Gehen wir noch weiter zurück. Wie kommt es zu den chemischen Veränderungen, zu dem elektrischen Reiz?

Macht über Materie
und Energie

Hier muß die Wissenschaft passen: Ein Gedanke, ein Wille ruft den Reiz ins Leben. Was aber ist ein Gedanke, was ist Wille? Beide sind immateriell, beide lassen sich im streng physikalischen Sinn auch nicht als Energieformen bezeichnen. Dennoch üben sie auf Energie und Materie – zunächst im Körper – eine alles bestimmende Macht aus. Ein Athlet kann noch so stark sein, ohne seinen Willen wird keiner seiner Muskeln auch nur die geringste Arbeit leisten. Der Geist besitzt also ganz eindeutig Macht über die Materie und die Energie. Er bewegt die Materie, er verändert sie, er formt sie. Weil wir nicht die geringste Ahnung davon haben, wie das vonstatten geht, sollten wir vorsichtig mit der Aussage sein, der Geist habe lediglich Macht über den Körper, in dem er »zu Hause« ist. Trifft es zu, daß tiefere psychologische Ebenen des Menschen transpersonal angelegt sind, also als Unbewußtes über das Individuum hinausgreifen und mit globalen Informationsfeldern verknüpft sind, dann gibt es keinen Grund, eine mögliche Beeinflussung dieser Felder durch den denkenden Geist – eben auf dem Weg über das Unbewußte – anzuzweifeln.

Diese Wirkung wird, gemessen in physikalischen Energieeinheiten, äußerst klein sein, vielleicht noch kleiner als die Energie, die einen Nervenreiz ausmacht. Deshalb dürfte es kaum jemals gelingen, allein durch Willensanstrengung etwa schwere Gegenstände zu bewegen. Aber dort, wo Zufälle eine Rolle spielen, die vielleicht in Wirklichkeit gar keine Zufälle sind, sondern von irgendwelchen Informationsfeldern im Raum gesteuert werden, dort ist ein geistiger Einfluß denkbar. Laborversuche an parapsychologischen Instituten haben erwiesen, daß sich der äußerst labile Vorgang des Würfelns von manchen Menschen mental beeinflussen läßt. Das wird nicht bei jedem Wurf gelingen, denn oft bestimmen die Geometrie von Würfel und Wurfbahn das Ergebnis eindeutig. Wo aber ein Würfel in seiner Bewegung sozusagen »auf der Kippe« steht und ein weiteres Rollen allein vom »Zufall« gelenkt wird, dort könnte der Wille einen Einfluß nehmen. Tatsächlich ließ sich beobachten, daß durch Konzentration die Ergebnisse längerer Wurfserien statistisch deutlich verschoben werden konnten: in Richtung höherer oder niedrigerer Gesamtpunktzahl.

Würfel sind etwas anderes als Gewitterstürme. Bei ihnen geht es um die Bewegung geringster Massen in der Phase eines äußerst labilen Gleichgewichts. Bei Gewitterstürmen sind gigantische Wassermassen und sehr beachtliche elektrische Energien im Spiel. Kann der Wille auch sie manipulieren? Seit einigen Jahren kennen die Meteorologen den Begriff »Butterfly effect« (»Schmetterlingseffekt«). Er bedeutet, daß sogar der äußerst energiearme Flügelschlag eines Schmetterlings Veränderungen von Großwetterlagen steuern kann. Das Wettergeschehen läßt sich mathematisch in äußerst komplexen Differentialgleichungen beschreiben, die nicht nur eine einzige mögliche Lösung haben, sondern deren viele. Welche dieser Lösungskurven sich konkret einstellen wird, hängt einmal von den Anfangswerten ab, also von der Ausgangswetterlage, aber auch von vielen sogenannten Randwerten, die wie Geländestrukturen fest sein können, die sich aber auch jederzeit verändern können. Zu den veränderlichen Randwerten gehören uns so unscheinbar erscheinende Phänomene wie der Flügelschlag eines Schmetterlings.

10

10 Dieser Mixtekische Codex ist eine Bilderhandschrift, entstanden um 1400 in Mexiko. Er dokumentiert die dynastische Geschichte und den Glauben an die Götter. Das indianische Volk wollte mit solchen Bilderhandschriften seine geistige Macht über die Materie unterstreichen.

Stellt er sich an der richtigen Stelle zum richtigen Zeitpunkt ein, dann kann er im Extremfall das Umkippen einer Wetterlage bewirken. Besonders im regionalen Wettergeschehen gibt es zahlreiche Instabilitäten, an denen der Butterfly effect einhaken kann. Warum dann nicht auch eine schamanische Zeremonie?

Die Beeinflussung der Materie durch den Geist ist in der Parapsychologie als Telekinese bekannt, was im Griechischen soviel wie Fernbewegung bedeutet. Das Phänomen der Würfelbeeinflussung gilt heute unter Parapsychologen als erwiesen, und die zahlreichen, gut dokumentierten Taten von Wettermachern lassen sich ebenfalls nicht weg-

Lieblingsthemen der Regenbogenpresse

diskutieren. Skepsis rufen allerdings Berichte hervor, in denen mental ausgelöste Vorgänge beschrieben werden, die mit größerem unmittelbarem Energieeinsatz verbunden sind. Weil sie spektakulär sind, gehören sie zu den Lieblingsthemen der Regenbogenpresse. Meist entpuppen sie sich früher oder später als Scharlatanerie. So das »Spukhaus« in Regensburg, das in den fünfziger Jahren Zeitungsspalten füllte, weil in ihm offenbar ohne jegliche äußere Ursache Geschirr durch die Luft flog oder Bilder an der Wand rotierten. Es war ausgerechnet von einem Elektroingenieur und begeisterten Hobby-Bastler gebaut worden. Es gibt auch einige Fälle, die niemals eine Aufklärung fanden. Zu ihnen gehören die Phänomene aus den sechziger Jahren in der Kanzlei eines Rosenheimer Anwalts. Auch hier rotierten Bilder, Tonerflüssigkeit spritzte plötzlich aus dem Fotokopiergerät, Glühbirnen leuchteten spontan hell auf und platzten. Nachdem Parapsychologen diese Erscheinungen für »echt« erkärten und die Ursache in den unbewußten mentalen Aktivitäten einer jungen Anwaltsgehilfin sahen, wollte der Chef des Rosenheimer Elektrizitätswerks den Fall auf eigene Faust aufklären. Er zog mit einem Meßtrupp von Ingenieuren und Elektrikern in die Praxisräume, mußte aber zu seiner Überraschung bald feststellen, daß einige elektrische Verbraucher im Hause – zum Beispiel die plötzlich platzenden Glühbirnen – zeitweise mehr Strom zogen, als sich am Eingang der Stromkreise für das gesamte Haus messen ließ. Um jegliche Fehlmessungen auszuschließen, ließ der Chefingenieur tagelang das gesamte Haus von der öffentlichen Stromversorgung abklemmen und von einem Notstromaggregat bekannter maximaler Leistungsabgabe versorgen. Das Rätsel blieb ungelöst. Wenn die ominöse junge Dame zugegen war, wurde zeitweilig mehr elektrische Leistung im Hause umgesetzt, als diesem zufloß.

Der britische Parapsychologe Walter E. Butler gibt zu derartigen Erscheinungen folgenden Kommentar: »Unter bestimmten Voraussetzungen geistiger Anspannung scheint beim Menschen ein partieller Abgang der inneren Energie stattzufinden, besonders in der Jugend, wo ein unbewußter telepathischer, mit inneren Energien aufgeladener Impuls von gewissen Jugendlichen und Kindern ausgeht, der tatsächlich materielle Erscheinung wie das Hin- und Herrücken von kleinen Gegenständen, Lichterscheinungen, Lärm und so weiter hervorrufen kann. Bei diesen Erscheinungen spricht man von einem Poltergeist-Phänomen, und solche ›Klopfgeister‹ können jenen, die an den betreffenden Orten wohnen, sehr lästig werden. Meistens kann man ihnen ein Ende setzen, wenn man dem jeweiligen Mädchen oder Burschen hilft, die Ursache für die Manifestation zu erklären. Man hat mich schon bei einer Reihe solcher

Psychologische Hilfe ist notwendig

Fälle zu Rate gezogen: Die Störungen verschwanden nach erfolgter psychologischer Hilfeleistung.«

Im Zusammenhang mit dem großen Fragenkomplex Geist und Materie ist übrigens noch etwas ganz anderes als die Telekinese bemerkenswert: der Kirchensegen, der in ähnlicher Form bei praktisch allen Religionen praktiziert wird. Ob ein Kirchengebäude eingesegnet wird, die Stallungen eines Bauern oder Weihwasser, oder ob ein Zauberpriester ein Amulett weiht, der Vorgang ist immer derselbe: Der Gegenstand wird mit mentaler Kraft aufgeladen, und der Glaube, der dem zugrunde liegt, besagt, daß Gedankenformen den Dingen anhaften können und die Materie spirituell aufladen. Auch das ist eine unmittelbare Beeinflussung des Gegenständlichen durch den Geist. Ob sie wirklich gelingt, das wird sich wohl kaum beurteilen lassen, denn allein die Tatsache, daß ein Gegenstand als geweiht gilt, bewirkt natürlich bei seinem Benutzer tiefgreifende autosuggestive Prozesse. Aufklärung könnten nur Doppelblindversuche liefern, wie sie in der Pharmakologie gebräuchlich sind; aber wie wollte man die Schutzwirkung eines geweihten Kruzifixes oder eines magisch aufgeladenen Amuletts gezielt in einem Blindversuch testen?

Viele Fragen im Zusammenhang mit der Wechselwirkung zwischen Geist und Materie bleiben ungelöst, bleiben Rätsel des Übersinnlichen.

Kontakte
mit dem Jenseits

Mediale Arbeit unterscheidet sich grundsätzlich von klassischen Trancetechniken, wie sie etwa in Hypnose, bei der Meditation
oder im Schamanismus angesiedelt sind: Medien
bleiben nicht Herr ihres Selbst, wenn sie in den
Kontakt mit den Seelen Verstorbener treten. Sie
überlassen ihren Körper den Jenseitigen, die sich
durch diesen ausdrücken. So jedenfalls definieren
die Medien ihre Arbeit. Der Wissenschaft fällt es
schwer, sich hierüber ein Urteil zu bilden. Anders
verhält es sich bei Besessenen, die man als Medien
wider Willen bezeichnen könnte. Hier konnte
nachgewiesen werden, daß mediale Gespräche
mit den Seelen Verstorbener zur Heilung der
Patienten führen, die von solchen Seelen besessen
sind.

1/3 Der schwäbische Arzt
und Dichter Justinus Ker-
ner hat den langjährigen
Kontakt der gesundheitlich
labilen Friederike Hauffe
mit dem Jenseits dokumen-
tiert. Sein Werk: Die Seherin von Prevorst.

2 »Heilung einer Besesse-
nen« im Anblick des »Gna-
denbildes im Wunder-
baum«.

4

5

6

N ach dem Tode meines Mannes wurde mir Liszts Gegenwart langsam mehr bewußt, doch waren die Eindrücke noch nicht klar. Manchmal drangen einige Töne oder Teile von Melodien in mein Bewußtsein, doch waren sie noch sehr vage und undeutlich. Ich konnte diese Musik hören; manchmal versuchte ich, sie auf dem Klavier zu spielen, und bisweilen gelang es mir, mit Liszts Hilfe, wie ich heute weiß, den Anfang einer Melodie wiederzugeben.«

Diese Zeilen stammen aus der Autobiographie des Londoner Musikmediums Rosemary Brown und beziehen sich auf das Jahr 1961, als sie als junge Frau Witwe wurde. 15 Jahre später, am 31. August 1976, wurde in den Londoner EMI-Studios eine Schallplatte mit 16 Klavierwerken aufgenommen, die Frau Brown in der Zwischenzeit als Kompositionen aus dem Jenseits empfangen hatte. Sie stammen nicht alle von Liszt, sondern auch von anderen namhaften verstorbenen Musikern.

Es waren nicht die einzigen Werke, die Rosemary während dieser anderthalb Jahrzehnte auf ominöse Weise sammelte. Insgesamt waren es über 500, und alle trugen sie unverkennbar die musikalische Handschrift von ihren Urhebern: Franz Liszt, Frédéric Chopin, Ludwig van Beethoven, Franz Schubert, Sergeī Rachmaninow, Claude Debussy, Johannes Brahms und neun weiteren verstorbenen Musikern. 1964 gelang Frau Brown erstmals der direkte persönliche mediale Kontakt mit Liszt. Er war es auch, der im Laufe der Jahre seine toten Kollegen zu ihr führte.

4/5/6 Das Londoner Musikmedium Rosemary Brown hatte Kontakt mit zahlreichen Komponisten aus dem Jenseits, auch mit Franz Schubert und Ludwig van Beethoven. Im Jahre 1976 wurde eine Schallplatte mit Klavierwerken aufgenommen, die verstorbene Komponisten Frau Brown diktiert hatten.

Die Musikfachwelt ist sich einig, daß Rosemary Brown weder über die musikalische Ausbildung noch über ein so großes angeborenes Musiktalent verfügt, die Werke selbst komponiert zu haben. Allein schon die große Zahl anspruchsvoller Musikstücke, noch dazu in sehr unterschiedlichen Stilen, unterstreicht diese Aussage. Aber es gibt noch andere Indizien für die Echtheit ihres medialen Verkehrs mit den toten Meistern. Besonders der Initiator dieses Verkehrs über die Grenzen des Lebens hinaus bemühte sich wiederholt, Frau Browns Glaubwürdigkeit zu untermauern. Franz Liszt diktierte ihr seine Komposition »Grübelei« unmittelbar während eines Rundfunkinterviews der BBC, und zwar im Rahmen einer Live-Sendung. Wegen der unterschiedlichen Taktarten (rechte Hand ⁵/₄, linke Hand ³/₂) konnte die mittelmäßige Klavierspielerin Brown das neue Werk selbst nicht flüssig interpretieren. Doch gelang es dem anwesenden Pianisten G. Skelton, die Komposition vorzutragen.

Eine Erklärung für diesen medialen Kontakt zu verstorbenen Komponisten diktierte Frau Brown 1970 der zu diesem Zeitpunkt ebenfalls seit 30 Jahren tote britische Musikwis-

Eine Etappe des ewigen Lebens

senschaftler Sir Donald Tovey: »Eine Gruppe von Musikern, welche die Erdenwelt verlassen hat, versucht durch die Übermittlung von Musik und Gesprächen der Menschheit deutlich zu machen, daß der physische Tod nur ein Übergang von einem Bewußtseinszustand in einen anderen ist. Die Persönlichkeit bleibt bestehen. Der Mensch soll dadurch sein eigentliches Wesen besser verstehen lernen. Die Erkenntnis, daß das Leben auf Erden nur eine Etappe im ewigen Leben des Menschen darstellt, soll zu weiterblickenden Haltungen und zu vernünftigeren Ansichten führen. Wir nehmen Kontakt auf und vermitteln unsere Musik nicht nur, um damit vielleicht den Menschen Freude zu machen, sondern weil wir wünschen, daß dieses Phänomen Interesse hervorruft und unvoreingenommene Menschen dazu veranlassen soll, die unbekannten Bereiche des menschlichen Geistes und der Seele zu erforschen.«

Die einzelnen mit Frau Brown in Kontakt getretenen Musiker zeichneten sich durch charakteristische Persönlichkeitsmerkmale aus: So trat Liszt nicht nur als Organisator in Erscheinung, er half auch oft, wenn es bei der Übermittlung von Musikstücken anderer Meister Probleme gab.

Chopin war der zweite Komponist, der mit Frau Brown in Verbindung trat. Er lieferte nach Liszt die meisten Beiträge, alle in seiner unverwechselbaren musikalischen Hand-

schrift. Zwar überstiegen seine Anforderungen häufig die pianistischen Fähigkeiten von Rosemary Brown, doch übermittelte er seine Kompositionen »geduldig« und »mitfühlend«, wie sie betont.

Beethoven diktierte Frau Brown seine Werke zuerst nicht verbal, er prägte sie unmittelbar in ihr Bewußtsein. Erst später, nachdem sie ihre ursprüngliche Befangenheit ihm gegenüber aufgegeben hatte, diktierte er Note für Note. »Es war«, sagte sie, »als schreiben sich die Noten von selbst nieder.« Beethoven übermittelte ihr auf diese Weise nicht nur Klavierwerke, sondern sogar Orchesterpartituren. Zwei Sätze einer posthumen Symphonie wurden 1976 in Holland uraufgeführt.

Schubert gab sich besonders »liebenswürdig« und »bescheiden«. Er diktierte Frau Brown im Laufe der Zeit unter anderem eine vierzigseitige Klaviersonate in C-Dur, acht Lieder mit deutschen Texten und Teile einer Oper mit dem Titel »Das Leben nach dem Tode«.

Sergeī Rachmaninow nahm insofern eine Sonderstellung ein, als er nicht nur Kompositionen diktierte, sondern Frau Brown auch ständig zu Klavierübungen anhielt und versuchte, ihre Spieltechnik zu verbessern. Eines Tages verlangte er von ihr, ein Werk, an dem er gerade arbeitete, unbedingt noch am selben Tage zu Ende zu übertragen, weil sie es noch am gleichen Abend brauchen würde. Tat-

Rachmaninows besondere Wünsche

sächlich bekam sie für diesen Abend ganz überraschend eine Einladung von Leonard Bernstein, der gerade in London gastierte und große Freude an der posthumen Rachmaninow-Komposition hatte.

Über Debussy sagte Rosemary, er sei »ein wenig unstet, oft kommt er täglich und dann wieder lange Zeit überhaupt nicht. Die Arbeit geht nur langsam voran.« Neben mehreren Klavierstücken und einem Septett für Bläser und Streicher übermittelte er auch einige Lieder mit französischem Text, verfaßt von einem verstorbenen Schriftsteller namens Lamatine. Übrigens gab Debussy während der Tonbandaufnahmen seiner Werke Regieanweisungen.

Brahms bezeichnet Frau Brown als »angenehmen Gesellschafter« und als »außerordentlich geduldig«. »Er hält unsere Verbindung lange Zeit ohne Schwierigkeiten aufrecht.« Nur bereiten ihr seine Klavierwerke beim Spielen Probleme. Ihre Finger sind zu kurz für die »Dezimetergriffe«, die der Meister oft verwendet.

Weitaus berühmter als Rosemary Brown wurde in unserem Jahrhundert Edgar Cayce, bekannt als »der schlafende

Prophet«. Als er 1945 starb, hinterließ er zahlreiche Prophezeiungen bis hin zum Jahre 1998, von denen inzwischen eine ganze Reihe Wirklichkeit geworden sind, wie etwa seine Voraussicht eines Endes des Kommunismus in der Sowjetunion, die sich danach als freies Land mit den USA verbünden würde. Cayce sagte mit erstaunlicher Treffsicherheit auch zahlreiche andere weltpolitische Ereignisse

Mord an Kennedy
vorausgesagt

voraus, darunter zum Beispiel den Mord an Präsident Kennedy. Er prophezeite auch Naturkatastrophen richtig, etwa bedeutende Erdbeben. Allerdings trafen nicht alle seine Vorhersagen zu. So kündigte er für den späteren Teil der Periode 1958 bis 1998 die völlige Verwüstung von Los Angeles, San Francisco und New York sowie ausgedehnter Küstengebiete von Connecticut und Neu England an.

Zugleich sollen Teile Japans im Meer versinken und sich umwälzende geologische Ereignisse in Nordeuropa abspielen. Der Zeitraum von vier Jahrzehnten geht seinem Ende entgegen, ohne daß sich bisher irgendein Ereignis dieser Art eingestellt hätte; und es ist äußerst unwahrscheinlich, daß alle während der verbleibenden sechs Jahre noch eintreffen.

Cayce machte seine Aussagen im Schlaf und konnte sich nach dem Erwachen meist nicht mehr an den Inhalt erinnern. Im Schlaf heilte er auch Patienten mit geeigneten Rezepturen, nachdem er, ebenfalls im Schlaf, die Diagnose gestellt hatte. Er heilte auch auf mentalem Wege, oft über Hunderte von Kilometern hinweg. Cayce verfügte über vielseitige paranormale Fähigkeiten in Trance. Eine davon war sein mentaler Verkehr mit den Seelen Verstorbener. Es ist nicht sicher, wie viele seiner Trauminformationen er von ihnen bezog. Er selbst hat sich dazu kaum geäußert und betonte nur, er »sehe« oder er »wisse«.

Viel konkretere Aussagen über den Umgang mit Verstorbenen finden sich bei anderen bedeutenden Medien unserer Zeit. Weltweit bekannt wurden die »Gespräche mit Seth«, die 1984 das US-amerikanische Medium Jane Roberts führte. Seth, wie sich der jenseitige Gesprächspart-

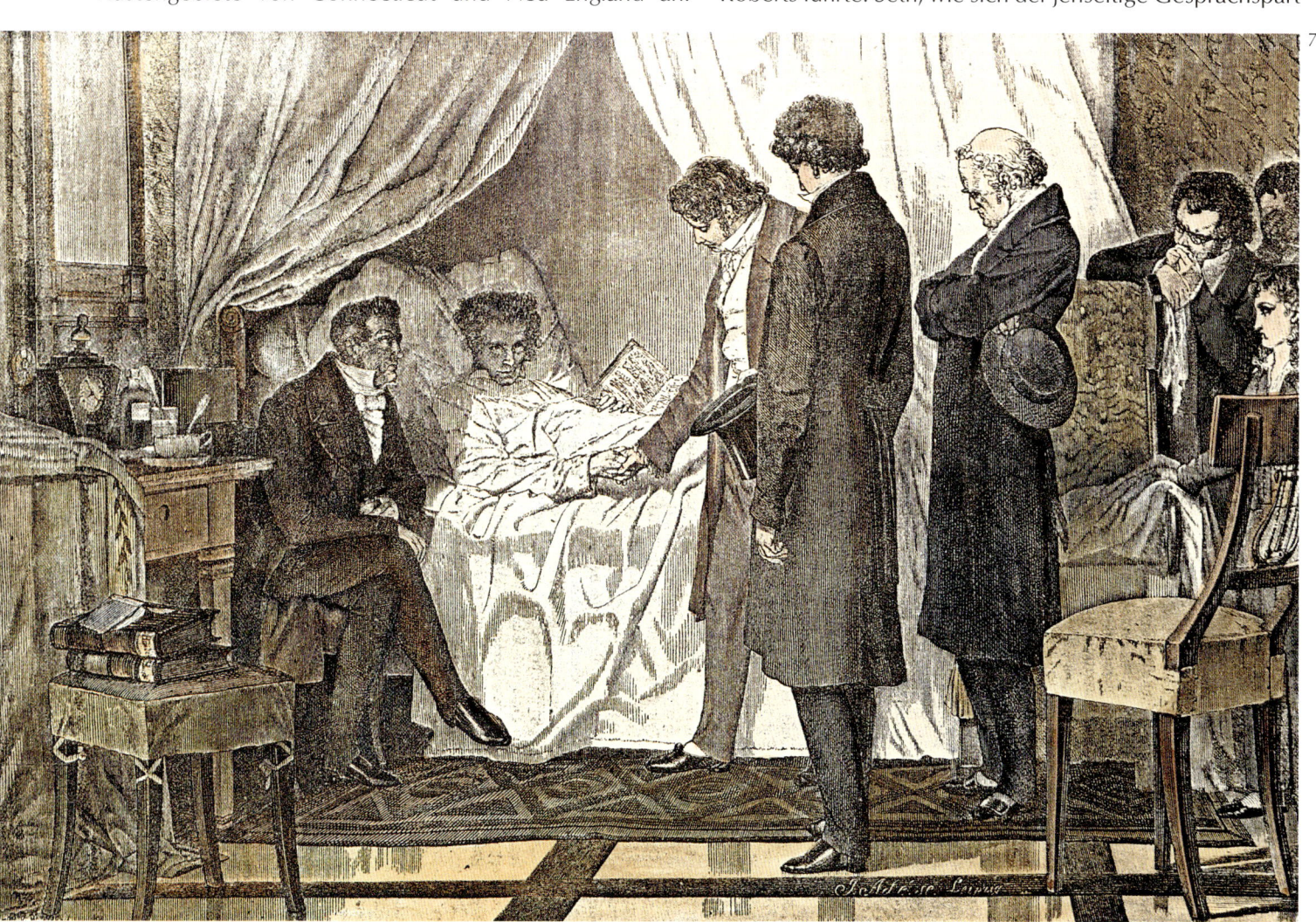

7 »Beethoven auf dem Sterbelager«. Rosemary Brown ist überzeugt, vom toten Beethoven nicht nur Klavierwerke, sondern ganze Orchesterpartituren übermittelt bekommen zu haben. Zunächst prägte er diese unmittelbar in ihr Bewußtsein, erst später diktierte er Note für Note.

ner selbst nannte, diktierte Jane Roberts in Trance komplette Buchmanuskripte als Lehren an die Menschheit. Jane sprach dabei mit deutlich veränderter Stimme, nämlich dem männlich klingenden Tonfall Seths. Das heißt, Seth selbst war es, der in Trance aus ihr sprach, der sich ihres Stimmorgans bediente, während Robert F. Butts, der Ehemann des Mediums, die Diktate aufzeichnete. In stundenlangen anstrengenden Sitzungen gab Seth auf diese Weise im Verlauf von Jahren seine Texte durch. Auf den Inhalt braucht hier nicht näher eingegangen zu werden, da die Seth-Bücher weite Verbreitung gefunden haben.

Faszinierend dokumentiert hat der schwäbische Arzt und Dichter Justinus Kerner, der von 1786 bis 1862 lebte, den langjährigen Kontakt der gesundheitlich überaus labilen Friederike Hauffe mit dem Jenseits. Er betreute sie auch medizinisch. Sein Buch heißt »Die Seherin von Prevorst« und wurde kürzlich neu aufgelegt.

Während das Seth-Material, das Werk Kerners und die Veröffentlichungen von Cayce sowie viele ähnliche Berichte, die heute in mehreren Sprachen vorliegen, in

Schädliche Kontakte
mit Verstorbenen

erster Linie wichtige und auch für den Außenstehenden lehrhafte Informationen aus dem Jenseits wiedergeben, ging der US-amerikanische Arzt Carl Wickland einen genau entgegengesetzten Weg. Er, der das »National Psychological Institute« von Kalifornien leitet, fand heraus, daß ein Großteil der von ihm betreuten Geisteskranken Opfer von Kontakten mit Verstorbenen sind. Theologen würden von Besessenheit sprechen. Mit Hilfe seiner medial begabten Frau gelang es Wickland in zahlreichen Fällen, mit den Seelen der Verstorbenen ins Gespräch zu kommen, die so negativen Einfluß auf seine Patienten nahmen. Frau Wickland knüpfte aber auch vielfältige Kontakte zu anderen Verstorbenen, die nicht für den gestörten Geisteszustand irgendeines Menschen verantwortlich waren.

Die Ergebnisse der jahrzehntelangen medialen Arbeit des Ehepaars hat Carl Wickland unter dem etwas reißerischen Titel »Dreißig Jahre unter Toten« publiziert. Die Arbeit selbst ist ein durchaus seriös abgefaßter Erfahrungsbericht. Er kann das Bild von den weisen, überirdisch verklärten Botschaften aus dem Jenseits, das allenthalben in den Köpfen von Spiritisten herumgeistert, gründlich revidieren.

In einem Vorwort zur deutschen Ausgabe des Buches schreibt der Übersetzer Wilhelm Beyer: »Es kann gar nicht entschieden genug betont werden, daß grundsätzlich allen medialen Mitteilungen keine größere Glaubwürdigkeit zukommt, als irgendeinem Ausspruch unseres irdisch-menschlichen Nachbars . . . Es soll nun hiermit nicht etwa bestritten werden, daß auf medialem Wege auch wirklich wertvolle Kundgaben möglich sind, welche uns hohe Erkenntnisse vermitteln können. Solche sind aber derart seltene Ausnahmen, daß sie im landläufigen spiritistischen Geisterverkehr grundsätzlich gar nicht in Betracht gezogen zu werden brauchen. Wohl sind medialen Mitteilungen viele sachliche Einzelheiten über Jenseitszustände zu entnehmen, welche äußerst lehrreich sein können, wie dies aus den Berichten des vorliegenden Buches deutlich genug hervorgeht. Von wirklich hohen, im eigentlichen Sinne ›geistigen‹ Erkenntnissen ist darin jedoch nichts zu finden, nicht einmal in den selteneren Mitteilungen, welche von Geistern stammen, die schon eine gewisse Selbsterkenntnis und einen weiteren Überblick über ihre jeweilige Umwelt besitzen. Auch sie sind noch völlig in ihrem Seelisch-Eigenen befangen und haben von dem eigentlichen Geistigen noch kaum eine Ahnung . . . Wo durch den klopfenden Tisch oder die medial schreibende Hand ein Geist hohen Ranges sich mitzuteilen behauptet, da hat man es in der Regel mit einem Truggeist zu tun, der entweder selbst wahnbefangen oder in bewußt trügerischer Absicht seiner Meinungsäußerung besonderes Gewicht geben und seine Zuhörer ganz einfach

Zu betrügerischen
Handlungen verleitet

zum besten halten will . . . Der haltlose Genußmensch, der leichtfertige Betrüger, der eitle Prahlhans, der eigensüchtige Hochstapler, der rechthaberische Händelsucher — sie alle bleiben, was sie bisher waren, und können so, wo auch immer sie weiterhin von sich hören lassen, nichts anderes äußern, als es ihrer inneren Hohlheit entspricht.« Es sind sogar zahlreiche Fälle bekannt, in denen Jenseitige die gutgläubigen Lebenden, mit denen sie in Kontakt traten, systematisch zu betrügerischen Handlungen verführt haben. »Ihrem ganzen Wesen und Zustand nach«, betont Beyer, »ist diese Welt der niederen, unreifen Geister ein Notstands- und Missionsgebiet, das in gleicher Weise den priesterlichen wie den ärztlichen (psychiatrischen) Seelsorger angeht.«

Für viele überzeugte Spiritisten, die alle Äußerungen Jenseitiger gerne kritiklos als bedeutende Offenbarungen akzeptieren möchten, mag das alles desillusionierend sein. Die christliche Kirche wie auch die meisten anderen Religionsgemeinschaften der Welt wissen durchaus von dem desolaten Zustand. Nicht von ungefähr werden in der katholischen Kirche Toten- und Seelenmessen gelesen, und

8 In der katholischen Kirche werden Toten- und Seelenmessen gelesen, die Protestanten gedenken am Totensonntag ihrer Verstorbenen. Dieser mediale Verkehr steht im Einklang mit den großen Totenbüchern: Der lebende Mensch kann durch Gebete und Rituale der Seele ihren Jenseitsweg erleichtern.

auch die Protestanten gedenken am Totensonntag ihrer Verstorbenen und beten für sie.

Das ganze sich im ernsthaften medialen Verkehr bietende Bild steht im Einklang mit den Jenseitsbeschreibungen aller großen Totenbücher der Welt: Wer im irdischen Dasein keine entsprechende geistig-seelische Reife erlangt hat, dem gelingt das auch nach dem Tode nicht oder nur mit größten Schwierigkeiten. Die medialen Kontaktpartner jenseitiger Welten sind also nicht die hehren, weisen Gestalten, für die sie oft gehalten werden. Schlimmer noch: Es findet eine regelrechte Negativselektion statt. Je hilfloser nämlich die Seele eines Verstorbenen ist, je stärker sie auch noch an inhaltslosen materiellen Formen festhält, desto intensiver versucht sie, mit medial begabten Lebenden in Kontakt zu kommen. Sie kann dabei zwei verschiedene Gründe haben: die Fortführung der ihr bisher vertrauten Lebensformen oder auch den Wunsch nach Hilfe aus dem Diesseits. Fatal für das Medium wirkt sich der erste Grund aus, denn er kann beim lebenden Kontaktpartner zu schweren psychischen und auch physischen Störungen führen. Im Extremfall kommt es zu Besessenheit oder – was vielfach dasselbe ist – zu Geisteskrankheiten.

Auf der Basis seiner über drei Jahrzehnte andauernden medialen Erfahrungen mit Verstorbenen im Zusammenhang mit seiner psychiatrischen Arbeit weist Carl Wickland anhand zahlreicher konkreter Beispiele nach, daß es sich sogar bei der Mehrheit aller Fälle von geistiger Verwirrung »nicht um Bewußtseinsspaltung und dergleichen handelt,

9 Dieser Geist wurde vom Vikar der Newby Church neben dem Altar in den 60er Jahren fotografiert.

10 In einem Experiment schwebte eine junge Frau über dem Boden, fotografiert im Juni 1967.

11 The Brown Lady, der Geist von Raynham Hall in Norfolk, ließ sich 1936 fotografieren.

sondern um Besessenheit durch Fremdwesen, die von dem Patienten Besitz ergriffen haben und ihm ihren Willen aufzwingen. Indem diese Wesenheiten durch ein Medium zum Reden gebracht werden, geben sie sich als Verstorbene kund, die sich über ihre veränderte Seinsweise nach dem Ableben ihres irdischen Körpers noch gar nicht klargeworden sind. Sie bilden sich ein, nach wie vor in ihrer gewohnten Umgebung zu leben.

Die Gespräche, die Wickland mit diesen Geistern führte und Wort für Wort wiedergibt, zeigen den verhängnisvollen Einfluß Verstorbener auf Lebende. Dabei handelt es sich in den meisten Fällen nicht um vorsätzliche mediale Kontakte. Die Jenseitigen drängen sich geradezu um einen Zugang zu Lebenden und nutzen dafür vielfältige Gelegenheiten. Ideale Bedingungen hierfür sind mangelnde psychische Widerstandskraft, Störungen im vegetativen Nervensystem, aber auch organische Probleme von Milz, Leber oder Schilddrüse oder des zentralen Nervensystems. Deutlich erhöhen auch Vergiftungen die Anfälligkeit für Besessen-

Klassische Phänomene
von Besessenheit

heit, so auch die Wirkung dauerhaften Konsums von Alkohol, Opium und Morphium. Manche bakteriellen Gifte können, selbst in geringsten Mengen, auf ähnliche Weise die Pforten für die Geister Verstorbener öffnen, denn sie greifen das Nervensystem an.

Als klassische Phänomene von Besessenheit wertet Wickland viele Fälle von Schizophrenie, aber auch von Paranoia, von Verfolgungswahn. Der Patient spürt instinktiv, wie bedroht er ist, ohne aber die konkreten Ursachen dafür zu erkennen. Gut dokumentiert sind zwei der psychiatrisch selteneren Fälle von sogenannter multipler Persönlichkeit: Mehrere verschiedene geistige Wesenheiten nehmen Besitz von einem einzigen lebenden Menschen. Sie alle etablieren sich nebeneinander auf der Ebene seines Unbewußten und machen sich von dort aus als zuweilen sehr unterschiedliche Charaktere im Bereich des Alltagsbewußtseins bemerkbar.

Der eine literarisch ausführlich beschriebene Fall betrifft die junge Sybil Dorsett, die sich 1954 in psychiatrische Betreuung der New Yorker Nervenärztin Cornelia Wilbur begab. Über sieben Jahre lang wurde ihr »Fall« von Flora Rheta Schreiber beobachtet, die ihn dann sehr detailliert aufzeichnete. Von frühester Kindheit an litt Sybil immer wieder unter vorübergehenden Bewußtseinsstörungen, während die andere Persönlichkeiten von ihr Besitz ergriffen, bis sich schließlich insgesamt 16 verschiedene Identitä-

ten in ihr festsetzten. Sie alle bezeichneten sich, wenn sie sich im Alltagsbewußtsein in den Vordergrund drängten, mit verschiedenen Namen. Sie alle besaßen grundverschiedene Charaktere und Talente. Da war Vicky, das verführerische, raffinierte junge Mädchen, da waren die kapriziösen Zwillinge Peggy Lou und ihre Doppelgängerin Peggy Ann. Eine andere Figur war die verträumte und besinnliche erwachsene Frau Marcia. Dann gab es noch die theatralische Vanessa Gail und all die anderen. Elf Jahre intensiver psychotherapeutischer Spezialbetreuung waren erforderlich, um die verschiedenen in sich selbständigen Seelen, die von Sybil Besitz ergriffen hatten, Zug um Zug zu vertreiben, bis schließlich nur Sybil selbst als harmonische junge Frau übrigblieb. Die Psychiaterin Cornelia Wilbur nannte das eine »Integration« aller Sybil-Persönlichkeiten, denn sie teilte die Auffassung von Besessenheit nicht. Wirklich verfügte Sybil am Ende über die Gedächtnisinhalte aller Seelen, doch waren deren völlig unterschiedliche Charaktere, deren verschiedene Identitäten, verschwunden.

Der zweite sehr bekannt gewordene Fall ist der eines jungen Mannes, dessen Unbewußtes nicht weniger als 24 voneinander unabhängige Persönlichkeiten beheimatete. Der US-amerikanische Autor Daniel Keyes recherchierte

24 Persönlichkeiten
in einer Person

die Zusammenhänge sorgfältig und publizierte sie. Eingang in Billys Unbewußtes fanden die zahlreichen verschiedenen Seelengeister schon in früher Kindheit, als er schwer mißhandelt und sexuell mißbraucht wurde. Im Kapitel über mystische Heilung war davon die Rede, daß in solchen Fällen die eigene Seele nicht selten teilweise oder ganz die Flucht antritt. Damit schafft sie Raum für fremde Seelen, die körperlos im Jenseits existieren und einen Rückweg in irdische Bereiche suchen. Der Fall von Billy zeigt sehr eindrucksvoll, wie unterschiedlich die von einem einzigen Menschen Besitz ergreifenden Seelen sein können. Die 24 Persönlichkeiten, also sein Selbst und die Geister, von denen er besessen war, lassen sich mit kurzen Worten so charakterisieren:

Der junge Mann selbst ist William Stanley Milligan (genannt Billy), zur Zeit des Berichtes 26 Jahre alt. Er besitzt eine Highschool-Ausbildung ohne Abschluß.

Arthur, ein zweiundzwanzigjähriger Engländer mit deutlich britischem Akzent, ist ein intellektueller Autodidakt auf den Gebieten Physik, Chemie und Medizin. Er spricht fließend Arabisch (das die anderen Wesenheiten alle nicht beherrschen) und ist erklärter Atheist.

Der dreiundzwanzigjährige Ragen Vadascovinich ist Jugoslawe, spricht Englisch mit serbischem Akzent und beherrscht Serbisch in Wort und Schrift. Er ist ein Waffenexperte und Karate-Meister und hat Kontakte zu Kriminellen. Im Gegensatz zu den anderen Wesenheiten ist er farbenblind.

Allen ist 18, als einzige Wesenheit Rechtshänder und zugleich einziger Raucher. Er ist sehr kontaktfreudig.

Der sechzehnjährige Entfesselungskünstler Tommy ist Allen wesensmäßig in vielem ähnlich, zugleich aber asozial. Er ist Elektronikspezialist und spielt Saxophon.

Danny, ein vierzehnjähriger Junge, ist ausgesprochen menschenscheu. Er erinnert sich, einmal lebendig begraben worden zu sein, wobei man ihn zwang, sein eigenes Grab auszuheben.

Der achtjährige David ist zwar sehr intelligent und zugleich hoch sensibel, zeichnet sich aber durch mangelhafte Konzentrationsfähigkeit aus und ist oft ausgesprochen verwirrt.

Christene ist ein Mädchen. Sie ist Engländerin und erst drei Jahre alt und recht aufgeschlossen. Sie kann schon lesen und Druckbuchstaben schreiben.

Der dreizehnjährige Christopher ist Christenes Bruder. Auch er spricht mit englischem Akzent, ist folgsam, aber verstört.

Adalana, 19 Jahre alt, ist das zweite Mädchen in der

12–17 In Amerika wurde der Fall eines jungen Mannes bekannt, der 24 voneinander unabhängige Persönlichkeiten beheimatete. Eingang in Billys Unterbewußtes fanden die verschiedenen Seelengeister schon in früher Kindheit, als er schwer mißhandelt und sexuell mißbraucht wurde. Der Fall

15

16

17

»Familie«. Sie ist schüchtern, in sich gekehrt, hat gelegentlich einen Muskeltick im Augenbereich und ist lesbisch.

Der zwanzigjährige Philip ist ein brutaler Schläger aus Brooklyn mit grobem Akzent und vulgärem Vokabular.

Kevins Alter ist nicht bekannt. Er ist ein kleiner Ganove und plant einen Raubüberfall.

Walter, ein zweiundzwanzigjähriger Australier, besitzt einen hervorragenden Orientierungssinn und gibt sich als Großwildjäger aus.

April ist ein drittes Mädchen im Reigen der Charaktere. Die Neunzehnjährige spricht Bostoner Akzent und wird von den anderen Wesenheiten als »Miststück« bezeichnet. Sie schmiedet Rachepläne gegen Billys Stiefvater.

Samuel, achtzehnjährig, glaubt als einziger von allen an Gott. Er ist religiös-orthodoxer Jude, Bildhauer und Holzschnitzer.

Dem sechzehnjährigen Mark fehlt jegliche Eigeninitiative. Er erledigt aber willig monotone Arbeiten.

Steve, 21, ist ein Spötter, begabter Imitator und Hochstapler, während sich der ein Jahr jüngere Lee eher als Komödiant, Clown und drastischer Possenreißer betätigt und keine Rauferei scheut.

Der dreizehnjährige Jason fällt durch Wutausbrüche und hysterisches Verhalten auf, der siebzehnjährige Robert dagegen ist ein Tagträumer.

Shawn ist ein vierjähriger Junge. Weil er taub ist, erzeugt er gelegentlich Brummgeräusche, um die Vibrationen in seinem Kopf wahrzunehmen.

von Billy zeigt, wie unterschiedlich die Seelen sein können, die von einem einzigen Menschen Besitz ergreifen, so unterschiedlich wie die Puppen auf einem Flohmarkt, so verschieden in Alter und Charakter, wie willkürlich gestellte Uhren eine Zeit zeigen.

Der angeberische Martin ist mit seinen 19 Jahren ein ausgesprochener Snob.

Der fünfzehnjährige Timothy kapselt sich nach einem Erlebnis mit einem Homosexuellen in einem Blumenladen völlig von der Außenwelt ab.

Schließlich ist da noch eine sechsundzwanzigjährige Lehrerfigur, die von sich behauptet, sie habe die anderen Persönlichkeiten Billys als »Androiden« geschaffen. Der Lehrer teilt als einziger übrigens das Erinnerungsvermögen mit allen anderen.

Alle in Billy geschlüpften Seelen sind sich seiner körperlichen Merkmale und Eigenschaften nicht bewußt. Nach ihren Aussagen befragt, geben sie sehr verschiedene Beschreibungen, unterschiedliche Gewichte, Größen, Haar- und Augenfarbe und so weiter an. Und in der Tat verfügen sie auch über sehr unterschiedliche körperliche Fähigkeiten, zum Beispiel hinsichtlich ihres künstlerischen Ausdrucks beim Malen, des Beherrschens von Musikinstrumenten, Geschicklichkeit, Reaktionsvermögen und sogar Körperkraft. Jedesmal ist es ein anderer Geist, der die Materie des Körpers vollkommen beherrscht. Selbst hinsichtlich ihrer Krankheiten unterscheiden sich die einzelnen Figuren, die sich alle Billys Körper bedienen.

Unter dem Aspekt der Besessenheit werden die Gefahren spiritistischen Verkehrs mit den Seelen Verstorbener deutlich. Im Vergleich zu telepathischen und telekinetischen Experimenten, im Gegensatz zu Versuchen mit Hypnose, Autosuggestion, schamanischer Trance, Meditation und bewußter Traumarbeit ist die mediale Betätigung wesentlich gefährlicher. Gewiß, auch die anderen Vorstöße in den Bereich des Übersinnlichen bergen zum Teil Risiken. Doch liegen sie weitgehend in der Hand dessen, der sie unter-

Spielball jenseitiger Wesen

nimmt. Wer zum Beispiel schamanische Fähigkeiten entwickelt, kann sie ebenso zum Guten wie zum Bösen einsetzen, genauso wie jedes materielle Werkzeug auch. Er selbst bleibt stets eine intakte Persönlichkeit und verliert nicht die Kontrolle über das, was er tut. Anders bei der Arbeit als Medium. Es verlangt schon eine ausgesprochen starke und integre Persönlichkeit und beachtliche psychische Reserven, um nicht zum willigen Spielball jenseitiger Wesenheiten zu werden. Denn das Medium entäußert sich ja vorübergehend bewußt seines Egos und stellt während dieser Sit-

18

18 »Fantasie über das Faustdrama« betitelt Mariano Fortuny y Carbo sein 1866 entstandenes Gemälde: Der Komponist am Flügel seines Arbeitszimmers ist besessen von den Gestalten des Dramas. Die Figuren nehmen von ihm Besitz und werden in Noten und Tonfolgen umgesetzt.

zungen der Seele eines Verstorbenen seinen Körper zur Verfügung, damit sich der Geist durch diesen mit Wort und Tat ausdrücken kann. Experimente dieser Art sind außerordentlich gefährlich!

Nicht von ungefähr distanzieren sich die Kirchen weitgehend von spiritistischer Arbeit, obwohl doch der christliche Glaube ausdrücklich jenseitige Welten und die Seelen Verstorbener anerkennt. Allenfalls exorzistische Rituale erlaubt die Kirche und diese auch nur mit besonderer Genehmigung durch Bischöfe oder andere hohe Instanzen. Dennoch machen in jüngster Zeit immer wieder Geistliche mit exorzistischen Ritualen von sich reden. Meist fehlt ihnen dazu allerdings das nötige Wissen.

In ihrer Schutzhaltung gegenüber der jenseitigen Welt haben die Kirchen ein verzerrtes Bild gezeichnet, das den Tatsachen kaum gerecht wird, denn es ist in sich widersprüchlich. Einerseits fordern sie auf, für die ruhelosen See-

Kirche im Widerspruch

len der Toten und für deren Erlösung zu beten, andererseits stellen sie sich gegen jeglichen medialen Verkehr mit Geistern mit der Begründung, die Lebenden sollten die Ruhe der Toten nicht stören. Es ist kaum anzunehmen, daß Geister, die ihren Seelenfrieden nicht gefunden haben und hilfesuchend mit lebenden Menschen in Kontakt treten möchten, dadurch in ihrer »Ruhe« gestört werden. Manche Naturreligionen gehen hier oft rigoroser und zugleich ehrlicher vor: Ihre Priester treffen handfeste Vorsorgen dafür, daß die Geister der Ahnen nicht in die Häuser, ja nicht einmal in die Dörfer der Lebenden zurückkehren können.

Spiritistische Sitzungen mögen aufregend sein, denn klopfende Tische, das Sprechen von Medien in Sprachen, die sie normalerweise gar nicht beherrschen, und vielleicht sogar die silhouettenhafte Materialisation von Geistkörpern sind gewiß faszinierende Erscheinungen; aber wen keine anderen Gründe als Neugier bewegen, sich medial zu betätigen, dem raten Experten auf diesem Sektor dringend von derartigen Versuchen ab. Die Gefahren sind groß und die Nutzeffekte für die Lebenden kaum gegeben. Dennoch gibt es gute Gründe, die für spiritistische Arbeit unter geeigneten Vorsichtsmaßnahmen sprechen. Einer ist das Sammeln von Kenntnissen über ein Leben nach dem Tode. Das Wissen kann dazu führen, das irdische Leben mit anderen Augen zu sehen. In diesem Sinne versuchten die diversen Komponisten, durch Rosemary Brown Informationen an die Lebenden zu geben. Im Sinne einer Beweisführung für die Existenz dieser jenseitigen Welt liegt es auch, wenn sich Verstorbene

medialen Menschen vor deren geistigem Auge so präsentieren, wie sie zu Lebzeiten ausgesehen haben. Britischen Medien ist es vielfach gelungen, erstaunlich exakte Bilder von Toten zu zeichnen, die sie selbst nie gesehen haben.

Ein gewichtiger Grund für die Arbeit mit Seelen Verstorbener liegt natürlich auch in deren Betreuung. Das ist die große Aufgabe, die sich Carl Wickland und seine Frau gestellt haben. Sie führten Hunderte von Gesprächen mit den Geistern der Toten, um sie mit ihrer neuen Existenzform überhaupt erst vertraut zu machen, um ihnen zu helfen, während des Erdenlebens Versäumtes oder falsch Gemachtes psychisch zu verarbeiten, oder um ihnen grundlegende existentielle Zusammenhänge verständlich zu machen, um die sie sich zu Lebzeiten niemals gekümmert haben.

Diese Art spiritistischer Arbeit ist nichts anderes als die Ausübung einer Psychopompos-Funktion, einer Rolle als Seelenführer, wie sie viele Religionen kennen und wie sie besonders eindrücklich in den tibetischen Totenbüchern beschrieben wird. Wicklands Verständnis von seiner Arbeit mit verstorbenen Seelen geht aber insofern über die reine Hilfe nur für diese hinaus, als er damit zugleich in vielen

Loslösen vom irdischen Dasein

Fällen auch Lebenden hilft: den Besessenen. Er ist überzeugt davon, ein Großteil aller Geisteskranker auf diese Weise kurieren zu können. Mit erstaunlicher Treffsicherheit, die nicht zuletzt aus seiner großen Erfahrung resultiert, führen seine meist harmlos beginnenden Gespräche mit den durch seine Frau kontaktierten Seelen schnell auf jenen kritischen Punkt hin, der ein Versagen des Verstorbenen in seinem Erdenleben betrifft. Wickland hält den Seelen so lange den Spiegel vor, bis sie zur Selbsterkenntnis gelangen. Das ist nach seiner Erfahrung die Voraussetzung für ihre Weiterentwicklung im Jenseits und für ihre Loslösung vom irdischen Bereich.

Nicht unerwähnt darf bleiben, daß es, in sehr seltenen Fällen, auch so etwas wie eine »positive Besessenheit« gibt. Das ist bei manchen Geistheilern der Fall, die sich anderer als der schon beschriebenen schamanischen Methoden bedienen. Ihnen helfen die Seelen von Verstorbenen, oft von toten Naturheilern oder auch Ärzten, ihre Aufgaben zu erledigen. Ausgeprägt findet sich diese spiritistische Technik besonders auf den Philippinen, in jüngster Zeit aber auch in Großbritannien.

Geister und Erscheinungen

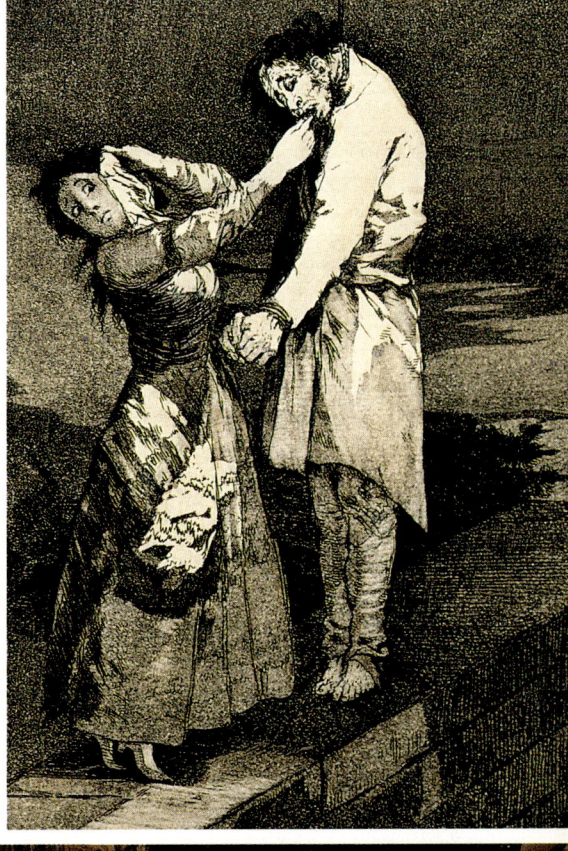

Geisterglaube ist in aller Welt zu Hause. Doch hat er mindestens ebenso viele Wurzeln, wie es Kategorien von Geistern gibt, und sie sind Legion. Neben Naturgeistern wie Elfen, Nixen oder Berggeistern erzählen die Überlieferungen von Vampiren, Werwölfen und anderen Untoten. Neben mythologischen Gestalten wie Riesen stehen persönliche Schutzgeister und Engel. In alten Gemäuern sollen Spukgestalten umgehen, ja selbst Neubauten sind nicht vor Klopf- und Poltergeistern sicher. Und dann sind da noch die Seelen-Geister der Verstorbenen. Viele »Erscheinungen« gehören in den Bereich des Aberglaubens, auch wenn dieser manchmal sehr reale Ursachen hat. Doch läßt sich die Existenz wirklicher Geister nach heutigen Erkenntnissen kaum noch leugnen.

1 Den Zähnen von »auf der Höhe ihrer Kraft« gewaltsam Getöteten soll okkulte Kraft innewohnen.

2 »...mein Vater, mein Vater, jetzt faßt er mich an, Erlkönig hat mir ein Leids getan...«

3 »Hexenküche«, ein Gemälde von Hieronymus Francken d. Ä. aus dem späten 16. Jahrhundert.

Eines der vieldeutigsten Wörter der deutschen Sprache ist das Wort »Geist«. Es bezeichnet das logische Denkvermögen wie den geschliffenen Witz eines Menschen, aber auch den Kerngedanken einer Überzeugung, etwa den »Geist einer Revolution«. »Im Geiste Goethes oder Stalins« bedeutet in deren Sinn und mit deren Zielsetzung. Dagegen ist der Zeitgeist, der »Geist der Romantik« oder der »Geist des 20. Jahrhunderts«, primär eine Mode- oder Geschmacksfrage. Im Zusammenhang »Körper, Geist und Seele« erhält es eine spirituelle Komponente. Oft ersetzt der Begriff »Geist« sogar den Begriff »Seele«, nämlich dann, wenn es sich um die Seele eines Verstorbenen handelt. Man spricht dann auch von seinem »Geist«. Und schließlich steht »Geist« sogar für Alkohol. Als allumfassendes Schöpfungs- und Welterhaltungsprinzip wird er zum »Geist Gottes«, von dessen christlicher Trinität er zugleich ein Teil ist: der »Heilige Geist«.

Dieser großen Auswahl verschiedener Bedeutungen steht noch der Geist als Gespenst gegenüber. Genau damit kommt man den Ursprüngen des Geistes wohl am nächsten; zumindest den sprachlichen Ursprüngen. Das Wort »Geist« leitet sich von einer westgermanischen Wurzel ĝheis ab und bedeutet soviel wie »erregt, aufgebracht sein, schaudern«. Ein ähnliches Wort im Gotischen steht für »erschrecken«, ein verwandter altisländischer Begriff für »voller Entsetzen«. Das alles bezieht sich zweifellos weder auf Intellekt noch auf hehre Grundgedanken und schon gar nicht auf Schnaps. Es gemahnt an Gespenster.

4 So sieht Goya einen Hexenritt: Hexen mit wallender Mähne auf dem Besen reitend.

5 Beschwörung und Vertreibung unheilbringender Mächte in einem englischen Spukhaus.

6 Nicht weniger gruselig sieht Rubens die Spukgestalten in »Perseus und Andromeda«.

7 Naturgeister sind oft
sehr realen Ursprungs, so
Meerjungfrauen, Neptuns-
töchter, Nixen, Nymphen,
Najaden, Sirenen und ähn-
liche phantastische
Wesen. Sie sind Überbleibsel vergangener Jahrhun-
derte, als Seefahrer in
Ermangelung von guten
Ferngläsern und biologi-
schen Kenntnissen See-

Ist der Begriff »Geist« als Ganzes bereits sehr vieldeutig, so steht dem seine Bedeutung im Sinne einer »Erscheinung« in keiner Weise nach. Die Vielzahl all dessen, was wir schlechthin als Geister bezeichnen, ist gewaltig. Sie reicht von der heraufbeschworenen Totenseele bis zum Polter- oder Klopfgeist; von Feen, Elfen, Nymphen und zahllosen anderen Naturgeistern bis zu Zwergen, Riesen und Kobolden; von Vampiren, Werwölfen und sonstigen Untoten bis zu spukenden Schloßgespenstern; vom Fliegenden Holländer und den Reitern der Wilden Jagd bis zu Drachen und anderen mythologischen Gestalten. Und dann sind da noch die Hilfs- und Schutzgeister, die Krafttiere, Engel und sonstige unsichtbare Begleiter, jenseitige Lehrer, Heiligen- und Marienerscheinungen, aber auch Trolle, Flaschengeister, Dämonen, Sukkubi (Buhlteufel) und Inkubi, die Nachtmahre und Alps und am Ende gar der Teufel selbst.

Was wäre ein Buch über die Rätsel des Übersinnlichen ohne ein Kapitel über Geister? Wo aber läßt sich hier ansetzen? Zweifellos gehören zahlreiche der aufgeführten Kategorien ins Reich des Aberglaubens, andere in das der Mär-

Wurzeln des Geisterglaubens

chen und Sagen und wieder andere sogar in die Tourismusbranche, um neugierige Besucher in morbide britische Schloßhotels zu locken. Aber bei weitem nicht alles ist Humbug, was über Geister berichtet wird. Ein eigenes Buch ließe sich ohne Schwierigkeiten mit seriösem Material zu diesem Thema füllen. Wir wollen uns damit begnügen, den verschiedenen Wurzeln des Geisterglaubens auf die Spur zu kommen, ohne dabei im einzelnen danach zu fragen, ob der jeweilige Glaube gerechtfertigt ist oder ob es sich um einen weitverbreiteten Aberglauben handelt. Denn oft hat selbst der Aberglaube irgendwelche realen Wurzeln, wenngleich einer ihm selbst zuweilen unbekannten Natur. So fanden sich etwa in der Alpin-Literatur noch bis weit ins 19. Jahrhundert hinein immer wieder Berichte von schattenhaften Berggeistern. Die gesamte Kategorie trägt heute den Gattungsnamen »Brocken-Gespenster«, weil sich das Phänomen, das zu diesem Glauben führte, besonders häufig am Brocken, dem höchsten Berg des Harzes, beobachten läßt. Es handelt sich um nichts anderes als um die ins Riesenhafte vergrößerte Projektion des Bergsteigers selbst gegen eine Nebel- oder Dunstwand, der man, wenn auch selten, im Gebirge ganz unvermittelt, etwa nach einer Wegbiegung, gegenüberstehen kann.

Auf ähnlichen, von unseren Vorfahren in ihrer physikalischen Ursache unverstandenen Naturerscheinungen

kühe und andere seltene Meeressäuger auf größere Entfernungen als Wassergeister mißdeuteten – oder mißdeuten wollten? In vielfachen Abwandlungen tauchen solche Phantasien immer wieder anders ausgeschmückt als Naturgeister im Märchenschatz der ganzen Welt auf.

beruht der Glaube an viele andere »Naturgeister«. Der Klabautermann gehört hierher, der gerne auf dem Klüverbaum oder den Mastspitzen von Segelschiffen sitzt und dort sein gespenstisches Licht verbreitet. Es handelt sich um nichts anderes als elektrostatische Funken- oder Glimmentladungen, die sich bei manchen Wetterlagen beobachten lassen und heute allgemein als St.-Elms-Feuer bekannt sind. In den nordafrikanischen Wüstenregionen sahen die Nomaden früher in den Windhosen, die gespenstergleich über die öden Flächen tanzen, wirbelnde Dschinn und andere ruhelose Dämonen. Brennende Sumpfgase, die über dem nächtlichen Moor stehen, lockten als »Irrlichter« angeblich arglose Wanderer in der Dunkelheit in den feuchten Tod. Und sehr wahrscheinlich sind wirklich hin und wieder Ortsfremde einem fernen Lichtschein gefolgt, den sie für das beleuchtete Fenster eines einsamen Hauses hielten. In vielfacher Abwandlung tauchen solche von der menschlichen Phantasie dann noch reichlich ausgeschmückte und übersteigerte »Naturgeister« im Märchenschatz der ganzen Welt auf.

Andere »Naturgeister« sind nicht weniger realen Ursprungs: die Meerjungfrauen, Neptunstöchter, Najaden, Nereiden, Nixen, Sirenen oder wie immer sie genannt werden mögen. Auch sie sind Überbleibsel vergangener Jahr-

Optische und akustische Phänomene

hunderte, als frühe Seefahrer in Ermangelung von Ferngläsern und biologischer Kenntnisse Seekühe und andere seltene Meeressäuger auf größere Entfernung als Wassergeister mißdeuteten. In älteren Zoologiebüchern wird tatsächlich behauptet, daß die Seekühe ihre Babys »im Arm halten« wie Menschenmütter.

Auf sehr reale akustische Phänomene gehen manche Märchen und Sagen von Zwergen und ähnlichen unterirdischen Geistern zurück. Sie wohnen wie die vom Dichter August Kopisch besungenen »Önnerbänkischen« zum Beispiel im Inneren von Dünen, denn aus diesen dringt manchmal ihr Wimmern oder auch ihr Gesang an die Erdoberfläche. Das Phänomen dieser singenden Berge tritt gelegentlich dort auf, wo der Untergrund sehr porös und zugleich offenporig ist und wo beim tageszeitlichen. Temperaturwechsel, also besonders morgens und abends, die unterschiedlich ausgedehnte Luft pfeifend und summend durch die feinen Hohlräume strömt. Daß die Zwerge, Gnome und andere Erdgeister als gute Schmiede bekannt wurden, liegt daran, daß man in postvulkanischen Gebieten nicht selten schwefelige Dämpfe aus dem Boden aufsteigen sah, deren natürlichen Ursprung man sich nicht erklären konnte. So

wohnte denn auch der griechische Vulkan- oder Schmiedegott Hephaistos tief unter feuerspeienden Bergen.

Wieder andere Naturgeister, darunter die skurrilen Gnome und Trolle, haben ihren Ursprung im alten Volksglauben, Menschen könnten durch Zauber zu Stein erstarren. Wer hätte in bizarren Felsen und alten Wurzeln und Bäumen noch keine versteinerten Gesichter von Kobolden oder Riesen gesehen?

Doch gibt es auch eine andere Kategorie von Naturgeistern. Es sind die personifizierten Kräfte, die Gewitter und Stürme auslösen, die Bergstürze oder Lawinen hervorrufen, die in einem Wasserfall oder in der Meeresbrandung wirken. Naturvölker beten zu ihnen, bitten sie um Hilfe oder auch um Verschonung. In vielen Kulturen haben solche Naturgeister sogar göttlichen Charakter, und ihnen werden die verschiedensten Eigenschaften zugesprochen, so zum Beispiel den vier nach den Himmelsrichtungen benannten Winden. Als Geister göttlicher Größe gelten in manchen Naturreligionen auch die Sonne, der Mond und die Plane-

Kräfte im Walten der Natur

ten. Verständlich werden diese Vorstellungen, wenn man bedenkt, daß unsere Vorfahren das Zusammenspiel physikalischer Kräfte im Walten der Natur noch nicht kannten und deshalb nach geheimnisvollen Ursachen suchten. Wie kann schließlich ein Berg wie der Vulkan Kilauea auf Hawaii Feuerfontänen und glutflüssige Lavamassen ausstoßen, wenn in ihm kein großer Geist – in diesem Fall die Feuergöttin Pele – wohnt?

All diese Naturgeister sieht man natürlich nicht, aber man glaubt doch, ihr Werk zu erkennen. So haben zahllose verschiedene Generationen daran gestrickt, sie phantasievoll aus ihren vermeintlichen Taten und Spuren zu rekonstruieren.

Auch viele der zahllosen »Untoten«, die den Geisterglauben verschiedener Völker bereichern, haben real existierende Wurzeln. »Untote« oder »Wiedergänger« treten als »Vampire«, »Werwölfe«, im Altertum auch schon als »Lamien« oder »Lemuren« auf. In Rußland und auf dem Balkan heißen sie »Wurdalak« oder »Vukodlak«, was an »Werwolf« erinnert, und in Schlesien waren sie seit langem als »Nachzehrer« bekannt. Anderenorts heißen sie schlicht »lebender Leichnam«. Blut saugen sie als Vampire übrigens erst seit dem späten 17. Jahrhundert, und das hat wahrscheinlich einen ethnologischen Grund: Der deutsche Sprachforscher Johann Christian Harenberg suchte den Ursprung des Wortes Vampir in einer Zusammensetzung aus der Silbe »vam«, die er merkwürdigerweise vom griechischen »aima« (= Blut) ableitete, und dem Wortbestandteil »piren«, das er als »begierig sein« übersetzte. Beides ist unhaltbar, trug aber entscheidend zu der bekannten Legendenbildung von den untoten Blutsaugern bei. Dem eigentlichen Phänomen dieser lebenden Leichen kommt der Begriff »Nachzehrer« wohl am nächsten. Aus Schlesien und auch Hessen gibt es bereits im 16. Jahrhundert Berichte darüber, daß man aus Gräbern kauende und schmatzende Geräusche vernahm. Wie immer die Geräusche entstanden sein mögen, gewiß hatten sie einen natürlichen Ursprung, zumal sich frische Gräber bekanntlich meist senken. Auch mag Wasser in die Särge eingedrungen sein.

Als man in Schlesien 1517 erstmals derartige »lärmende Leichname« wieder ausgrub, stellte man entsetzt fest, daß sie nicht verwest waren. Nun ist das eine durchaus nicht seltene Erscheinung, die ihre Gründe in natürlichen Ursachen haben kann: sehr trockenes Erdreich, Bodenradioaktivität (wie in den mumifizierend wirkenden »Bleikammern«

Geräusche aus dem Grab

in Bremen), balsamierend oder bakterizid wirkende Bodenchemikalien und anderes mehr. Daß aber zugleich im Gebiet dieser gut konservierten schlesischen Leichen, in Groß Mochbar, zu dieser Zeit eine Pestepidemie wütete, wurde den Toten zum Verhängnis: Man beschuldigte sie, für das große Sterben verantwortlich zu sein.

Bei einer exhumierten hessischen »Untoten«, aus deren Grab ebenfalls Geräusche drangen, war der Leichnam gleichfalls gut erhalten, aber Teile des Leichenhemdes waren verrottet. Dieser und ähnliche Fälle führten zu der Annahme, die »lebenden Toten« würden in ihren Gräbern ihre Leichenhemden und sogar Teile ihres eigenen Körpers verzehren. Daher rühre auch das schmatzende Geräusch. In seinem Werk »Deutsche Sagen und Sitten« berichtete noch 1862 der Autor Lyncker: »So hörte man in Helsa im Jahr 1558 eine Haustochter, die überaus geizig gewesen, in ihrem Grabe fortwährend schmatzen, ›wie ein grober Mensch oder eine Sau zu thun pflegt‹, und als man sie aufgegraben, hatte sie das Kleid weit umher aufgefressen. Da wurde ihr der Kopf abgestochen, und das Fressen . . . hatte ein Ende.«

Brachte man »Untote« ein zweites Mal um, dann geschah das allerdings meistens nicht durch Köpfen, sondern durch Pfählen. Man glaubte, sie dabei schreien oder stöhnen zu hören, denn der in die Brust gestoßene Pfahl preßte rasselnd Luft und Verwesungsgase aus der Lunge.

Noch Ende des 19. Jahrhunderts fanden in Preußen mehrere »Vampirprozesse« statt. Angeklagte waren Menschen, die aus Furcht vor Vampiren Gräber öffneten und Leichen pfählten oder ihnen die Köpfe abschlugen. In seinem Buch »Vampirleichen« berichtet Otto Steiner zum Beispiel von Prozessen gegen die Familien Gehrke und Poblocki. Das Appellationsgericht sprach in zweiter Instanz beide Familien frei. Als Urteilsbegründung hieß es, die Beschuldigten hätten in gutem Glauben gehandelt.

Neben all den durch mißdeutete natürliche Erscheinungen im Volksaberglauben entstandenen Geistergestalten gibt es aber durchaus auch Geister, deren Wurzeln im Bereich des Übersinnlichen angesiedelt sind. Die meisten dieser Kategorien wurden schon in verschiedenen Kapiteln dieses Buches behandelt, doch soll hier noch einmal eine zusammenfassende Übersicht gegeben werden.

Verbreitet ist der Glaube an »Polter-« oder »Klopfgeister«. Auch sie sind Konstruktionen des Volksglaubens anhand von beobachteten Phänomenen, doch sind diese Phänomene paranormaler Natur. Geister im eigentlichen Sinne sind dabei im allgemeinen nicht beteiligt. Man vermutet sie lediglich als Urheber logisch nicht erklärbaren Geschehens. Es liegt nahe, für klopfende und scharrende Geräusche

Polter- und Klopfgeister

ohne sichtbaren Urheber, aber auch für sich ohne erkennbare Ursache bewegende oder gar durch die Luft fliegende Gegenstände Geister verantwortlich zu machen. In Wirklichkeit handelt es sich fast immer um telekinetische Manipulationen durch lebende Menschen, die sich ihrer paranormalen Kräfte in vielen Fällen selbst gar nicht bewußt sind. Das jedenfalls behauptet heute die Mehrzahl parapsychologischer Forscher. Meist sind die Urheber solcher Krafteinflüsse auf tote Gegenstände Jugendliche im Alter der Pubertät.

Ein interessanter Bericht über die mentale Auslösung physikalischer Effekte findet sich in der Schrift von Justinus Kerner über »Die Seherin von Prevorst«, Friederike Hauffe, die schwerkrank als Achtundzwanzigjährige im Jahre 1829 starb. In ihrer Umgebung hörte man Klopfgeräusche von Gegenständen, die sie ohne Berührung ganz nach ihrem Willen bewegte. Nach glaubwürdigen Augenzeugenberichten besaß sie sogar die Fähigkeit der Levitation, konnte also ihren eigenen Körper zum Schweben bringen.

In selteneren Fällen sollen auch wirkliche Geister, nämlich Seelen Verstorbener, bei dem Poltergeist-Phänomen eine Rolle spielen. Das ist dann der Fall, wenn diese Seelen

von einem lebenden Menschen Besitz ergreifen, der seinerseits durch unbewußte Energieabgabe die telekinetischen Erscheinungen auslöst. Die Auffassung von Parapsychologen, die zu diesem Schluß führt, basiert auf medialen Kontakten zu den beteiligten Seelen.

Wahrscheinlich sind dem Poltergeist-Phänomen auch zahlreiche Berichte über Spukhäuser zuzuweisen. Generell muß man das Thema Spuk aber anders einordnen. Spukende Ahnfrauen, kopflose Ritter, weiße Damen, die nachts ruhelos in alten Schlössern umgehen, sind viel und sehr kontrovers diskutiert worden. Beweise für ihre tatsächliche Existenz gibt es ebensowenig wie eine sinnvolle Theorie, die die zugegeben zahlreichen Berichte über derartige Erscheinungen in irgendeiner Weise erklären könnte. Aufmerksamkeit verdienen Beschreibungen solcher Geistererscheinungen wohl nur dann, wenn voneinander unabhängige Beobachter zu verschiedenen Zeiten am selben Ort Gleiches erleben und andere Berichte darüber nicht kennen. Aber sogar das ist mit Vorsicht zu behandeln, denn die Berichterstatter könnten ohne ihr Wissen telepathisch miteinander in Verbindung stehen. Ja, es ist – aufbauend auf der Theorie von Informationsfeldern – sogar denkbar, daß eine einmal aufgekommene Geistervorstellung an einem bestimmten Ort ein spirituelles Informationsmuster hinterläßt, das sensible Menschen in ihrem Unbewußten zu einem entsprechenden Bild rekonstruieren und daraus ein vermeintlich wirkliches Spukerlebnis ableiten. Inwieweit tatsächlich jenseitige Seelen solche Informationsfelder aufzu-

8 »Die vier Hexen« von Albrecht Dürer: drei Göttinnen, dazu die Zwietracht säende vierte.

9 AGLA-INRI – »Du bist immer mächtig, o Herr« – galt in der okkulten Wissenschaft als Geisterschlüssel.

10 Geisterbeschwörer zitieren eine Tote auf dem Friedhof. Stich aus dem frühen 19. Jahrhundert.

bauen vermögen, ist äußerst fragwürdig. Was dafür spräche, sind die immer wiederkehrenden Berichte, daß sich spukende Geister von Lebenden »erlösen« lassen und ihre Umtriebe dann prompt und endgültig einstellen.

Spirituell faßbarer sind die Seelengeister Verstorbener, die aber üblicherweise nicht nach einem stereotypen Klischee in irgendeiner Ruine herumspuken, sondern von medial begabten Menschen kontaktiert werden können. So unglaublich solche Zwiegespräche über die Barriere des Todes hinaus für Außenstehende auch erscheinen mögen, sie sind so vielfältig und so gut dokumentiert, daß sich an ihrer Realität nicht zweifeln läßt. Es fehlt auch nicht an Beweisen dafür, daß hier mehr als Einbildung, Autosuggestion oder gar bloße Phantasie der Medien im Spiel ist. Vielfach ließen sich im Gespräch mit Totenseelen Fakten erfragen, die sich später als real erwiesen. Hier sei nur einer von einer großen Vielzahl ähnlicher Fälle erwähnt: Der von Immanuel Kant hochgeschätzte Philosoph und Gnostiker Emanuel Swedenborg (1688 bis 1772) besaß bekanntermaßen ausgeprägte mediale Fähigkeiten und hatte mehrfach Kontakt mit den Geistern Verstorbener. Kant berichtet darüber, daß die Witwe des niederländischen Botschafters in

Botschaft aus
dem Jenseits

Stockholm, Frau de Marteville, gedrängt wurde, eine alte Schuld ihres Mannes zu begleichen. Sie selbst war überzeugt davon, daß ihr Gatte das schon längst vor seinem Tode erledigt hatte, fand aber keine Quittung. Sie wandte sich an Swedenborg, der daraufhin medialen Kontakt mit dem toten Botschafter aufnahm und danach der Witwe vor Zeugen berichtete, der Geist habe ihm gesagt, die Schuld sei bezahlt und die Quittung liege im Schreibtisch des Verstorbenen, und zwar in einem verborgenen Fach hinter der linken Schublade, in dem er seine Geheimkorrespondenz aufbewahrt hatte. Die ganze Gesellschaft ging umgehend zusammen mit der Witwe in deren Haus und fand dort Swedenborgs Information bestätigt. Bei einer früheren Untersuchung des Schreibtisches hatte niemand das Geheimfach entdeckt. Auch der Witwe selbst war es unbekannt.

Während es sich bei den Seelen Verstorbener um Menschengeister handelt, fehlt es auch nicht an Berichten über Geister anderer Provenienz. In den religiösen Offenbarungsschriften sowie in den Lehren von Naturreligionen werden sie regelmäßig als Geschöpfe Gottes bezeichnet, gleich ob sie guter oder böser Natur sind. Gemeint sind die biblischen und koranischen Engel, die schamanischen Kraft-

tiere und Hilfsgeister oder auch die Lehrer aus »oberen Welten«. Wer oder was diese Wesenheiten wirklich sind, ist unbekannt. Fest steht, daß der Mensch mit ihnen in Trance in vielfältiger Weise kommunizieren kann, daß sie ihm Kraft und Gesundheit, aber auch Rat und Tat geben können und daß sie auch untereinander kommunizieren. Werden sie von religiösen Menschen und auch von Schamanen generell als selbständige Geistwesen betrachtet, so sehen Psychologen in ihnen in erster Linie Projektionen tiefer Ebenen der menschlichen Psyche, die im Bereich des Alltagsbewußtseins als geistige Individuen empfunden werden. Da aber das Unbewußte nach Jung und den meisten anderen modernen Psychologen weit über das menschliche Individuum hinausreicht und mit einem kollektiven Bewußtsein in Verbindung steht, sind diese Hilfsgeister sowohl nach der einen wie nach der anderen Interpretation in der Lage, den Menschen mit Informationen zu versorgen, die von außerhalb des Alltags-Ego kommen. Da sie ohnehin immateriell

Kollektives
Bewußtsein

sind, ist es also wohl nur eine Auffassungsfrage, sie als Geistindividuen, als visionäre archetypische Projektionen des Unbewußten, als transpersonale Informationsträger oder gar, nach Ansicht moderner theoretischer Physiker, als punktuelle Ausformung eines kosmischen Informationsfeldes zu sehen.

Schließlich sind jene Geister zu erwähnen, mit denen der lebende Mensch sogar in Trance üblicherweise überhaupt nicht kommunizieren kann, von denen uns lediglich besonders prophetische Menschen Nachricht geben. Das sind die Gestalten des fernen Jenseits, die himmlischen und höllischen Geister, denen die Seelen der Verstorbenen begegnen. Sie wiederum werden von manchen Mythologen als real betrachtet, von den meisten religiösen Lehren aber als Projektionen seitens der Totenseelen aufgefaßt, wobei diesen Projektionen als Quelle gute und böse Taten der Seele zur Zeit ihres Erdenlebens zugrunde liegen.

Begegnungen mit dem Heiligen Geist schließlich, Begegnungen mit Gott selbst, haben Offenbarungscharakter und führen über den Rahmen dieses Buches hinaus.

Literatur

Apulejus (Hrsg. Horst Rüdiger), Der Goldene Esel, Zürich 1960.
Ariès, Philippe, Geschichte des Todes, München 1982.
Ariès, Philippe, Studien zur Geschichte des Todes im Abendland, München 1982.
Bakhtiar, Laleh, Sufi, London 1976.
Beyer, Wilhelm, Der mediale Geisterverkehr, St. Goar 1991.
Bhaktivedanta Swami Pradhupāda, A. C., Bhagavad-Gītā as it is, Los Angeles 1972.
Boyd, Doug, Rolling Thunder, München 1981.
Boyd, Doug, Swami Rama, München 1983.
Butler, Walter E., Telepathie, Basel 1984.
Capra, Fritjof, Das Tao der Physik, Bern 1988.
Champdor, Albert, Das ägyptische Totenbuch in Bild und Bedeutung, Bern 1977.
de Haan, Prem Lélia, Bei Schamanen, Frankfurt 1988.
Drury, Nevill, The Elements of Shamanism, Longmead, Dorset 1989.
Drury, Nevill, Vision Quest, Bridport, Dorset 1984.
Dürr, Hans-Peter, Traumzeit – Über die Grenze zwischen Wildnis und Zivilisation, Frankfurt 1985.
Dürr, Hans-Peter (Hrsg.), Physik und Transzendenz, Bern 1986.
Dürr, Hans-Peter (Hrsg.), Der Wissenschaftler und das Irrationale, Band 1–4, Frankfurt 1985.
Eersel, Patrice van, Sterben – Der Weg in ein neues Leben, Bern 1987.
Eliade, Mircea, Schamanismus und archaische Ekstasetechnik, Frankfurt 1989.
Evans-Wentz, W. Y. (Hrsg.), Das tibetanische Totenbuch, Olten 1971.
Garfield, Patricia, Kreativ Träumen, Interlaken 1980.
Gehrts, Heino, und Lademann-Priemer, Gabriele, Schamanentum und Zaubermärchen, Rheine 1986.
Gill, Derek, Elisabeth Kübler-Ross, Stuttgart 1981.
Gnädinger, Louise (Hrsg.), Deutsche Mystik, Zürich 1989.
Graichen, Gisela, Das Kultplatzbuch, Hamburg 1988.
Halifax, Joan, Die andere Wirklichkeit der Schamanen, Bern 1983.
Halifax, Joan, Shaman, London 1990.
Harner, Michael, Der Weg des Schamanen, Reinbek bei Hamburg 1988.
Imam 'Abd ar-Rahim ibn Ahmad al-Qadi, Das Totenbuch des Islam, München 1981.
Iyengar, B. K. S., Licht auf Pranayama, Bern 1984.
Jilek, Wolfgang G., Indian Healing, Surrey, B. C., Kanada 1982.
Jung, C. G., Der Mensch und seine Symbole, Olten 1968.
Kalweit, Holger, Die Welt der Schamanen, Bern 1984.
Keyes, Daniel, Die Leben des Billy Milligan, München 1985.
La Barre, Weston, The Peyote Cult, Hamden, CT., USA 1964.
Lauf, Detlef-I., Geheimlehren tibetischer Totenbücher, Freiburg i. Br. 1979.
Le Cron, Leslie M., Fremdhypnose – Selbsthypnose, Genf 1973.
Leuner, Hanscarl, Die optische Halluzinose und ihre Sinngehalte, Basel 1963.
Liu, Da, T'ai Chi und Meditation, München 1989.
Mails, Thomas E., Geheime indianische Pfade, München 1991.
Messner, Reinhold, Grenzbereich Todeszone, Köln 1978.
Metzger, Werner, Discokultur, Heidelberg 1980.
Naegeli-Osjord, Besessenheit und Exorzismus, St. Goar.
Nicholson, Shirley (Hrsg.), Shamanism, Wheaton, IL, USA 1990.
Paturi, Felix R., Die großen Rätsel unserer Welt, Stuttgart 1989.
Paturi, Felix R., Reisen zu Gott, Aarau 1989.
Pause, Walter, Der Tod als Seilgefährte, München 1977.
Peat, F. David, Synchronizität – Die verborgene Ordnung, Bern 1987.
Rätsch, Christian, Bilder aus der unsichtbaren Welt, München 1985.
Rätsch, Christian, Indianische Heilkräuter, Köln 1987.
Rohr, Wulfing von (Hrsg.), Orte der Kraft – Kräfte des Lebens, Münsingen–Bern 1991.
Roy, Biren (Übers.), Mahabarata, München 1989.
Ryzel, Milan, Parapsychologie, Genf 1970.
Schreiber, Flora Rheta, Sybil, Chicago 1973.
Schwarz, Hildegard, Aus Träumen lernen, München 1987.
Séguy, Marie-Rose (Hrsg.), Muhammeds wunderbare Reise durch Himmel und Hölle, München 1977.
Shaman's Drum (Zeitschrift), Willits, CA, USA 1985–1991.
Stearn, Jess, Der schlafende Prophet, Genf 1968.
Stumfohl, Helmut, Heilige Berge und Höhen, in: Almogaren XXI/1, Hallein 1991.
Sturm, Dieter, und Völker, Klaus (Hrsg.), Von den Vampiren oder Menschensaugern, München 1968.
Wagner, Hildebert, Rauschgift-Drogen, Berlin 1970.
Waters, Frank, Das Buch der Hopi, München 1990.
Wickland, Carl, 30 Jahre unter Toten, St. Goar.
Yesudian, Selvarajan, Selbsterziehung durch Yoga, Thielle 1961.

Bildquellen

Die Zahlen nennen die Bildnummern der jeweiligen Kapitel

Traumwelten
Archiv für Kunst und Geschichte, Berlin 2 (»Die Hängematte«, Gustave Courbet, Sammlung Reinhart, Winterthur); 8 (»Die Versuchung des heiligen Antonius«, Hieronymus Bosch, Museo de Arte, São Paulo); 10 (»Jakobs Traum von der Himmelsleiter«, Raffael, Freskenzyklus in den Loggien des Vatikans, Rom); 11 (»Jakobs Traum von der Himmelsleiter«, Matthäus Merian d. Ä., Kupferstich); 13 (»Der heilige Franziskus befreit die Stadt Arezzo von Dämonen«, Giotto); 14 (»Traumwelten«, Odilon Redon); −/Stefan Diller 6 (»Der heilige Nikolaus erscheint dem Kaiser Konstantin im Traum«, Giotto-Schule, um 1300)
Claus Hansmann 1 (Dorischer Tempel in Attika, 450 v. Chr.); 4 (Asklepios, Votiv-Relief aus Epidauros, Nationalmuseum, Athen); 5 (»Das Heilige Schiff«, Rom, 291 v. Chr.); 17 (»Neuestes Traumbuch«, kolorierte Lithographie, Verlag Oemigke & Riemschneider, Neuruppin)
Interfoto-Presse-Agentur 12 (Heiligtum der Athene, Delphi)
Scala 9 (Epidauros)
Volker Schöbel 16
Ronald Sheridan 3 (Asklepios, Pergamon)
Silvestris 7; −/Frank Lane 15

Trance und Meditation
Archiv für Kunst und Geschichte, Berlin 19 (Ebers-Papyrus)
Fortean Picture Library 18; −/Gruber 5 (Sufi in Trance)
Claus Hansmann 4 (Hinduistischer Sadhus in einer Versammlungshalle des Tempels von Cuttack); 6 (Zwölfarmiger Subrahmanya, auf einem Reittier sitzend); 8 (Tempelbecken, Benares); 10 (Gläubige am Kali-Tempel, Varanisi)
Interfoto/Singh 3 (Größte Buddhastatue in Fiktse, Indien); 7 (Goldene Buddhastatue im Birma-Tempel, Neu-Delhi); −/Hegele 9 (Schwarzer Buddha, Prinz Siddharta Gautama);
Messerklinger, München 17 (»Heiliger Franziskus predigt den Vögeln«, Giotto);
Silvestris/HOA-QUI 12; 16; −/Bauer 13 (Kyoto-Ryoanji-Tempel, Japan); −/A.N.T. 14 (Tofukuji-Tempel, Kyoto, Japan); −/Harding 15
Unbescheid 11

Thanatologie
Archiv für Kunst und Geschichte, Berlin 7 (»Der Aufstieg in das himmlische Paradies«, Hieronymus Bosch, eine von vier Tafeln mit Jenseitsdarstellungen, Dogenpalast, Venedig); 10 (»Das Große Gehege«, Caspar David Friedrich, Gemäldegalerie, Dresden); 20 (»Der Friedhof«, Caspar David Friedrich, Gemäldegalerie, Dresden)
Ancient Art & Collection, London/Sheridan 11
Albert Messerklinger 1; 4
Volker Schöbel 2; 5; 9; 12; 13; 14; 15; 16; 17; 18; 19
Silvestris/Albinger 8; −/A.N.T. 3 (Buddhistische Feuerbestattung, Indonesien); −/Frenzel 24 (Totempfähle, Stanley Park, Kanada); −/Godel 22 (Etruskische Totenstadt Norcia, Italien); −/HOA-QUI 21 (Pyramiden im Sonnenuntergang, Ägypten); −/Janicek 23 (Hochkreuz in Monasterboice, Irland); −/Rutz 25
The Telegraph Colour Library 6

Durch Himmel und Hölle
Ancient Art & Architecture Collection, London 13 (The Cave Entrance to Hades, Eleusis)
Archiv für Kunst und Geschichte, Berlin 3 (»Der Garten der Lüste«, Hieronymus Bosch, Museo del Prado, Madrid); 6 (»Die Höllenstrafen«, Französische Buchmalerei, 15. Jahrh.); 9 (»Jonas und der Wal«, Matthäus Merian d. Ä.); 10 (»Gebet des Jonas«, Byzantinische Buchmalerei, 10. Jahrh.); 16 (»Das Weltgericht«, Hieronymus Bosch); 17 (»Christi Höllenfahrt und Auferstehung«, Ikonenmalerei, 18. Jahrh.)
Fortean Picture Library/Gruber 2 (Eingang in die Unterwelt, Bomarzo, Italien)
Claus Hansmann 11 (»Der Höllensturz«, Zürcher Nelkenmeister, 16. Jahrh.); 12 (»Indianisches Pueblodorf in Laguna, New Mexiko«, Thomas Moran)
Messerklinger, München 8 (»Mohammeds mystischer Aufstieg in den Himmel«, Türkische Miniatur)
Silvestris/Stadler 1 (Geflügelter Löwe, Singa, Bali); −/Fichaux 5; −/A.N.T. 7 (Cradle Mountain − Lake St. Clair, Australien); −/Kemmether 14 (Ungeheuer in Bomarzo, Italien); 15 (Ungeheuer in Bomarzo, Italien)

Die Schamanentrommel
Claus Hansmann, München 14 (Südindische Standtrommel, Musikinstrumentensammlung, Münchner Stadtmuseum)
Reiner, München 5
Silvestris/HOA-QUI 6 (Maske aus Bali); 7 (Ritual, Elfenbeinküste); 9 (Begräbnisfeierlichkeiten, Elfenbeinküste); 10 (Anrufung der geheimen Mächte, Westafrika); 11 (Tanz, Elfenbeinküste); 12 (Bali); 13 (Maske, Bali); 16 (Fest in Les Bamoun, Kamerun); −/Stadler 2 (Gamelanmusik, Ubud, Bali); 4 (Kecak-Tanz, Bali); 15 (Kris-Tanz, Butubulan, Bali); −/The Telegraph Colour Library 8 (Asaro Mudmen, Neuguinea); −/Dr. Unbescheid 1 (Herbstfest der Schamanen, Jumla, Nepal); 3 (Schamane aus Dhandar, Nepal)

Verbündete
Claus Hansmann 1 (»Olmekisches Maskengesicht«, David Alfaro Siqueiros, Museum of Modern Art, New York); 3 (Wandbehang »Le Toucer«, 18. Jahrh., Le Musée de Cluny, Paris); 4 (Schattenspielfigur »Der Affenkönig Hanuman«, Südindien, Puppentheatersammlung der Stadt München); 7 (»Der Schlangentanz der Moki«, Irving Couse, Anschutz Collection, Colorado); 8 (Sitzender, fünfköpfiger und zehnarmiger Hanuman von einem Tempelwagen, Russek-Collection, Schweiz); 12 (Ausschnitt aus dem Papyrus der Huneter mit einer Szene in der Grabkammer des Toten, Ägypten, Britisches Museum, London); 13 (Ägyptische Statuette des Falkengottes Chentechtai mit Krummschwert und Krone, Staatl. Sammlung Ägyptischer Kunst, München); 14 (Eskimo-Kunst »Frau mit Bär«, im Besitz der kanadischen Regierung); 15 (»Mami-Wata-Figur«, afrik. Holzplastik)
HOA-QUI 2; 6; 9; 10; 11
Silvestris/HOA-QUI 5 (Ritual des Bobo-Stammes, Obervolta)

Mystische Heilung
Archiv für Kunst und Geschichte, Berlin 1 (»See-non-ty-a«, ein Iowa-Medizinmann, George Catlin, Paul Mellon Collection, National Gallery of Art, Washington); 2 (»North American Medicine Pipe Stem Dance«, Paul Kane, Royal Ontario Museum)
Bavaria/Wolfgang Meier 8 (Karfreitagsprozession in Tehuantepec, Mexiko); −/Reinbacher 13 (Drachen- und Tiertänzer, Bhutan); −/Schmied 10 (Pilger in Lourdes, Frankreich)
Claus Hansmann, München 11 (»Wallfahrer legen Wachsvotive auf das Grab des heiligen Wolfgang«, unbekannter Meister, 15. Jahrh.); 12 (Prozession in Jamshedpur, Indien)
Silvestris 5 (Altötting); 9 (Fronleichnamsprozession, Altötting); −/Janicek 14 (Treppen zum Höhlentempel Batu Cares bei Kuala Lumpur, Malaysia); −/Siepmann 3 (Saltillo, Mexiko); −/Stadler 4 (Zigeunerwallfahrt in Saintes-Maries-de-la-Mer, Südfrankreich); 6 (Marien-Prozession, Nilo, Korsika); −/The Telegraph Colour Library 7 (Gewitterwolken über der Wüste)

Die Kraft des Geistes
Silvestris/Bertrand 13 (Mann aus Gujarat, Indien); −/Braun 19 (Feuerschlucker); −/Dani/Jeske 1; −/Günter 20 (Indus-Tal, Landschaft bei Ladakh, Himalaya); −/Hrdlicka 14 (Gangotri-Gletscher mit Shivling, Indien); −/HOA-QUI 2; 3; 7 (Mann beim Gebet, Indien); 16 (Mann wird ausgepeitscht, Pampanga, Indonesien); 17 (Mann mit Nadeln und Haken im Rücken, Mauritius); −/Janicek 18 (Hindu-Heiliger, Kathmandu, Indien); −/Papita Noble 9; 10; 11; 12; −/Dr. Unbescheid 4; 5 (Priester in Trance, Indien); 6 (Pasupatinath-Asket beim Sivaratri-Fest, Indien); 8 (Yogi im Kathmandu-Tal, Nepal); 15 (Yogigruppe, Kanphata, Nepal)

Orte der Kraft
Bavaria/Heuss 5 (Fackelprozession in Fatima, Portugal); −/Nautsch 21 (Stupa, Sanchi, Indien); −/Winter 20 (Berg Machapuchare, Nepal)
Claus Hansmann, München 23 (Borobudur-Tempel); Schuster/Arim 9 (Meteora-Kloster, Griechenland); −/Kasch 15 (Stonehenge)
Silvestris 3 (Mount McKinley); −/A.N.T. 1 (Ayers Rock); 7 (Rainbow Valley); 19 (Fuji-Yama); −/Becker 11 (Kyffhäuser-Denkmal, Barbarossa); −/Bühler 4 (Mont-Saint-Michel); −/Dietrich 13 (Maria-Magdalena-Kirche, Jerusalem); −/Harding 17 (Puntsoling-Kloster, Tibet); −/Hot Shot-Fotofenteam 16 (Huangshan-Berge, China); −/Janicek 14 (Dolmen, Grafschaft Clare, Irland); −/Kottal (Kreuzgang Kloster Maulbronn); −/Marklein Günter G. A. 12 (Steingrab in Niedersachsen); −/Stadler 2 (Externsteine); −/The Telegraph Colour Library 6 (Mekka); −/Wiener 10 (Blautopf, Schwäbische Alb)
Philippe de Wilde/HOA-QUI 22

214

Heilige Pflanzen
Bavaria/Lederer 17 (Blaue Trichterwinde); −/Str. 13 (Opiumraucher, Thailand)
Friedel 1 (Kava-Zubereitung); 4; 12; 19; 20 (Kava-Zubereitung); 21 (Kava-Zubereitung); 22 (Kava-Zubereitung); 23 (Kava-Zubereitung)
Claus Hansmann 6 (Alchemistenwerkstatt, 18. Jahrh., Schweizerisches Pharmazie-Histor. Museum); 8 (Porträtgefäß mit Steigbügel-Ausguß, Peru); 9 (Terrakotta-Sitzfigur, Ecuador); 10 (Präkolumbianische Terrakotta); 11 (Maya-Priester mit Federkrone)
Silvestris 2; −/A.N.T. 3 (Zaubermittelverkauf in La Paz, Bolivien); −/Dr. Furst 24; 25; 26; −/Kuch 14 (Schlafmohn); −/Layer 18 (Tollkirsche); −/Nill 16 (Weißer Stechapfel); −/The Telegraph 7 (Opium-Arbeiter, Türkei); −/Weinzierl 5 (Cannabis-Pflanze); 15 (Bilsenkraut)

Totenbücher
Archiv für Kunst und Geschichte, Berlin/Bator 13 (»Thanka«, Farbe auf Stoff, Fine Arts Museum, New York); −/Lessing 2 (Totenbarke, Ägyptische Kleinplastik, National Maritime Museum, Haifa)
Claus Hansmann 1 (Chinesische Grabkeramik); 3 (Papyrus der Huneter, Britisches Museum, London); 6 (Detail einer Ahnenfigur aus Ibo, Nigeria); 7 (Kere trägt eine Seele ins Jenseits, Terrakotta, Griechenland); 8 (»Das Segelboot mit dem Toten« aus dem Papyrus des Nu, Thebanisches Totenbuch, Britisches Museum, London); 9 (»Thronender Horus mit der Sonnenscheibe auf dem Kopf, um die sich eine Uräusschlange windet; vor ihm ein lotusblütengeschmücktes Speiseopfer«, Detail eines Totenpapyrus aus Theben)
Pansegrau 11
Silvestris/ANT 10 (Zeichnung im Monjudoo-Tempel, Kyoto, Japan); −/Lughofer 5 (Tao Tao in Suaya, Indien); −/Dr. Unbescheid 12 (Tod eines Schamanen, Nepal); −/Wagner 4 (Blumenopfer für den Gott, Tempel in Varansi, Indien)

Telepathie
Archiv für Kunst und Geschichte, Berlin 7 (»Riesengebirgslandschaft mit aufsteigendem Nebel«, Caspar David Friedrich, Neue Pinakothek, München)
Historia-Photo 5 (Untergang der Titanic)
Volker Schöbel 2; 9 (»Titanic No. 5«, Martin Hudelmaier)
Silvestris/A.N.T. 11 (Kleine Korallenwelse); −/Cramm 10 (Fliegende Ringelgänse); −/Harding 6; −/Kalden 3 (Schleimpilz Gelbe Lohblüte oder Hexenbutter); −/Krieger 1 (Rosa Rose »Floribunda«); −/Lochstampfer 8 (Eisfjord bei Jakobshavn, Grönland); −/Wendler 12 (Soja-Monokultur, Brasilien); −/Wothe 4

Telekinese
Archiv für Kunst und Geschichte, Berlin 5 (»Schneeschuhtanz der Indianer«, Kreidelithographie, George Catlin); 6 (Schamanenmaske, Nordwestamerika, Britisches Museum, London); 8 (Maya-Handschrift »Codex Tro Cortes«, Museo de America, Madrid); 9 (Maya-Handschrift »Codex Tro Cortes«, Museo de America, Madrid); 10 (Mixtekischer Codex, Mexiko, Britisches Museum, London) Claus Hansmann 2 (»Seance mit Tischrücken«, kolorierter französischer Holzschnitt, Privatsammlung)
Silvestris 1; −/Heitmann 7; −/NPA 3 (Aglais urticae); −/Rosing 4 (»Sonnenhunde« über sturmgepeitschter Tundra, Kanada)

Medien und Besessene
Archiv für Kunst und Geschichte 8 (»Dom im Winter«, Ernst Ferdinand Dehme, Gemäldegalerie, Dresden); 18 (»Phantasie über das Faustdrama«, Mariano Fortuny y Carbo, Museo del Prado, Madrid)
Mary Evans Picture Library 6 (Rosemary Brown)
Fortean Picture Library 9 (Newby Church, Yorkshire, England); 10; 11 (Raynham Hall, Norfolk, England)
Claus Hansmann 2 (»Heilung einer Besessenen«, Wallfahrtskirche Madonna dei Bagni, Italien); 7 (»Beethoven auf dem Sterbelager«, kolorierte Xylographie nach einer Zeichnung von W. Lindenschmit, Privatsammlung)
Historia-Photo 1 (Justinus Kerner, nach einer Zeichnung von Duttenhofer); 3 (Die Seherin von Prevorst, Friederike Hauffe); 4 (Franz Schubert, nach einer Zeichnung von Kriehuber); 5 (Ludwig van Beethoven, nach einer Zeichnung von Kloeber)
Volker Schöbel 12; 13; 14; 15; 16; 17

Spuk
Archiv für Kunst und Geschichte, Berlin 3 (»Hexenküche«, Hieronymus Francken d. Ä., Kunsthistor. Museum, Wien); 6 (»Perseus und Andromeda«, Ausschnitt, Peter Paul Rubens, Staatl. Eremitage, St. Petersburg); 7 (»Hylas und die Nymphen«, John Williams Waterhouse, Art Galleries of Manchester)
Claus Hansmann 1 (»Auf der Jagd nach Zähnen«, Goya, Privatsammlung, Washington); 2 (Kolorierter Holzschnitt zu Goethes Ballade »Der Erlkönig«); 4 (»Eine famose Lehrerin«, Goya, Privatsammmlung, Washington); 5 (Exorzismus in einem englischen Spukhaus); 8 (»Die vier Hexen«, Albrecht Dürer); 9 (»Der Magier«, Rembrandt); 10 (»Die Geisterbeschwörer John Dee und Edward Kelly bei der Zitation einer Toten auf dem Friedhof«, engl. Stich, 19. Jahrh.)

ISBN 3-572-01326-7

Redaktion: Ursula Saling
Layout: Volker Schöbel
Satz: SCS Schwarz Satz & Bild digital, L.-Echterdingen
Druck: Tesinska Tiskarna

Printed in the Czech Republic

817 2635 4453 6271

05 04 03 02